성공하는 사람들의 비즈니스 예절
Everyday Business Etiquette

판권본사
독점계약

성공하는 사람들의 비즈니스 예절

지은이 · 매릴린 핀커스
옮긴이 · 장희경
펴낸이 · 김시중
인쇄일 · 1997년 3월 25일
발행일 · 1997년 3월 30일
펴낸곳 · 도서출판 용안미디어
주소 · (135-081) 서울시 강남구 역삼1동
　　　694-11 세강빌딩 5층
전화 · (02)562-9376(대)
팩스 · (02)562-9377
등록 · 1994년 2월 25일 제16-1436호
가격 · 7,000원

ISBN 89-86151-25-1　02320

*파본은 바꾸어 드립니다.

성공하는 사람들의 비즈니스 예절

Everyday Business Etiquette

매릴린 핀커스 지음/장희경 옮김

용안미디어

장희경

옮긴이 장희경은 1971년 서울에서 태어나 숙명여자대학교 영어영문학과를 졸업했고 나이키 한국 지사의 홍보 및 사보 편집인으로 일하고 있다. 현재 한국외국어대학교 통역대학원에 재학 중이며, 번역서로는 리처드 포의 <제3물결Ⅱ 후원사업의 핵심전략>이 있다.

차례

헌정(獻呈)의 말

이 책을 나의 사랑하는 아이들
알린 스티븐, 캐런 조셉, 앨런 레베카(태어난 순으로)에게 바친다.

감사의 말

　내게 계속적인 지도와 영감, 용기를 주었던 배론 출판사의 책임 편집인이자 도서 입수 담당 그레이스 E. 프리드슨에게 진심으로 감사한다.

　비록 이 책의 작가가 나 혼자라고는 하지만 이 한 권의 책이 빛을 보기까지는 수많은 이들의 노력이 필요했다.　이 책이 나오기까지 수고해준 배론 출판사의 재능 있는 직원들 모두와 책을 배포하는 데 협조해 주신 분들 모두에게 감사의 말을 전한다.　물론 편집장 안나 E. 다마스코스의 이름을 빼놓는다면 결례가 될 것이다. 안나에게 특별한 감사의 뜻을 표한다.

　책 속의 일본 컬처그램(Culturegram)은 브리검 대학 데이빗 M. 케네디 국제 연구소의 승인 하에 실린 것입니다.　케네디 연구소의 승인 없는 내용의 무단 복제를 금합니다. 컬처그램은 세계 150개국을 대상으로 제작되었습니다.　자세한 사항은 전화(800)528-6279로 문의 바랍니다.

머리말

　우리는 지금 2000년대를 목전에 두고 있다.　이 얼마나 흥분되고 역사적으로도 중요한 일인가!　그런데 어째서 이것을 기뻐하고 축하하는 목소리가 들리지 않는 것일까? 신상의 안전, 환경에 대한 염려, 자녀들 걱정, 경제적 불안으로 머리 속이 가득 차 다가올 미래의 희망찬 약속 따위는 안중에도 없는 것일까?

　기술 발전의 딜레마는 우리가 기계 문명의 놀라운 발전을 겪는 동안 인간성의 많은 부분을 상실했다는 점에 있다.　마우스를 조작하고 컴퓨터의 키보드를 두드리는 데만 열중했을 뿐 인간적 대화나 주변 '사람들'에 대한 관심을 게을리해 온 것이다.

　오늘날 대부분의 부모들, 특히 편모 또는 편부나 맞벌이 부모들은 과거 그들의 부모님과 조부모님에게 배웠던 그대로 자녀들에게 예의 범절을 가르치지 못하는 형편에 처해 있다.　부모는 예의를 지킴으로써 타인에게 전달되는 섬세한 의미를 아이들에게 가르쳐 줄 만한 시간이 없고, 아이들은 배우려는 마음이 없다.　식구들 모두 저녁 늦게 집에 오면 각자의 일을 핑계삼아 뿔뿔이 방으로 흩어진다.　아버지는 팩스를 보내고, 어머니는 휴대폰으로 통화중이고, 아들은 컴퓨터 게임에 빠져 있고, 막내딸은 컴퓨터 통신을 통해 누군가와 바비 인형에 대해 신나게 채팅을 한다.　정말이지 아이들을 저녁 식탁에 앉혀 놓고 매너, 타인에 대한 배려와 대화 등이 무엇인지에 대해 가르칠 시간이라고는 없는 것이다.

　일상에서 예의 범절의 의미는 점점 퇴색하고는 있지만 대신 다른 어느 곳보다 오늘날의 직장에서는 나날이 그 무게를 더하고 있다(고속도로에서 차를 몰 때나 붐비는 거리를 헤치고 나갈 때만큼은 예의를 생각할 겨를이 없기 마련이지만). 매릴린 핀커스는 예의 범절의 중요성을 강력히 주장한다. 비즈니스의 성공 여부는 마우스나 스프레드 시트를 조작하는 능숙함 못지 않게 인간적 요소나 대인 관계 기술에 의해 좌우됨을 간파하고 있기 때문이다. 사람들은 내가 왜 그렇게 줄기차게 다른 작가가 쓴 매너에 대한 책이나 기사를 선전하는지 물어 온다. 대답은 간단하다. 위기에 처한 우리 사회를 위해 도움이 될 만한 것은 모두 동원해야 하기 때문이다. 바로 이 때문에 나는 매릴린 핀커스의 책이 대중의 관심을 얻기를 바라는 것이다.

레티샤 볼드릿지

들어가는 말

성공으로 가는 패스포트

모든 인간 관계 형성의 수단은 적절한 행동은 무엇인가에 대해 대중이 인정하는 일련의 규칙들이다. 에티켓, 예의, 좋은 매너, 고상함, 몸에 밴 예절(savoir-faire), 세련, 점잖음, 단정함, 태도 등등. 이는 행동의 긍정적 결과를 묘사하는 비교적 단순한 단어들이다. 그러나 그런 긍정적 결과를 가져오는 행동이 무엇인가를 나열하는 일은 쉽지가 않다. 이 일을 해야 하나? 어떤 것이 옳은 것인가? 불쾌한 행동은? 상대가 기대하는 것은 무엇인가? 실수를 저지른 것은 아닌가?

비즈니스에서의 대인 관계는 특별히 까다롭다. 한 번의 실수가 가져오는 결과는 누구도 예측할 수 없기 때문이다. 판매 기회를 놓치거나, 화가 난 고객이 다른 이에게 나에 대한 불만을 터뜨릴 수도 있으며, 상사의 노여움을 사거나, 심하면 직장에서 쫓겨나는 수도 있다.

게다가 친한 사람 사이의 불쾌한 일은 금방 서로 용서할 수 있지만 비즈니스 관계에서의 용서란 기대하기 어려운 것이다.

따라서 비즈니스 전문가들은 비즈니스 에티켓의 중요성을 특히 강조하고 있으며 이에 대한 출판물들이 줄을 잇기도 했다.

<성공하는 사람들의 비즈니스 예절>은 이제까지의 비즈니스 에

티켓을 다룬 책들과는 성격상 확연히 다르다. 현대 사회의 에티켓을 설명하는 것 외에도 이 책은 성공적인 비즈니스를 위해서는 단순한 규칙의 습득 이상의 것이 필요하다고 느끼는 사람들을 위한 예비 지식과 토대를 제공하려 한다.

또한 보통 사람들이 눈으로 쉽게 포착할 수 없는 최근의 기류에 대해서도 살펴볼 것이다.

형식과 목적

비즈니스는 당면한 상황에 따라 끊임없는 변화를 필요로 한다. 예를 들어 사람들을 소개하는 절차와 순서를 미리 외웠다고 치자. 그러던 중 모임에 참석한 사람들을 소개하는 일을 갑자기 맡게 되었다. 그런데 중역들 중의 한 사람은 검은 안경을 끼고 맹인 안내견(案內犬)을 옆에 데리고 있는 것으로 보아 분명 시력이 매우 나쁘거나 전혀 볼 수 없는 시각 장애인이다.

이제 어떻게 할 것인가? 일반적인 소개의 절차가 이 상황에도 적합한가? 앞으로 또 소개하는 일을 맡게 된다 해도 이런 상황은 두 번 다시 되풀이되지 않을 수도 있다.

지금껏 기록된 바 있는 모든 에티켓의 절차를 다 외웠다고 해도 과연 이 상황에 대처할 만한 뾰족한 수가 있을까? 대답은 "아니올시다."이다. 이미 소개하는 법은 알고 있다. 다시 말해 형식은 알고 있는 것이다. 그러나 소개의 기능이란 무엇인가? 사람을 소개하는 목적 또는 목표란 과연 무엇인가?

간단히 대답하자면 참석한 이들 모두에게 관심을 모아주는 것이다. 소개의 목적을 알았으면 이제 행동을 취한다.

"헬 버튼 씨, 매리 그리어 양입니다. 버튼 씨, 메리 양은 왼쪽에 있습니다. 메리 그리어 양은 우리 회사의 사보 편집인이자 회사의 의사 교환 평가 팀의 일원입니다."

"메리 양, 핼 버튼 씨는 14년간 모(母) 회사에 재직하셨고 현재 텔레마케팅 부서를 담당하고 계십니다."

"버튼 씨, 짐 바스토우 씨와 마르타 퀸 양입니다. 바스토우 씨와 퀸 양은 고객 지원 부서의 야간 업무를 공동 감독하고 있습니다."

미묘한 변화

이렇게 소개를 하는 데는 원래의 규칙에 약간의 첨가만 하면 된다. 먼저 누가 어디에 서 있는가를 간단히 일러준다. 주변의 손님들이 이 말을 들으면 각자 핼 버튼 씨의 왼쪽으로 다가와 악수를 하게 된다. 이런 식으로 하면 소개해야 할 대상이 장애인이라는 점은 문제가 되지 않으며, 또 문제가 되어서도 안 된다.

형식에 초점을 두는 동시에 목적에도 신경을 써야 한다. 그러면 예상치 못한 상황에 직면했더라도 눈앞이 캄캄해지는 일은 없을 것이다.

"확고한 목표만큼 마음을 안정시키는 것은 없다. 영혼이 가진 지성의 눈이 한 지점만을 보게 되므로."

-메리 울스톤크래프트 셸리, 1818년

제1부의 핵심은 '확고한 목표'에 초점을 맞추는 것이다. 제1부 '비즈니스 에티켓(책의 첫 3분의 1)'은 특별히 형식과 기능을 설명하는 데 중점을 두었다. 이 에티켓 지침서가 독특함과 높은 가치를 갖게 된 것도 특히 이 부분 때문이다. 간략하고 이해하기 쉬운

설명 방법은 정보의 핵심을 정확히 전달코자 한 것이며 독자들이 '특별한 시기'에 대해 더욱 신속히 대비하도록 도움을 주고자 했다.

여러분 모두 <성공하는 사람들의 비즈니스 예절>을 숙달하고자 할 것이다. 이제부터 여러분은 대인 관계에 있어서 사람들이 어떤 행동을, 왜 하는지를 발견하게 될 것이다.

이유를 인식하는 것과 어떻게 할 것인가에 대한 기술을 결합하는 것은 자신에게 큰 득이 된다. 여러분은 비즈니스를 할 때 대인 관계에서 발생하는 예기치 않은 문제들에 대해 더욱 자신감 있게 대처할 수 있을 것이며 목표를 향해 더욱 신속하게 나아갈 수 있을 것이다.

한마디로 정의하자면 <성공하는 사람들의 비즈니스 예절>을 익히는 것은 성공으로 가는 지름길인 셈이다.

제1부

비즈니스 에티켓

특별한 시기(제자리에, 준비, 출발!)

제자리에

이는 놀이터에서 아이들끼리 무슨 시합이라도 벌일 때마다 늘 들려오는 말이다. 기억해야 할 것은 언제 어느 곳에서 마주칠지 모를 당신의 경쟁자도 이 말이 떨어지기를 주의 깊게 기다리고 있다는 사실이다.

준비는 성공의 중요한 열쇠다.

어떠한 경쟁 상황에 처하게 될 것임을 미리 안다면 충분한 시간을 갖고 대비할 수 있다. 충분한 시간이 있다면 자신의 기술을 더욱 연마하고 성공할 수 있는 확률을 높일 수 있는 것이다.

<성공하는 사람들의 비즈니스 예절>은 누구라도 쉽고 빨리 따라 할 수 있도록 정보를 구성하였고 직장 생활에 영향을 미칠 수 있는 까다로운 상황들에 대비하기 위해 필요한 정보만을 수록하였다. 여러분이 명심해야 할 것은 비즈니스의 원동력은 경쟁이라는 점이다.

직장을 얻기 위해 또는 지금의 직장에 남아 있기 위해서는 경쟁해야 한다. 회사도 소비자나 고객을 유치하고 계속 붙들어두기 위해서 다른 회사와 경쟁을 한다. 늘 각종 상품과 서비스 공급자들이 소비자를 끌기 위해 경쟁을 벌이고 한 브랜드가 손짓을 하면 다

른 브랜드가 곁눈질을 보낸다. 경쟁자들은 늘 승자의 위치에 오르고 또 그 자리를 유지하기 위해 모든 수법을 다 동원한다.

회사에서 승진을 하거나 새로운 자리로 발령이 나면 이전과는 다른 영역으로 발을 들여놓는 셈이다. 주변에는 여러분의 자리를 차지하려고 호시탐탐 기회를 엿보는 라이벌이 있기 마련이므로 늘 최선을 다해야 한다.

준비

때때로 먼 곳으로 출장을 가거나 회사의 사활을 좌우하는 고위 인사를 맞이해야 할 상황에 맞닥뜨리게 된다면 이전과는 다른 방식의 행동을 취해야만 한다.

여러분의 행동 여하에 따라 회사 또는 상사에게도 영향이 미치므로 여기서도 최선을 다해야만 한다. 기대에 못 미치는 결과를 낳는다면 경영진은 여러분보다 더 능력 있는 직원을 물색할 것이 분명하니까.

이는 개인적 감정의 문제가 아니다.

누군가가 내 이름을 특정 대상에서 제외시킨다면 이는 니에 대해 개인적으로 편견이 있어서가 아니다. 단지 훌륭한 행동은 바람직할 뿐만 아니라 적절한 보상을 가져오며 승자의 위치를 점하고 유지하는 원동력이라는 사실이 있을 뿐이다. 기준 미달의 행동은 늘 좋지 않은 결과를 가져오게 마련이다.

비즈니스 에티켓을 몸에 익히고 무엇이 적절하며 어떻게 행동해야 하는지를 늘 명심한다면 자신에게 유리한 고지를 확보할 수 있다. 최고가 되려고 노력한다면 다른 경쟁자들은 자연스럽게 여러분의 뒤로 밀려날 수밖에 없다!

다음의 '특별한 시기'를 성공으로 이끌기 위한 청사진을 한 번 살펴보자. 갑자기 해외에서 온 기업인을 접대해야 할 예기치 않은 상황에 처했다고 하자. 기대되는 행동은 무엇인지, 어떻게 행동하고 반응할 것인가에 대한 약간의 사전 지식만 있다면 자신감을 얻을 수 있다. 문을 열고 들어서는 방문객들의 모습에 어쩔 줄 몰라 하며 '문제'가 터질 것이라 겁먹는 대신 상황에 적극 대응할 준비가 되는 것이다.

곧 특별한 일(취업 면접과 같은)이 있다면 정확한 정보를 통해 준비를 갖추도록 한다. 손에 넣은 정보를 가장 잘 활용하는 다음의 방법을 눈여겨보자.

- 획득한 정보를 현재의 상황에 맞게 수정한다.
- 설정한 지침을 행하는 자신의 모습을 머리 속으로 그려보고 실제 상황을 '리허설'해 본다.
- 결과를 평가하기 위한 '스프레드 시트' 추측법을 사용한다. '이렇게 하면 저런 결과가 나올 것이고 저렇게 하면 이런 결과가 나올 것이다' 하는 것을 표로 만드는 것이다.
- 계획을 조율한다.
- 중간중간에 삽입된 '성공을 위한 조언'을 잘 읽도록 한다. 필요한 전략이 명시되어 있으며 관련된 주제를 담고 있는 장을 찾도록 도와준다.

예를 들어 업계 컨벤션에 처음 참석하게 되는 경우 제3장 '집에서 배우지 못한 식사 예절' 및 제10장 '소개' 편을 읽어두면 도움이 될 것이다.

자세를 가다듬고 준비가 되었다면 이제부터 출발이다!

☆첫 직장을 구할 때

첫 직장은 아마도 여러분의 최종 학력 정도에 일치할 것이다. 여러분과 친구들, 정든 이들이 서로에게 작별을 고하고 정든 교정을 뒤로 한다. 학교에서는 자신의 위치가 어디인지, 자신에게 기대되는 행동이 무엇인지, 원하는 반응을 얻기 위해 어떻게 행동해야 하는지를 잘 알 수 있었다.

그러나 이제부터는 교수나 친구들이 아닌 낯선 이들과 관련을 맺어야 한다. 교수와 친구들 사이의 관계를 형성하는 데 도움이 되던 행동 규칙의 많은 부분이 직장 생활에서는 통하지 않는다. 많은 이들이 이 사실을 알고는 있지만 새로운 상황의 차이점, 그러한 차이점의 중요성을 '정확히 인식하는 것'이 더 큰 취업 기회를 제공한다는 사실을 간과하고 있다.

만일 첫 직장을 구하려는 여러분이 최근 졸업자가 아니라면(예를 들어 군인 또는 가정 주부일 경우) 다음의 지침을 상황에 맞게 적용해 보도록 한다. 시간이 여의치 않을 경우 A항은 무시해도 좋다. B항만 읽어도 면접자와 면접관의 관계를 파악하는 데 도움이 될 것이다.

참고: 감사의 서신이나 이력서, 관련 주제에 대한 것은 이후에 더 상세히 다루도록 한다.

현재의 위치와 앞으로의 상황 비교

1-A. 선생님은 여러분이 성공하기를 바란다. 여러분의 성취가 선생님의 보람이기 때문이다.

1-B. 취업 희망자를 면접하는 회사의 대표는 자리에 맞는 최고의 인재를 원한다. 그 인재가 꼭 여러분이 아니더라도 그들은 별

상관하지 않는다.

대처 요령: 면접관이 자신의 편일 거라는 기대는 버린다. 지금은 느긋할 때가 아니다. 비즈니스 에티켓의 모든 규칙을 동원해야 할 때다.

2-A. 선생님은 학생보다 늘 많은 것을 알고 있다고 간주된다. 대부분 학생보다 연장자이며 학문적 성취 면에서 학생보다 높은 위치에 있다.

2-B. 면접관들은 취업 희망자의 동년배이거나 연하일 수도 있다. 여러분이 고용될 경우 수행하게 될 업무에 대해서는 면접관도 그다지 깊은 지식이 없는 경우가 많다.

대처 요령: 면접관이 여러분의 동년배라 일종의 동지 의식에서 특별히 봐줄 것이라고 기대해서는 안 된다. 다른 면접관에게 하는 것과 마찬가지로 젊은 면접관에게도 똑같은 예의를 갖추어 성실히 답변한다. 면접관이 칼자루를 쥐었다는 생각에서 일부러 자신을 낮추는 자세는 취하지 않는다. 상황을 보아 당당히 자신을 보여주되 무례한 사람이라는 인상을 주어서는 안 된다.

3-A. 선생님은 학생을 평가하고 점수를 매기기 전에 한 학기 정도를 학생과 마주하면서 보낸다.

3-B. 면접관은 합격 여부를 결정하기 위한 점수를 매기는 데 상대적으로 매우 짧은 시간을 소모한다.

대처 요령: 제대로 된 첫 인상을 남기도록 한다. 이력서도 내용만큼이나 눈으로 보기에도 산뜻해야 한다. 면접을 마치고 난 후 감사의 서신을 보내도 무방한지를 미리 파악하고 가능하다면 어떻게 써야 하는지도 미리 알아두도록 한다. 적절한 수준의 감사 어구를 미리 준비해 놓으면 고용 담당자의 환심을 사기 위해 필요 이

상의 말을 늘어놓지 않아도 될 것이다.

4-A. 선생님은 학생이 성공적으로 학업을 성취하고 발전하기 원한다고 믿는다. 목표도 분명한 편이다.

4-B. 면접관은 가끔씩 지원 동기와 원하는 급여 수준은 어느 정도인지를 질문한다. 여러분이 어떤 대답을 하느냐에 따라 자동적으로 탈락 여부가 결정된다.

대처 요령: 비즈니스 에티켓의 최고 규칙은 경청하는 능력임을 명심한다. 질문을 주의 깊게 들어보면 분명 적절한 해답의 실마리를 찾을 수 있을 것이다. 질문에 질문으로 응답하는 외교적인 대처술도 가능함을 염두에 둔다. 이런 종류의 노하우(know-how)는 위기를 무사히 넘기는 데 도움이 될 것이다.

5-A. 학업을 마치는 데는 일정한 진로가 있다. 학습 프로그램도 미리 마련되어 있으며 곁에는 늘 선생님이 있다. 졸업장을 받기 위해 학업을 계속하는 동안 각자에게 주어진 선택의 범위는 넓지 않다.

5-B. 여러분이 면접에 임할 때는 직종이나 자신의 업무 수행 능력에 대한 어느 정도의 예상을 하기 마련이지만 필요한 것이 무엇인지를 정확히 알기란 불가능하다.

대처 요령: 일단 자신이 원하는 직종이 아니라는 판단이 서면 시간 낭비를 하지 않도록 한다. 면접관에게 가능한 한 우회적으로 자신의 의사를 전달한다.

지각이 있는 사람이라면 불필요한 시간 낭비를 피할 것이며 여러분의 사려 깊은 행동을 긍정적으로 평가해 줄 것이다. 사실 특정한 일자리를 찾아 그 회사에 갔다가 전혀 다른 일을 맡게 되어 그만두게 되는 일을 겪을 필요는 없는 것이다.

변화에 대한 대처 방안

무대가 새로운 세계로 옮겨지면 지금까지의 일 처리 방식을 바꾸어야 함을 금방 알 수 있을 것이다. 더 구체적으로 말하자면 앞에서 살펴본 면접관과 면접인의 관계는 앞으로 여러분의 직장 생활에서도 많은 부분을 차지하게 된다는 것이다.

"자신의 생계에 대해 끊임없이 걱정하는 것만큼 품위를 상하게 하는 것도 없다……. 돈이란 육감(六感)과 같아서 이것이 없으면 다른 오감이 제 기능을 다하지 못한다."
　　　　　　　-윌리엄 서머셋 모옴(<인간의 굴레> 중에서, 1915)

변화를 눈앞에 둔 사람이 당연히 가질 수밖에 없는 염려를 최소화하는 한 가지 방법은 자신의 영향권 안에 있는 것들을 제대로 관리하고 조절하는 것이다.

앞으로 여러분은 주어진 상황에 따라 즉석에서 결정을 내리거나 반응하고 의견을 제시해야 할 경우에 처할 것이다. 그럴 경우 판단은 한 치의 오차도 없어야 하고 가능한 한 가장 나은 자신의 모습을 보여야만 한다.

앞으로 닥쳐올 상황을 정확히 알아내기란 불가능하므로(필기 시험이나 면접시의 질문, 미래의 동료 직원들과의 만남과 인사 등) 자신의 일반 상식, 과거의 경험, 적절한 반응을 하기 위해 받은 특별 교육의 내용 등에 의존하는 수밖에 없다.

그러나 반드시 미리 대비해야 할 상황들도 있다. 준비가 철저할수록 새로운 상황에 처했을 때의 불안감은 감소한다. 심적 안정에도 도움이 될 뿐 아니라 새로운 상황에 대한 집중력을 높일 수 있다. 이미 상황의 주도권을 획득했기 때문이다.

좋은 첫 인상을 남기지 못하면 여러분의 잠재적 고용주를 다시 볼 기회는 없을 것이다. 예를 들어 일반에 널리 쓰이는 컴퓨터 프로그램이 특정 업무를 하는 데 필수적인데 여러분이 어떻게 쓰는지 모른다고 가정하자.

만일 여러분이 전반적으로 능력 있고 열의 있는 사람이라는 인상을 면접관에게 심어 주면 회사의 경영진은 여러분을 고용해 컴퓨터 프로그램을 교육시키면 된다고 결정할 것이다. 그들도 마찬가지로 자신들의 영향권 안에 있는 일을 조절해야만 하기 때문이다.

여러분은 지금 아주 중요한 정보를 하나 발견했다. 조절은 왕복 2차선 도로처럼 양방향에서 이루어진다는 것!

- 얼마나 철저히 준비하는가에 따라 성공 확률이 달라진다.
- 미래의 고용주가 모든 것을 조절할 수는 없다. 결과적으로 그는 좋은 인상을 남긴 지원자를 고용하기 위해 규칙의 일부를 조정할 수도 있는 것이다.

사실 당신의 용모, 훌륭한 매너, 적절한 때에 적절한 말과 행동을 하는 것 등은 고용주가 어쩌지 못하는 것들이다. 이러한 점을 제대로 조절한다면 여러분은 미래의 고용주가 거절하지 못할 제안을 하는 셈이다. 여러분은 바로 다음 세 가지부터 시작한다.

- 용모.
- 훌륭한 매너.
- 적절한 때에 적절한 말과 행동을 하는 능력.

마틴 존 예이트는 저서 <최고의 인재 고용을 위한 경영자 지침 (Hiring the Best, A Manager's Guide, Boston: Bob Adams, 1988)>에서 "최근 대학 졸업자들은 입사하기 전에 이미 학교에서 부터 필요한 기술을 배우기는 한다. 그러나 그런 단순한 업무 기술 외에도 경청하는 태도, 언어 구사 능력, 독창성, 열의, 문제에 대한 분석적 사고 등을 보여 줄 필요가 있다."고 적고 있다.

기억할 것

다른 지원자 중에는 필요한 컴퓨터 프로그램을 사용할 수 있을 뿐만 아니라 앞에서 언급한 모든 조건을 갖추고 있는 사람이 있을 수 있다. 따라서 고용주 측에서는 당연히 그런 사람을 선호할 것이다. 그렇게 한번 불합격 당했다고 해서 부정적인 생각에 젖어들어서는 안 된다. 성공한 사람 치고 단 한 번도 불합격 당하거나 실패하지 않고 목표에 이른 사람은 하나도 없다. 성공한 영업 사원들은 수없이 많은 "노우."를 들은 후에야 "예스."라는 대답을 얻어낸다.

여러분이 필요한 대답은 단 하나, 바로 "예스."라는 말이다.

그러니 몇 번 불합격 당했다면 계속 앞으로 나가면 그만이다. "예스."라는 대답은 내일 또는 다음 달에도 얻을 수 있다. 계속 노력한다면 언젠가는 얻을 수 있는 것이다.

그렇다면 이것과 비즈니스 에티켓이 어떤 상관이 있는가?

이것을 제대로 파악한다면 여러분의 얼굴에는 미소가 감돌고 발걸음은 더욱 가벼워질 것이다.

미소와 자신감 있는 태도는 보는 이의 마음도 여유롭게 한다.

몸에 밴 비즈니스 에티켓은 다른 사람들의 마음을 편안하게 만들어 업무 수행을 훨씬 원활하게 한다.

이런 태도를 겸비한다면 여러분은 마틴 존 예이트가 경영인들에게 권장하는 '최고의 인재'가 되기에 충분한 열의와 독창성을 발휘할 수 있을 것이다.

용모

때와 장소에 맞는 옷차림과 모양새는 여러분의 주변 사람과 같이 일하는 사람들에 대한 존중과 배려를 나타낸다. 예를 들어 은행에 취업하고 싶다면 면접을 보러 갈 때도 그 은행의 직원처럼 옷을 입고 가야 한다.

또한 뉴욕시의 월 스트리트에 위치한 은행과 아리조나주 턱슨의 브로드웨이가에 위치한 은행에 갈 때는 분명 다른 옷차림을 해야 하는 것이다.

이전에 취업한 경험이 없으면 면접에 적당한 옷이 없을 수도 있겠다. 가능하다면 면접용 의상은 두 벌 이상을 구입하거나 모아 본다. 단 한 벌 있는 옷이 지저분해 하루 이틀 정도 세탁소에 맡겨야 하는데 다른 적당한 옷이 없어서 다음 면접에 못 가는 일은 없어야 하지 않는가. 더군다나 회사에서 2차 면접을 하겠다는 연락이 왔다면 지난번과는 다른 옷을 입고 갈 수 있어야 한다.

전체적으로 조화로운 매무새도 중요하다. 머리 모양, 피부와 손톱 관리, 화장품의 선택 등 모든 것이 전체적 인상에 영향을 미친다.

면접관과 악수를 하고 질문에 대답하기 전부터 여러분의 겉모습은 이미 특별한 의미를 발산한다는 점을 늘 기억하도록 한다. 각자의 용모는 스스로가 관리할 수 있는 것이므로 최대한 효과적으로 보일 수 있도록 한다.

훌륭한 매너

이력서: 자신이 작성한 이력서를 보고 스스로 다음 질문을 해본다. 전문가가 이미 검토를 해준 이력서라 해도 다시 한 번 점검한다. 이력서의 내용만큼이나 그 모양새도 점검할 필요가 있다.

1. 보기에 깨끗한가? 깨끗하게 작성된 이력서는 지원자가 단정한 사람이며 그것을 읽는 데 시간을 할애하는 이를 존중한다는 점을 보여준다. 경험 많은 한 경영인은 "깨끗하게 작성된 이력서나 지원 양식을 보면 지원자가 사려 깊은 사람임을 알 수가 있습니다."고 말한다.

2. 모든 기재 사항이 정확한지 점검했는가? 예를 들어 추천해 준 사람의 이름을 적어놓고 그의 직함을 틀리게 썼다면 지원자가 그 사람의 직위에 대해 존중하는 마음이 별로 없거나, 더 나쁘게는 잘 모르는 사이라는 인상을 줄 수 있다.

시간 엄수: 회의에 지각해서는 절대 안 된다. 일부 비즈니스 에티켓 전문가들은 회의에 다소 늦으면 권위를 보이거나 자신에게 유리한 입지를 다지는 데 도움이 된다고 제안한다. 또 다른 쪽에서는 지각에는 어떠한 변명도 있을 수 없다고 주장한다. 지각을 한다는 것은 시간 관리 능력이 떨어진다는 인상을 주고 다른 사람의 귀중한 시간에 대해 별 생각이 없음을 나타낸다. 앞으로 몇 년이 지나 어느 정도 기반이 다져진 상태라면 어느 쪽 의견을 따를지 각자 선택을 할 수 있을 것이다. 그러나 지금은 첫 직장을 구하는 때인 만큼 언제나 시간을 엄수하도록 한다. 긴급한 상황이 생겨 늦는 것이 불가피하다면 미리 면접관에게 전화를 걸어 사정 이야기를 한다. 필요하다면 면접 시간을 재조정하되, 지킬 수 있을지 확신이 없다면 또 다른 약속을 하지 않도록 한다. 약속을 그냥 취

소하기보다는 전화를 걸어 다른 시간과 날짜로 약속을 옮겨 잡고 확인하는 편이 훨씬 바람직하다. 여러분이 늦게 도착했는데도 불구하고 면접관이 만나 줄 용의가 있다면 우선 사과부터 하는 것이 예의다. 그러나 명심할 것은 일단 지각을 하면 출발이 순조로울 수 없다는 점이다.

다소 일찍 도착한다면 회사 주변의 커피숍이나 1층 로비에서 기다리며 마음을 여유롭게 한 후 약속 시간 조금 전에 정해진 장소로 가면 된다. 기다리는 장소가 어디이건 단정한 태도를 유지해야 한다. 커피숍에서 옆자리에 앉아 얘기를 나누게 될 사람이 도대체 누구일지 또는 커피잔 속에 빠진 도넛을 손가락으로 집어내는 것을 누가 쳐다보고 있을지는 알 수 없기 때문이다.

악수와 인사: 방에 앉아 면접관을 기다리는 상황이라면 면접관이 들어올 때 즉시 자리에서 일어나도록 한다. 이는 정중한 행동일 뿐 아니라 실행하기에 그리 어려운 일도 아니다. 자리에서 일어서면 면접관과 악수를 하기에도 훨씬 편하다. 비즈니스 관계에서는 만났을 때 악수를 하는 것이 보통이지만 어떤 사람들은 이를 생략하기도 한다. 지원자는 면접관의 의사에 따르면 된다.

악수를 할 경우라면 힘을 주어 상대의 손을 쥐고 한두 번 정도 흔든다. 방안에 있는 사람이 면접관과 지원자 단 둘이라면 악수를 하면서 자기 소개를 한다. "안녕하십니까. 밥 그랜트입니다." 또는 "뵙기 바라던 차였습니다." 정도의 짧은 인사면 족하다. 소개를 해주는 제3자가 있다면 여러분은 아무 말도 할 필요 없지만 결코 미소를 잊어서는 안 된다.

상대방의 이름을 적어놓고 말하는 도중 간간이 참고해도 좋다. "미스 그레이, 제가 졸업한 브레이튼 대학의 로봇 공학과는 매우 우수했다고 믿습니다." "4년 동안 공부하면서 줄곧 아르바이트를 했습니다, 러트리지 씨. 제 친구들도 다들 그랬습니다.”

이름을 제대로 알고 말하는 것은 상대에 대한 존경의 표현이며 이후 그를 다시 만나거나 다른 사람들에게 소개할 경우가 있을 때도 이름을 외우고 있으면 도움이 된다. 다음 두 가지 중 어느 것이 더 듣기 좋은가? “일전에 저를 면접한 사람을 좀 만나고 싶은데요.” “밥 러프리지 씨를 뵙고 싶습니다.”

면접하는 방이 다소 커서 면접관의 자리에서부터 멀리 떨어져 앉게 되었다면 좀더 가까운 자리로 옮기는 것이 좋다. 면접관이 가까이 앉도록 먼저 권하지 않으면 여러분이 먼저 양해를 구한다. 가까이 앉으면 말을 듣기에도 좋고 불필요하게 목청을 높이지 않고 평소처럼 말할 수 있을 뿐 아니라 눈을 마주치는 데도 훨씬 편하다.

면접관의 눈을 응시하면 그의 말에 집중하는 데 훨씬 도움이 된다. 또한 자신이 주의 깊은 사람이며 상대에게 관심을 보이고 있다는 인상을 주어 여러모로 득이 된다.

자기 중심적 사고를 버린다: 예의 바른 사람이라면 자신의 행동이 남에게 끼칠 영향에 대해 생각한다. ‘나’를 지나치게 내세우지 않는 것이다. 그러나 면접의 목적은 여러분이 어떤 사람인지, 어떤 일을 했는지에 대한 여러분 자신의 말을 듣고자 하는 것이다. 회사가 필요로 하는 것이 무엇인지를 파악하여 가능한 한 거기에 말의 요지를 맞추도록 한다. 이를 위해서는 면접에 임하기 전 회사에 대해 미리 알아두는 것이 중요하다. 이렇게 사전 준비를 하는 것은 이후의 직장 생활에서도 큰 도움이 될 것이다. 고객의 요구가 무엇인지를 정확히 파악하면 회사가 그러한 요구에 부응하기도 훨씬 수월한 것과 마찬가지다.

오래된 광고 문구에 ‘새들처럼 생각하라(Think the way the

birds think)'는 말이 있다. 질문에 응답할 때는 '자신이 면접관인 것처럼 생각해야' 하는 것이다.

즉 회사의 필요에 부응하여 자신의 기술과 능력을 면접관에게 설명해야 하는 것이다. 여러분이 질문을 하는 방법도 있다. 구체적으로 어떤 일인지에 대해 최대한 많은 것을 알아내도록 한다. 그런 후라면 단순히 "저는 능력 있는 사람입니다. 할 수 있습니다." 라는 말 대신 "자동차 판매소에서 아르바이트하면서 직판에 대한 경험을 쌓았습니다. 이 회사의 텔레마케팅 부서에서 일하게 되면 그때의 경험이 아주 유용할 것이라 생각합니다." 하고 말할 수 있을 것이다.

적절한 말과 행동을 하는 능력

1994년 발간된 제임스 A. 오트리는 저서 <인생과 일에 대한 경영자의 의미 탐구(Life&Work A Manager's Search For Meaning)>를 통해 적절한 행동을 하고는 싶은데 "도대체 그 적절한 것이 무엇인가?"를 알지 못하는 경영자들의 문제를 언급하고 있다.

이 질문에 대해 쉬운 해답에 없다는 데 대해서는 여러분도 동의하실 것이다. 혹자는 앞으로 일어날지 모를 일들에 대해 알아야 할 모든 것을 배워 놓는 수밖에 없다고 하실지 모르지만, 별로 현실성이 없는 제안이다.

책의 후반부에 오트리가 말하는 대로 "무엇을 하지 말아야 하나?"부터 생각한다면 해답은 훨씬 쉽게 나올 것 같다.

적절한 말과 행동을 하는 능력의 일부는 무엇을 하지 말아야 하나를 아는 것부터 시작한다.

첫 직장을 구할 때는 면접관이나 회사의 대표에게 가능한 한 협조적인 태도를 보여야 한다.

그러나 면접관의 언동이 무례하다면 어떻게 할까?

면접관이 사전 예고도 없이 약속 시간에 나타나지 않아 기다려야 할 경우도 있고 자기 이름을 밝히지 않는 경우도 있을 것이다. 여러분이 질문에 대답을 하는 도중에 면접관이 전화를 받아서 말의 흐름이 끊어질 수도 있다. 면접관이 시선을 주지 않아 도대체 내 말을 듣고 있는 것인지 혼란스러울 수도 있을 것이다.

상대방의 행동이 무례하다 해도 그것 때문에 자신의 언동에 흠집이 나서는 안 된다. 그렇게 무례한 상대라 해도 그가 아주 교양 있는 사람인 듯이 대해야 한다. 이런 식으로만 생각한다면 여러분은 적절한 행동을 취할 수 있을 것이다.

현재 일부 회사들은 사규(社規)에 모든 지원자에게 약물 검사를 받도록 하는 조항을 포함시키고 있다. 경영진이 약물 검사 안(案)을 택했을 때는 분명 거기에 합당한 이유가 있을 것이다. 적어도 검사를 하고 서류를 작성해 보관하는 일에 아무 이유 없이 돈을 낭비할 리가 없기 때문이다. 사전에 약물 검사를 받아야 한다는 사실을 알게 되었다면 어떻게 대응할 것인지를 주의 깊게 생각해 본다.

무조건 검사에 응하는 것이 옳지 않을 수도 있다. 이전에 마약을 복용한 경험은 없지만 회사의 정책이 달갑지 않다면 굳이 약물 검사를 요하는 그 회사에서 일해야 할지 확신이 서지 않을 것이다.

약물 검사 여부에 대한 사항은 회사의 인사부 게시판이나 나눠준 지원 양식에 명기되어 있을 것이다. 이 필수 조항을 면접을 하기 전까지도 몰랐다면 면접관에게 서명을 해야 할 지원 양식이나 관련 서류를 집으로 가져가도 좋은지 양해를 구하도록 한다. 나중에 서명을 해서 우편으로 보내거나 직접 사무실로 가져오겠다는 약속을 할 수도 있다.

양해를 구하는데도 어느 정도의 설명은 있어야 하므로 변호사에게 보이고 난 후 서명을 하겠다고 말해도 좋다.

여러분이 굉장한 자산을 보유하고 있거나 사회적으로 꽤 높은 위치의 사람이기 때문에 변호사가 있을 거라고 면접관이 추측한들 여러분에게 해가 될 것은 조금도 없지 않은가. 나중에라도 이 회사에 취직하기로 마음먹었다면 깨끗하게 작성한 서류를 가지고 다시 찾아가면 된다.

지금까지 제시한 상황은 기분이 상했거나 불확실한 상태일 때도 적절한 말과 행동을 할 수 있는 방법을 보여주기 위한 것이다.

언제나 예의를 잃지 않고 여러분 자신을 조절할 수 있는 것이다.

시대에 따른 면접 방법의 변화

직접 얼굴을 마주하지 않고 기계를 통해 면접을 한다고 해서 낙담할 필요는 없다.

1995년 <글래머>지 2월호에 실린 엘리자베스 오버벡의 직업 전략 칼럼을 보면 "새로운 면접 방법은 지원자에게는 비인간적이고 위협적인 인상을 줄 수도 있다."고 적고 있다. 오버벡이 예로 든 비디오 면접, 전자 면접, 집단(gang-up) 면접 등은 모두 듣기에도 생소하고 위압적이다. 여러분이 컴퓨터 스크린 앞에 앉아 있든 전화의 버튼을 눌러 질문에 대답하든 비디오 카메라를 쳐다보며 대답하든 상관없이 전통적인 면접에서와 똑같은 태도로 임한다면 결과는 좋을 것이다.

집단 면접에 대해 설명을 하자면 한 명의 면접관과 대화를 하는 일반적 방식과는 달리 두 명 이상의 면접관을 상대로 질문에 응답하는 방식을 말한다.

기억할 것은 현대적이라고 말하는 면접 방법들은 시대에 따라 변하는 것이지만 직장에서 좋은 평가를 얻을 수 있는 대인 관계 기술이나 방법은 시간이 지나도 변함이 없다는 사실이다. 물론 이런 기술은 여러분 스스로가 관리할 수 있는 대상이다!

◇성공을 위한 조언

- 제2장 '면접 에티켓의 세부 사항' 참조.
- 제7장 '옷으로 말한다' 참조.
- 외모 관리에 대해 더 자세한 정보를 원한다면 <긍정적인 이미지 발산(Projecting a Positive Image)>이라는 책을 읽도록 한다. 이 책은 1993년 배론 출판사가 발행한 비즈니스 석세스 시리즈의 제목으로 분량은 총 105쪽이다. 주요 서점이나 일부 도서관에도 비치되어 있다.
- 첫걸음을 가장 효과적으로 마무리 지으려면 면접이 끝난 후 하루 안에 면접관에게 간단한 감사의 서신을 보내도록 한다.

감사의 서신을 작성할 때는 다음의 견본을 참조하면 도움이 될 것이다. 마무리된 서신은 제12장 '편지' 쪽에 있는 10가지 항목에 비추어 검토한 후 보내도록 한다.

견본 ①

지원자 이름, 주소

시, 주, 우편 번호

전화 번호

(지역 번호도 명기)

날짜

면접관 이름

직함 (예 : 인사부장)

프래밍험 강철회사 주소

시, 주, 우편 번호

러트리지 씨 귀하

오늘 아침 만나서 반가웠습니다. 회사를 나오면서 프레밍험 강철에서 일할 수 있다는 가능성만으로도 의욕이 솟았습니다. 제가 귀사에서 일하게 된다면 회사의 발전에 공헌할 수 있음을 확신합니다. 제가 선발되어 다음 사원 연수에 참여할 수 있다면 대단히 기쁘겠습니다. 면접에 할애해주신 시간과 배려에 감사를 드립니다.

주디스 모니 올림

견본 ②

지원자 이름, 주소

시, 주, 우편 번호

전화 번호(지역 번호도 명기)

날짜

면접관 이름

직함(예 : 인사부장)

칼슨 중공업 주소

시, 주, 우편 번호

미스 배저스 귀하

"저는 칼슨 중공업에서 일합니다."라는 말을 할 수 있게 된다면 기쁘겠습니다. 칼슨의 직원들은 시장에 내놓는 모든 제품에 자부심을 갖고 있으며 칼슨 중공업의 고객 또한 최상의 서비스를 받고 있다고 생각됩니다.

저는 칼슨의 우수성을 계속 이어갈 만반의 준비가 되어 있으며 의욕과 능력으로 무장하고 있습니다. 감사합니다.

존 패트릭 하이 올림

견본 ③

지원자 이름, 주소
시, 주, 우편 번호
전화 번호(지역 번호도 명기)
날짜
면접관 이름
직함 (예 : 인사부장)
TBA 주소
시, 주, 우편 번호

리온 씨 귀하

이미 아시다시피 저는 랄프 벅스씨를 따라 주(主)공장을 견학하였습니다. 벅스 씨께는 저를 위해 귀중한 시간과 지식을 할애해 주신 데 감사를 표한 바 있습니다. 공장 견학을 마친 후 저는 제가 귀사의 공장 운영 팀에 합류하게 된다면 이전에 쌓은 훈련과 경험 덕택에 많은 기여를 할 수 있을 것이란 확신을 굳혔습니다. 주 공장에서는 무엇보다 업무의 원활한 흐름이 중요함을 잘 알고 있습니다. 저를 채용하신다면 업무 개시일부터 귀사가 기대하는 실적 수준을 능가해 보일 것임을 약속드립니다. 감사합니다.

필 릭스 올림

◇**도움이 될 만한 전략**

질문에 질문으로 응수하는 전략-질문에 대답할 준비가 안 된 상태에서 직접적인 응답을 피하고 싶다면 질문으로 응수해 정보를 더 구할 수도 있을 것이다 또는 질문을 한 면접관의 주의를 다른 방향으로 전환해 볼 수도 있다. 다음의 간략한 대화를 보면 어떻게 전략을 사용할지 알 수 있을 것이다. 예시된 질문은 실제 면접에서 따온 것이다.

경영자:이제는 대학을 졸업했는데 더 배울 것이 있다고 생각합니까?

지원자:인생은 언제나 배움의 연속이 아니겠습니까?

목표:지원자의 대답은 예의에 어긋나지 않는다. 그러나 질문의 이유를 잘 모르기 때문에 다른 질문으로 응수함으로써 더 구체적인 정보를 알아낸다.

인사 담당:학교에서 배운 것을 무시하고 회사에서 배운 것을 받아들일 수 있겠습니까?

지원자:제가 받은 정규 교육이 도움이 되지 않으리라 생각하십니까?

목표:인사 담당의 말에 기분이 상할 수도 있겠으나 지원자는 침착한 태도를 잃지 않는다. 마찬가지로 태연한 태도로 질문을 해본

다. 지원자는 자신의 출신교와 학업을 면접관이 왜 평가절하 하는 지 또는 그 말이 진심인지를 알고 싶은 것이다. 질문을 함으로써 앞으로 어떻게 대응해야 할지를 구체적으로 알 수 있게 된다. 면접관이 지원자의 출신교가 우수함을 모르고 하는 소리라면 지원자는 이 점에 초점을 맞추어 얘기해야 한다. 또는 면접관이 학교 교육보다는 실무 교육의 장점을 지나치게 높이 평가하고 있는 경우일 수도 있다. 지원자는 대답하기 전에 반드시 질문의 진의에 대해 파악할 필요가 있다.

사장:우리 회사 외에 다른 회사에 지원했습니까?

지원자:짐작하시는 대로 저는 제 능력을 최대한 발휘할 수 있는 일자리를 원합니다. 현재는 출판 업계를 중심으로 찾고 있는 중입니다.

참고:이번 예는 약간 변형된 전략을 사용한 것이다. 지원자는 질문을 하지는 않았으나 질문에 구체적인 답변도 하지 않았다. 사장이 계속 대답을 요구한다면 지원자는 직접적인 대답을 함으로써 개인적 비밀을 누설할 것인지를 결정해야만 한다. 다음은 이에 대한 몇 가지 대안이다.

지원자:몇 군데에 원서를 제출하였습니다.

지원자:한 회사에 채용이 되기는 하였지만 아직 수락하지 않았습니다. 일단 사장님을 먼저 뵙고 싶어서였습니다. 그 회사의 이름을 직접적으로 언급하는 것은 적절하지 않다고 봅니다.

사장:지금부터 6개월 후에는 어디에 있을 것 같습니까?

지원자:이 직장이 장기적이지 않다는 말씀입니까?

목표:사장은 지원자가 이 일을 장기적으로 할 용의가 있는지를 알고 싶은 것일까, 아니면 지원자를 훈련시키는 데 드는 시간과 돈을 먼저 생각하는 것일까? 또는 지원자가 능력 있는 인재인지 회사

에서 출세하고 싶어하는지를 알고자 하는 것일까? 지원자는 직접적인 대답을 하는 것이 바람직하긴 하지만 사장이 물어보는 진의가 무엇인지를 좀더 알아낸 후에 대답하는 편이 더 수월할 것이다.

☆오랜 휴직 이후의 복귀

회사의 감원 바람에 밀려 오랜 기간 헤맨 끝에 재취업에 성공한 분이라면 먼저 축하한다. 전문가들도 가장 어려운 일 중의 하나가 바로 일자리를 찾는 것이라고 했는데 여러분은 그 일을 아주 성공적으로 해낸 것이다.

자, 이제 지금껏 몸에 밴 취업에 대한 걱정을 말끔히 씻고 새로운 무대로 나갈 때다. 여러분은 더 이상 기회를 달라고 사정하는 처지가 아니다.

지금은 능력을 펼쳐 보일 때다. 곧 새 동료들과 인사를 나누고 나름대로의 업무 스타일을 가진 새로운 상사와도 보조를 맞추어야 한다. 지금까지의 방식을 바꾸어 새로운 위치에 적응할 준비를 해야 할 시기인 것이다. 대부분의 사람들은 여유 있는 태도의 사람들에게 쉽게 끌린다. 따라서 여러분이 긍정적인 마음가짐을 한다면 동료들과도 더 빨리 친해질 것이다.

이 기간에는 비즈니스 에티켓을 특히 잘 지켜야 한다. 이제 심호흡을 하고 자신이 실업자 신세를 벗어나 재취업한 사람이라고 머리 속으로 그려 본다.

개중에는 아이를 양육하는 문제로 직장에서 떠나 있다가 다시 복귀한 어머니나 아버지도 있을 것이다.

이제 지난 번 업무와 전혀 상관없는 새로운 일을 하게 될지도 모른다. 시간이 흐르면서 얻은 경험으로 여러분이 전과는 다소 다른 성격의 사람으로 바뀌었을 수도 있다. 업무 환경 또한 많이 달라졌다. 아무리 변화가 없었다 해도 최소한 새로 익혀야 할 생소한 업무 용어는 있으니만큼 분발해야만 한다.

여러분이 직장에 다니는 보통 부모라면 어린 자녀에 대한 양육 책임도 져야 하고 가장으로서의 역할도 충실히 해야 할 것이다. 그렇다면 직장 생활에서 성공하는 데 도움이 되는 세련된 비즈니스 에티켓을 집에서도 지키면 가족들과의 관계도 훨씬 원활해진다는 사실을 기억해두면 좋을 것이다.

거꾸로 여러분이 주변에서 만나는 칠장이, 도배 기술자, 정비소 직원, 신발 가게 점원, 배관공, 아이들의 담임 선생님 등 보통 사람들에게 지키는 예의는 여러분의 새 직장에서도 아주 자연스럽게 정중하고 설득력 있는 대인 관계 기술로 발전할 것이다. 따라서 여러분은 이미 자신이 깨닫는 것보다 훨씬 큰 강점을 지니고 있는지도 모른다.

오늘날에는 휴직 이후에 더 나은 직장을 찾는 것이 드문 일만은 아니다. 오랜 휴직 기간 이후 복귀하는 사람이라면 이전에 일하던 때와는 분명 개인적 목표가 달라져 있을 것이다. 전에는 고위 관리직을 차지하고 있다가 새 직장에서는 완전히 다른 자리를 맡게 될 수도 있다. 또는 임시직이라는 것을 알면서도 취업하기로 결정을 했을 수도 있다.

직장을 구하기 직전에 다른 주로 이사했거나 다른 업종의 회사에 들어갔다면 새로운 업무 환경이 이전 직장과는 완전히 다를 것임을 미리 염두에 두어야 한다. 이전 직장에서는 사람들이 더 격의 없이 지냈거나 형식을 더 중요하게 여겼을지도 모른다. 예를 들어 이전 직장에서는 늘 아무개 씨라 불렸는데 새 직장에서는 성을 빼고 이름만 불린다면 아마도 놀랄 것이다.

경우야 어찌 되었든 현재의 상황에 집중하는 것이 중요하다.

지금껏 사람들을 상대하는 데 사용했던 일반적인 방법에만 의존할 수 없을지도 모른다. 그렇다면 최근의 추세와 사람들의 태도를 눈여겨보고 자신의 행동에 대해 주변인들이 어떻게 반응하는지도 주목해 본다.

휴직 이후에 일을 시작하는 장점 중의 하나는 이제는 녹슬지 않을 것이란 점이다! 독일 속담에 이런 말이 있다.

"휴식하면 부식(腐植)한다(Rast ich, so rost ich.)."

새 직장에서의 새롭고 생소한 방식들에 적응해 나간다면 절대 녹이 스는 일 따위는 없을 것이다. 휴직보다는 적응과 학습, 성장이 더욱 바람직한 방법임에도 불구하고 많은 이들이 휴직을 일종의 졸업장이나 완성의 상징으로 간주한다. 그들은 일에서의 적응과 학습, 성장은 시대에 뒤떨어진 것이라 생각하는 것이다. 그러나 사실은 전혀 그렇지 않다.

장기간의 질병이나 기타 이유로 불가피하게 쉬다가 업무에 복귀하게 된 분이라면 환영한다. 이제 자신의 새로운 자아상(self image)을 받아들일 준비를 해야 한다. 회사의 경영진은 여러분을 고용함으로써 어러분에 대한 신임을 보여 주었고 새로이 주어진 직함은 여러분의 새 모습을 묘사하는 데 도움이 된다.

업무에 복귀한 사람의 긍정적인 태도는 누구에게나 환영받는다. 새 일을 맡았다는 것은 축하를 받을 만한 일이므로 마음을 밝게 가지는 것이 당연하다. 처음에는 좀 불안하기도 하겠지만 긍정적인 자세로 임한다면 출발은 순조로울 것이다.

다음에 나올 질문들은 여러분이 마주칠 수 있는 상황을 집중적으로 탐구하는 데 도움을 주기 위한 것이다. 제시된 해결책이 탐탁치 않다면 상황에 대처할 다른 방법도 스스로 연구해 보도록 한다. 이 연습은 여러분이 업무에 복귀하기 전 준비를 하는 데 도움이 될 것이다.

만일 경영진이나 고위 간부의 일원으로 일하게 되었다면 다음의 글을 자세히 읽어 두도록 한다. 또한 이 부분의 두 번째 질문과 대답 시리즈인 '경영자로서의 처음 며칠'도 함께 읽도록 한다.

새로운 직장에서의 처음 며칠

질문:주차장의 자리마다 번호가 매겨져 있는 걸로 보아 각기 배정이 된 것 같은데 내 차를 아무데나 주차해도 될까?

해답:다른 사람의 주차할 자리를 차지하는 것은 예의에도 어긋날 뿐 아니라 잘못하면 벌금이나 제재 조치를 받을 수도 있다. 정식 출근하기 전에 미리 인사부에서 주차장 이용 방법에 대해 설명해 주겠지만, 그렇지 않았을 경우라면 주변을 둘러보아 표시되지 않은 공간에 주차하도록 한다. 혹은 순찰 중인 회사 경비 트럭을 찾아 어떻게 할지를 물어 본다. 주차는 했지만 그것이 허용되는지의 여부를 분명히 하려면 안내 데스크에 가서 담당자의 확인을 구한다. 이것도 가능하지 않다면 상사에게 묻도록 한다.

상사에게 주차 문제 같은 사소한 것을 묻는 것이 거북스러울 수도 있겠지만, 이렇게 하면 여러분이 주의력이 있고 사려 깊으며 일을 정확히 하려는 사람임을 은연중에 드러내 보일 수 있다. 이런 인상을 주어 손해볼 리는 없지 않은가.

질문:출퇴근시 카풀을 하는 사람들이 있는데 나도 좀 끼워 달라고 할까?

해답:어느 정도 시간이 지난 후에 청해 보는 것이 좋다. 카풀을 하는 사람들과 안면을 익혀 놓으면 그 쪽에서 먼저 같이 출퇴근하자고 청할 가능성이 많다. 그러나 여러분 집 근처에서 카풀하는

동료들이 자리가 더 없어서 잠자코 있을 가능성도 있다. 그러므로 먼저 청하지 않는다고 해서 무시당한다는 생각을 할 필요는 없다.

질문:다른 사람들이 같이 점심 먹자고 하지 않는데 따라가도 좋은지 먼저 물어 보면 안 될까?

대답:대부분 그런 경우 그들 중 한 사람이 다가와 같이 먹자고 청하기 마련이다. 그러나 그렇지 않을 경우라면 여러 가지 이유가 있을 수 있다. 일부 직원들이 눈독을 들이던 자리에 여러분이 고용되었을 경우, 그들은 여러분을 경원시하는 것이 이성적이지 않은 행동임을 알면서도 무뚝뚝하게 굴 수 있다. 여기에 더해 주변 사람들은 이러한 내막을 알고 일부러 거리를 둘 수 있다. 따라서 여기에 대한 만능 해결책은 없는 셈이다. 한두 주는 혼자 점심을 먹는 것이 최선이겠지만 그 이상은 기다리지 말고 누군가와 자리를 함께 하도록 한다. 너무 오래 기다리면 거만한 사람이라 오해받을 소지가 있다.

질문:특별한 명분으로 직원들이 모금을 하고 있는데 나는 아직 첫 달 월급도 못 받았을 뿐 아니라 돈을 낼 만한 처지도 아니다. 이런 것을 일일이 설명해야 할까?

해답:그럴 필요 없다. 아마 "다음에 내도록 하지요."라는 말로 대신할 수도 있겠다. 이렇게 말하는데도 계속 강요를 한다면 상대방의 행동은 분명 예의에 어긋난다. 특히 여러분이 신입 사원이라면 더욱 그렇다. 간단하고 모호한 대답이면 충분하며 더 이상 장황하게 설명할 필요는 없다.

사원 요람을 보고 기부금에 대한 회사의 사규를 살펴보는 것도 좋다. 기부금을 특별히 장려하는 상황이라면 이에 협조할 것인지 다음에는 어떻게 대처할 것인지에 대해 생각을 해두어야 한다. 처음에 분명한 태도를 밝히면 앞으로 변명하지 않아도 될 것이다.

예를 들어 "지금 두 군데 자선 단체를 지원하고 있습니다. 그러니 한 군데 더 지원해야겠다는 마음이 들면 그때 하도록 하지요." 하고 말하면 자신의 태도를 분명히 나타낼 수 있을 것이다.

직장에서의 처음 며칠 동안은 여러 가지 중요한 결정을 내려야만 하며 위에 언급한 상황은 우선시할 만한 성질의 문제는 아니다. 그렇기는 해도 미리 생각해두면 도움이 된다. 왜냐하면 일부 민감한 사안에 대해서 처음부터 분명한 태도를 보이면 같은 문제로 고민하게 될 일은 없기 때문이다.

질문:사무실에 떠도는 소문을 들으면 어떻게 해야 할까? 내게 이런 얘기를 늘어놓는 사람에게는 또 어떤 대답을 해야 할까?

대답:사실 어디를 가든 신참에게 요령을 가르쳐 준다면서 사무실이나 회사, 다른 직원들에 대해 시시콜콜 얘기를 하는 사람 한둘은 있기 마련이다. 사무실에 떠도는 소문들에는 대개 귀가 솔깃한 법이다. "행크 카터는 최고의 영업 사원이지. 그런데 점심 때마다 술을 마신다는군."과 같은 식의 말이 대부분이다. 분명 카터가 훌륭한 영업 사원이라는 것 이외의 말을 할 필요는 없다. 이럴 때 여러분은 아무 대답도 하지 말고 그냥 듣기만 한다. 시간이 지나면서 보면 주변에서 누가 소문 내기를 좋아하고 누가 자주 험담을 늘어놓는지를 알 수 있을 것이다.

소문이란 비즈니스 에티켓의 기본인 정확한 판단력을 흐려 놓는다. 사무실에 떠도는 소문에 한두 마디 거들면 득보다는 실이 많다. 그런 말을 하고 싶다면 회사 밖의 친구나 가족들과 하고 근무 시간에는 절대 하지 않도록 한다.

질문:업무에 대한 설명을 이해하지 못했다면 그냥 이해하는 척 넘어가야 하나?

대답:한번 더 설명할 것이라면 굳이 모르겠다는 말을 하지 않아

도 된다. 주의 깊게 듣고 질문을 한다. 기억하라. 로마는 하루에 이루어지지 않았다.

한편 여러분이 금방 일을 해야 하는데 일의 내용을 완전히 이해하지 못했다면, 그때엔 분명하게 말하는 것이 좋다. 실제 업무에 임해 일을 망치기보다는 먼저 묻고 확인하는 것이 예의다.

질문:교육 담당 직원이 회사의 제품이나 서비스에 대해 설명하는데 내가 더 잘 알고 있는 상황이라면 어떻게 해야 하나?

대답:개의치 말고 경청한다. 정말로 배울 것이 하나도 없는지는 미리 알 수 없는 일이다. 교육이 몇 주간 진행될 것이라면 교육 담당 직원에게 진도를 빨리 하자고 건의하도록 한다. 덧붙여 여러분이 제품이나 서비스에 대해 잘 알고 있는 까닭을 설명하도록 한다.

하품을 하거나 기지개를 펴거나 구부정한 자세로 의자에 걸터앉는 등의 행동은 지루함의 표시이므로 교육 담당 직원의 기분을 상하게 할 소지가 있다.

질문:동료들이 내 이름을 똑바로 발음하지 못한다면 고쳐 줘야 할까?

대답:그렇다. 가능하다면 기억에 도움이 될 만한 설명을 해서 여러분의 이름을 제대로 기억하도록 도와준다. 예를 들어 "Powel이라는 제 성에 w가 들어 있기는 하지만 발음은 포웰이 아니라 포엘이라고 합니다. 조엘(Joel)처럼 말입니다."라는 말을 하면 좋겠다. 여러분도 물론 동료 직원의 이름을 기억하고 제대로 발음할 수 있도록 해야 한다. 이름의 바른 발음과 철자를 기억하는 것은 비즈니스 에티켓의 기본 수칙이다.

질문:아이들이 매일 학교에서 돌아오면 확인 전화를 할 것이다. 이런 일을 상사에게 미리 알려야 할까?

대답:회사의 경비를 소모하지 않도록 아이들이 전화를 걸도록 하

는 것이 최선이다. 그러나 이런 일은 상사에게 먼저 말해야 하며 일방적으로 통보할 것이 아니라 양해를 구하는 것이 필수적이다. 여러분이 회의에 참석중이거나 다른 업무를 하고 있을 경우 아이들이 어찌해야 할지에 대해서도 고려해야 한다. 다른 직원이 계속해서 여러분의 개인적 메시지를 받아 주는 것은 상식에 어긋나기 때문이다.

경영자로서의 처음 며칠

질문:부하 직원들의 의견에 귀를 기울이는 것은 중요하다고 생각한다. 그러나 처음에 상사로서의 나의 위상도 다져놓고 싶다. 직원들의 의견을 어느 정도까지 존중해야 할까?

대답:부하 직원들로 하여금 여러분이 그들의 의견을 중요하게 여기며 앞으로도 계속해서 수렴해 나갈 것임을 알게 하는 것도 좋다. 그들의 의견을 들을 준비가 되었다면 주의 깊게 듣고 될 수 있으면 빨리 의견을 수렴해 본다.

질문:내 업무 보조는 남자다. 그에게 매일 아침 커피 심부름을 시키면 기분이 상할까?

대답:업무 보조와 번갈아 커피를 끓이도록 제안한다. 이런 식이라면 업무 보조가 남성이든 여성이든 간에 눈살 찌푸리는 일은 없을 것이다. 여기에 대한 만능 해답은 없다. 어떤 업무 보조는 커피 심부름은 자신의 업무 영역이 아니라고 여긴다. 이런 잔일을 나눠서 하면 서로가 기분 상할 일은 사전에 예방할 수 있다.

질문:직원들의 사기가 매우 낮다. 모두들 내가 부서의 감원 조치를 단행하기 위해 임명되었다고 여긴다. 회사의 기밀 정보를 누설하지 않고 사기를 끌어올릴 수는 없을까?

해답:안 좋은 소문이 만연하면 사기는 떨어질 수밖에 없다. 사기가 떨어지면 자연 사람들의 참을성도 없어지며 서로에 대한 에티켓에 대해서도 무뎌질 수밖에 없다. 실제 상황은 직원들의 생각만큼 나쁘지 않은 경우도 있다. 이럴 때는 회의를 소집해 직원들과 대화를 하도록 한다.

지나치게 구체적인 회사 정보를 누설하지 않고도 직원들의 두려움을 다소 누그러뜨릴 수 있을 것이다. 일부가 해고될 수밖에 없는 상황이라면 회사에서 감원 대상자에 대한 지원책을 마련 중이며 필요한 경우 6개월 분의 퇴직금을 지급할 것임을 분명히 알리도록 한다. 상황에 따라 상사를 설득해 감원 대상자에 대한 지원 금액을 더 늘리도록 하여 생산성 저하를 막도록 한다.

질문:비서가 나의 전임자와 일할 때는 자신이 맡은 책임이 꽤 컸다고 말한다. 비서의 말은 과장된 것 같다. 어떻게 해야 하나?

해답:비서에게 능력을 충분히 발휘할 여지를 주도록 한다. 비서의 말은 이전보다 더 많은 일을 하고 싶다는 의욕의 표현일 수도 있고 단순한 과장일 수도 있다. 이럴 때는 업무 진행 상황을 자주 보고하도록 비서에게 요청한다. 비서가 주어진 일을 잘 해내지 못한다 해도 너무 늦기 전에 사실 확인이 가능하며 일도 시키지 않고 업무 수행 능력을 의심할 경우 빚어질 수 있는 불편한 감정을 미연에 방지할 수 있을 것이다.

◇성공을 위한 조언
- 제4장 '비언어적 의사 소통 방식' 참조.
- 제5장 '이성에 대한 예의' 참조.
- 제10장 '소개' 참조.

◇도움이 될 만한 전략

다음은 새로운 직장에서의 처음 며칠을 배심원에 의한 재판에 비유한 것이다.

(1)배심원은 모든 주장을 다 듣기 전까지는 어떠한 판단도 내리지 않는다.

이는 오랜 휴직 기간 이후 복귀했을 때 사용하면 좋은 전략이다. 왜냐하면 직장 분위기에 대해 아무것도 모르는 사회 초년생과는 달리 여러분은 과거의 직장 경험에 비추어 어느 정도의 기대를 하고 있을 것이기 때문이다. 새로운 업무와 이전의 업무를 비교하거나 현재 상사의 업무 스타일과 이전 상사의 업무 스타일을 비교하려는 경향은 자연스러운 일이지만 대개는 비생산적이다.

(2)자신도 지금 재판을 받는 입장이다. 새로운 동료 직원들은 여러분을 모를 뿐 아니라 여러분에게 무엇을 기대해야 할지에 대해서도 모르기 때문이다.

요약해 보면 다음과 같다.

- 남에 대한 판단을 내리지 않는다.
- 주변 사람들이 나에 대한 판단을 할 것임을 예상한다.

또는 셰익스피어의 <햄릿>에 나오는 "모든 이의 말에 귀를 기울이되 말은 삼가라. 모든 비난을 귀담아 듣되 판단은 미루어라."라는 대사를 상기하면 좋겠다.

이 말을 기억하면 모든 이의 인정을 받을 수 있으며 다른 사람들이 무례하게 군다고 해서 화가 날 일도 없을 것이다.

차츰 시간이 지나 몇 주, 몇 달이 지나면 그 동안 쌓인 정보를 바탕으로 일정한 결론을 내릴 수 있을 것이다. 물론 여러분의 동료들도 마찬가지다.

누가 알겠는가? 여러분이 컴퓨터 사용법을 잘 몰라 쩔쩔맬 때 가장 큰 도움을 줄 동료가 처음에 가장 접근하기 힘들었던 사람이어서 놀랄 일이 생길지.

또는 우편물 접수실에서 한 젊은이에게 친절하게 대해 주었더니 그 젊은이가 나중에 최고 경영자 자리에 올라 여러분에게 그때의 친절에 대한 보답을 할지도 모를 일이다.

이런 일들은 늘 일어나기 마련이니 놀라지 않기를 바란다.

☆승진했거나 부서를 옮겼을 때

축하한다! 회사 내에서 새로운 임무를 맡게 되었으니 지금쯤 이 인사를 자주 들을 것 같다.

그런데 많은 이들이 축하 인사를 받을 때 불편해 한다. 그런 사람들은 무뚝뚝한 반응을 보이면 축하 인사를 하는 상대방이 얼마나 무안해 할 것인지에 대해 신경을 쓰지 않는 것 같다.

축하의 말은 얼마나 자주 듣던지 또는 그 말이 진심인지에 괘념치 말고 언제든 고맙게 받아들이도록 한다.

어떤 경우에는 승진 사실이 서면상으로 공식 발표되므로 소식을 들은 이들의 축하 서신을 받아 볼 수도 있을 것이다. 이런 서신을 받으면 보낸 이에게 감사의 뜻을 전달하는 것이 보기에도 좋고 사업상의 관례로도 올바른 일이다. 그렇다고 여러분도 반드시 답신을 써야만 한다는 뜻은 아니다. 그러나 서신을 받고 연락이 될 경우 바로 감사의 뜻을 표해야만 한다.

자주 서신을 교환하는 사이라면 축하해 준 데 대한 감사의 표현 한두 줄을 서신 끝에 적도록 한다. 사업상 전화를 하게 되면 끊기 전에는 반드시 감사의 말을 하도록 한다.

“빌, 편지 잘 받았습니다. 좋은 일이 생길 때마다 잊지 않고 친절한 말씀을 하시니 정말 존경스럽습니다. 다시 한번 감사드립니다.”

홍보

만일 회사측에서 여러분의 직위가 변했음을 공식적으로 알리지 않을 경우라면 여러분이 직접 알리는 것도 괜찮다. 성취감을 만끽하거나 여러 군데 소식을 알리는 기쁨은 차치하고라도, 승진 소식을 스스로 대내외에 알리면 새로운 판매 기회를 잡을 수도 있고 상대방과 대화를 할 기회를 얻을 수 있으며 중요한 사회 모임이나 업계 모임에 참석하도록 초대받을 수 있다.

신문이나 업계 간행물에 실리는 기사를 통해 승진 사실을 알릴 경우라도 어느 정도의 자화자찬은 곁들여야 한다. 그러나 기억해둘 것은 사실이 기사로 작성되면 돈 한 푼 안 들이고 광고 효과를 거둘 수 있는 반면 너무 지나친 자기 자랑을 늘어놓으면 편집자가 꺼려할 수도 있다는 사실이다. 예를 들면 여러분이 회사의 리엔지니어링 덕택에 새로운 직책을 얻게 되었고 그 회사가 업계의 선두 주자 격이라면 뉴스 소재로 적당한 것은 회사의 새로운 감량 정책이며 여러분의 승진 소식은 자연스럽게 어울려 들어갈 수 있다. 물론 적임자도 아니면서 회사의 대변인인 양하는 것은 곤란하지만 공공 간행물을 통한 발표는 중요한 것이며 자신의 얘기를 기사화하는 것은 시간과 노력을 들일 가치가 있는 것이다.

기사화된 발표 자료를 복사해서 고객과 공급자, 업계의 동료에게 보낼 계획을 세워두도록 한다. 기사화된 말에는 강력한 영향력이 있으니까!

외모에도 신경을 쓴다

여러분이 승진을 하고 새로운 직위를 부여받은 것은 여러분이 새로운 환경에 어울릴 듯 보였기 때문일 것이다. 그래도 승진된 지 처음 얼마간 동료나 다른 직원들은 여러분을 유심히 관찰할 것이므로 외모나 옷에 신경 쓰는 일은 중요하다. 여러분의 겉모습은 여러분의 위치에 어울려야만 한다.

새로운 책무에 모든 시간과 관심을 투자하느라 평소의 단정한 모습을 잃는 일은 없어야겠다. 이발할 짬을 내고 옷을 세탁해야 하는지 수선할 곳은 없는지 잘 살펴야 한다. 때로는 넥타이나 스카프, 멜빵, 스타킹 등 옷에 변화와 다양성을 줄 만한 새로운 장신구를 구입할 필요도 있다. 새로운 역할에 적응하느라 스트레스를 받는 것도 당연한 일이다. 이때 새로운 장신구를 착용하면 겉모습뿐만 아니라 마음까지도 산뜻해질 것이다. 자신에 대해 만족할수록 자주 웃고 매너도 좋아지니까.

리더십

이제 여러분은 단순한 동료 사원이 아닌 상급자가 되었다. 바뀐 직위 때문에 이전에 친하던 사람들과의 관계가 불편해질 수 있으며 이럴 때는 오해를 막으려 최선을 다하고 싶을 것이다. 고대 중국의 철학자인 노자의 말씀을 한 번 음미해 보자.

"내게 잘 지키고 간직해야 할 보물이 세 가지 있으니, 첫째가 깊은 애정이요 둘째가 근검이며 셋째가 천하에 감히 나서지 않는 것이다. 깊은 애정이 있어 용감할 수 있는 것이요, 근검이 있어 관대할 수 있는 것이며 천하에 감히 나서지 않음으로써 천하를 이끌 수 있는 것이다."

　<성공하는 사람들의 비즈니스 예절>은 리더십을 배양할 목적으로 쓰여진 것은 아니다. 그러나 회사 내에서 승진을 했거나 새로운 직위를 부여받을 때는 리더십을 발휘해야 할 위치에 처하는 수가 많다. 제대로 익힌 비즈니스 에티켓은 생산적인 변화의 밑거름이 될 것이다.

　노자의 말이 주는 교훈은 세상에 절대 나서지 말라는 것이 아니다. 이 말의 속뜻을 새겨들었다면 앞으로는 남의 말에 귀를 기울이고, 미소를 잃지 않으며, 남을 인정하고, 충고를 기꺼이 받아들이며, 칭찬하는 방법과 때를 알게 될 것이며, 자신의 새로운 위치를 진지하게 그러나 너무 심각하지는 않게 받아들일 수 있을 것이다.

　여기에 적극 동의하지 않는다 해도 위에 언급한 것들은 적절한 행동 양식이며 앞으로 새 직무를 하는 데 있어서도 실적을 높이는 데 반드시 일조할 것이다.

통과 의례

　이전과 같은 장소에 계속 주차할 것인가?

　이전의 사람들하고 계속 점심을 같이 할 것인가?

　임원용 화장실 열쇠를 가지고 있는가?

　컴퓨터 데이터 확장을 위한 허가를 받았는가?

　새로운 직위에는 늘 미묘한 변화가 따르기 마련이다. 그 중 일부는 임원들에게 주는 특권이기도 하겠지만 나머지는 업무 수행을 위해 꼭 필요한 것들이다.

이전의 동료들은 아는 사이니 잘 봐줄 것이라든가 여러분에게 부여되는 특권을 같이 누렸으면 하고 바랄지도 모른다. 여러분이 이전처럼 서로 잡담할 시간도 내지 않으면 이들은 당황할지도 모른다. 질투라는 괴물이 고개를 들 수도 있다. 이전의 동료들은 여러분이 쌀쌀맞고 비협조적이며 자만심에 빠졌다고 수군댈지도 모른다.

이럴 경우 여러분이 그들에게 다가가면 냉랭한 대우를 받을 수 있으며 업무상 협조를 기대했다가 뜻하지 않게 실망할 수도 있다.

전문적으로 말하자면 여러분은 모든 사람과 이성적인 관계를 유지해야만 한다는 것이다. 새로운 직위에 대한 의욕을 표현할 때는 남들이 어떻게 받아들일지도 잘 생각해야 한다. 의욕의 표현과 뽐내는 것 사이에는 분명한 경계가 있으니까.

"임원 식당의 메뉴는 정말 좋아. 덕분에 난 규칙적으로 저 칼로리 식사를 할 수 있다니까."라는 말에 남들은 "저 여자는 이전의 친구들과 더 이상 식사도 같이 안 하고 이제는 자신이 우리보다 낫다고 여기고 있잖아."라고 생각할 수 있다.

물론 여러분의 성공에 대한 남들의 시기를 통제할 수는 없는 일이다. 그래도 다른 이들의 불만을 헤아리고 이해할 수 있을 것이다. 이런 경우 따돌림을 받고 제대로 평가받지 못한다는 생각에 종국에는 화가 나 남들과 등을 돌리게 될 수도 있다.

지금은 말하기보다는 남의 말을 들어야 할 때다. 또한 갑작스러운 변화를 주기보다는 예전의 관행들을 하나하나 없애는 것이 좋다. 만일 이전의 동료와 점심을 하지 않게 되면 휴식 시간에 같이 커피를 마시는 것도 좋다.

"자네와 일할 때가 좋았지."라는 메시지를 전하는 행동은 늘 좋은 반응을 얻는다. 사실상 누군가를 여전히 기억하고 중요하게 여긴다는 사실을 보여 주면 상대는 자연히 내 편이 된다.

이전의 동료들은 여러분에 대해 잘 알고 있지만 새로운 동료들은 그렇지 못하다. 아마도 경계심을 품고 있을지도 모른다. 더 나아가 새 동료들은 여러분을 전임자와 비교해 부정적 평가를 내릴 수도 있다. 전임자가 널리 존경을 받고 여러 사람의 정신적 지주였으며 대단히 인기가 좋았다면 여러분의 상황은 더 힘들 수도 있다.

여러분이 자신의 스타일로 업무를 해나가면서 기억해야 할 것은 지금의 직원들은 여러분에 대해 전혀 모르고 있다는 사실이다. 이들에게는 여러분을 알 수 있도록 시간을 주어야만 한다.

이전의 동료들과 화합하는 데 썼던 어떤 방법들은 새 동료들과 친해지는 데도 효과가 있을 것이다. 힘들겠지만 스케줄을 짜 맞추고 모든 이를 즐겁게 해주려고 노력하는 한편 통과 의례는 일시적인 것임을 생각하며 위안을 삼도록 한다.

일단 여러분의 행동이 남들에게 어떤 영향을 미치는가를 파고들고 나면 그들의 불안과 우려를 불식하기도 수월할 것이다. 덧붙여 이런 태도는 여러분이 회사 내에서 성장하고 훌륭한 역할 수행을 하기 위한 튼튼한 바탕이 되는 것이다.

◇**성공을 위한 조언**
• 제7장 '옷으로 말한다' 참조.
• 제4장 '비언어적 의사 소통 방식' 참조.

◇**도움이 되는 통찰법(엄밀한 의미의 전략은 아님)**
인내는 효과적인 '전략'이다. 사람들이 뭔가를 말할 때는 필연적으로 어떤 의미를 드러내게 마련이다.

- 말:"마감 기일을 못 맞출 것 같은데요."
  속뜻:중압감 때문에 불안해하고 있다.
- 말:"상사에게 여쭤봐야겠는데요."
  속뜻:스스로 결정할 재량권이 없다.
- 말:"너무 예민하시네요."
  속뜻:자신의 말이나 행동을 후회한다.
- 말:"일을 끝내도록 하지요."
  속뜻:자신감이 있다.

물론 위에 서술한 것은 구체적 상황이 명시되지 않아 잠정적인 것에 지나지 않는다. 아는 사람이 무언가를 얘기할 때는 여러분은 대개 좀더 많은 배경 지식을 갖고 있을 것이다. 예를 들어 보자.

"마감 기일을 못 맞출 것 같은데요."

이 사람은 부서를 옮겨온 뒤로 별로 협조적이지 않았다. 그가 일을 끝낼 만한 충분한 능력이 있는 사람이다. 마감 기일까지는 시간도 많이 남았다. 일전에 그가 말했던 개인적 문제 때문에 우울한 것은 아닌지 하는 생각이 든다.

그가 마감 기일을 지키지 못한다는 것은 이제 단순히 시한을 연장해 주거나 다른 사람에게 일을 맡길 것이 아니라 여러분이 직접 나서서 근본적 문제를 수정해야 함을 의미한다.

"너무 예민하시네요."

이 사람의 요령 없는 행동에 대해서는 이전에도 본 적이 있다. 일전에 동료 두 사람이 당황한 표정으로 황급히 걸음을 돌려 그 사람 곁에서 사라지는 것을 본 적도 있다. 그는 여러분에게 벌써 몇 번이나 너무 예민하다는 말을 했다.

그의 말로 알 수 있는 것은 이제 여러분이 그의 적절하지 못한 행동에 대해 나무라거나 좋은 판단을 내려줄 누군가에게 조언을 구할 때라는 사실이다.

종종 더 많은 사실을 알게 되면 행동도 달라진다.

사실을 수집하는 데도 시간은 걸린다. 대부분의 사람들이 모든 것을 지나치게 빨리 해결하려 드는 경향이 있으므로 참는 것도 미덕이라 할 수 있다.

다른 부서로 옮겨간 경우 그 부서의 사람들은 여러분을 잘 모르는 상태다. 그들이 가능한 한 빨리 여러분에 대해 파악할 수 있도록 도와 주어야 한다. 이를 위해 다음의 비즈니스 에티켓을 적절히 활용토록 한다.

- 다른 동료에게 걸려온 전화 메시지는 정확하고 주의 깊게 받아 전해 준다. 이는 여러분이 믿을 만한 사람임을 보여 줄 것이다.
- 누군가 업무를 마치기 위해 장시간 일하고 있다면 커피 한 잔이나 주스 캔을 책상 위에 올려놓는다. 이는 여러분이 사려 깊은 사람임을 보여 줄 것이다.
- 슬라이드 영사기가 갑자기 작동하지 않아 회의 진행자가 곤경에 처할 경우 자청해서 옆 부서의 영사기를 빌어 온다. 여러분이 매우 협조적인 사람임을 보여 줄 것이다.
- 상사를 만나러 온 고객이 비에 젖은 코트를 대기실의 소파 위에 올려놓으면 코트를 받아 주겠다고 청한다. 코트를 받아 말릴 만한 장소에 걸어놓는다. 이는 여러분이 회사의 기물을 소중히 한다는 것을 보여 준다. 더불어 코트를 벗어 준 고객도 정중한 대우에 기분이 좋아질 것이다.
- 동료 중 누군가가 가족상(喪)을 당해 결근할 경우 조의(弔意)

를 표하는 서신을 띄우도록 한다. 굳이 오랫동안 알고 지낸 사이가 아니더라도 사랑하는 가족을 잃은 사람의 아픔을 헤아릴 수 있는 것이다. 간단한 조문(弔文)을 보냄으로써 여러분이 동료에 대한 배려를 적절히 표현하는 사람임을 보여줄 수 있을 것이다.

사무실의 다른 동료들이 문상갈 때 함께 가는 수도 있겠다. 이는 동료들에게 여러분이 그들과 '행동을 함께 하는' 사람임을 알려 주는 것이다. 그러나 막 부서 이동을 한 상황이라면 혼자 문상 가는 일은 피해야 한다. 너무 저돌적으로 보일 수 있기 때문이다.

• 동료가 회의나 기타 모임에서 보고 또는 설명할 경우 끝나면 칭찬의 말을 해 주도록 한다.
"준비하신 슬라이드 프로그램이 정말 좋던데요. 훌륭했습니다."
"질의 응답 시간을 참 매끄럽게 진행하시더군요. 주제에 대해 정확히 알고 계신 것 같았어요. 덕분에 저도 많이 배웠습니다. 고맙습니다." 등의 밀이면 좋겠다.

다른 사람이 한 일에 칭찬을 하는 것은 좋은 태도이다. 아무리 능숙한 발표자라 해도 발표가 끝난 후 제대로 한 것인지에 대해 스스로 의심한다는 점을 많은 이들이 간과하고 있다. 이럴 때 칭찬을 해주면 상대방은 두고두고 여러분의 호의를 기억할 것이다.

☆다른 회사로 옮겼을 때
다른 회사로 옮겼을 경우 분명 두 회사에 대해 이것저것 비교하게 될 것이다. 잊지 말아야 할 규칙 제1조. 절대 불평하지 말 것!

다음은 해서는 안 되는 말들이다.

"전화 시설은 A 회사가 더 나았어. 여기서는 다른 사람하고 공동으로 회선을 사용해야 되고 전자 음성 사서함 서비스도 별로 마음에 들지 않아."

"A 회사에 있을 때는 팀원으로서 보람도 컸지. 그런데 이 회사에서는 팀원들이 별 힘이 없어. 나조차도 힘이 없는 걸. 매일 상급자에게 업무 보고해야지, 특별한 기록이라도 보려면 이래저래 설명을 해야 허락이 떨어지니 말이야. 이래서야 어떻게 기한 내에 일을 마칠 수 있겠어?"

이럴 때 여러분이 어렸을 적 어머니가 해주신 말씀을 새겨 보면 어떨까? "좋은 말을 못할 거라면 아예 입을 다물도록 해라."

더 나아가 새로 옮겨간 회사의 흠을 잡는 일이 나중에는 나쁜 버릇으로 굳어질 수도 있다. 그 대신 여러분의 새 일터에 대해 좋은 점을 찾는 데 관심을 집중해 보자. 그러면 하는 일에 대한 만족감도 높아질 것이다. 내 기분이 좋아지면 다른 사람의 기분도 덩달아 좋게 할 수 있다.

여러분은 편안한 업무 환경을 조성해야 한다. 그런 분위기 속에서라면 동료들이나 소비자, 상급자와 만나더라도 편안하고 원활한 의사 소통이 가능하기 때문이다. 또한 일 처리도 순조로울 것이다.

윌리엄 셰익스피어의 <헛소동>에 나오듯이 "……비교는 불쾌한 일이다."

비교를 하기보다는 긍정적인 행동을 유발할 만한 요인을 주변에서 찾아보는 것이 좋을 것이다. 예를 들어 새 회사의 전화 시설에 문제가 있다면 느낀 것을 기록하여 문제의 원인과 그로 인한 영향을 살피도록 한다.

"음성 사서함의 안내 멘트가 너무 복잡하고 길어 상대방이 메시지를 남기는데 시간이 많이 걸린다. 메시지를 남긴 사람의 절반 정도가 '어유, 이제서야……'라는 말로 시작한다. 효율성을 증진한다는 명목으로 우리가 고객의 기분을 상하게 하고 사업에도 해가 되는 것은 아닐까?"

"상사의 허락이 없으면 제대로 일을 할 수가 없다. 상사가 회의에 참석하거나 자리를 비우면 결재 받는 데 하루 이틀이 걸린다. 그는 어느 정도의 시험 기간을 거쳐 내게 권한을 주려고 계획한 것일까? 지금으로서는 마감 기한을 지키기도 힘들다."

문제를 구체화한 후 상급자나 적당한 임원과 면담한다. 회사의 이익과 여러분의 업무 능력 향상에 초점을 두어 제안하면 긍정적인 반응을 얻을 수 있을 것이다.

이런 식으로 새 일터에 대한 여러분의 노하우는 회사 내에서의 긍정적 변화를 유도하는 방향으로 효과를 발휘할 수 있을 것이다. 노력했는데도 효과가 없는 경우 실망하고 답답해하지 않도록 한다. 여러 가지 요인이 있을 수 있으니까.

- 분명 변화가 있을 것이다. 단지 시간이 걸릴 뿐이다.
- 새로운 상급자나 경영진이 부임해 긍정적 변화를 주도할 것이다.
- 다음에 더 많은 권한이 부여되는 직위로 이동해 직접 변화를 불러올 수 있을 것이다.

그러나 너무 많은 문제가 눈에 띈다면 너무 늦기 전에 이 회사에 계속 근무할 것인지 결단을 내려야 한다. 이런 경우 악조건 속에서도 평정을 유지하고 나무랄 데 없는 비즈니스 에티켓을 보인다면 두 가지 큰 이득을 보게 될 것이다. 첫째는 어떠한 상황에서도 여러분이 노련하고 능력 있는 사람임을 증명할 수 있다(경의를 표한다!).   둘째는 불편한 심사를 드러내지 않음으로써 다른 직장으로 옮길 때라도 지금의 고용주에게서 좋은 추천장을 받을 수 있다.

또 한편 지금의 상사나 동료들을 기분좋게 한답시고 이전에 일하던 회사에 대한 험담을 늘어놓아서는 안 된다. 사람들은 누군가 남의 욕을 하는 것을 들으면 종종 이 사람이 기회가 있을 때 자신들에 대해서는 어떤 말을 할까 궁금해한다. 이전의 회사나 상사에 대해 부정적인 의견을 제시한다면 여러분의 신뢰성과 윤리성이 의심을 받게 된다. 게다가 여러분은 이전의 고용주 앞에서 회사의 내부 사항을 누출하지 않겠다는 각서에 서명했을 수도 있다. 그렇다면 그 내용을 염두에 두고 준수하는 것이 바람직하다.

여러분의 경험과 기술 노하우를 새 직장에 적용토록 하되 필요한 경우 적절한 변형을 가하도록 한다. 이전에 서비스 회사에서 일했는데 지금은 제조업 분야 회사로 옮겼다면 두 사업의 유사성이 매우 적을 수밖에 없는 일이다.

이사를 할 경우

회사를 옮기느라 이사하게 되었다면 새로운 주거 환경에도 익숙해져야만 한다. 먼저 회사에서 일하는 동안 이용할 수 있는 각종 상품이나 서비스에 대해서 알아둔다. 부동산 중개소나 해당 지역의 상공 회의소 또는 회사의 인사부를 찾아가면 전입자를 위해 다음 사항의 정보를 수록한 책자를 받아볼 수 있을 것이다.

- 탁아 시설.
- 사립 학교.
- 운전 면허와 각종 등록 사무실 및 이용 시간.

- 교통 수단.
- 지역의 교통 방송 라디오 채널.
- 세탁소.
- 이/미용실.
- 옷가게.

새 직장에 제때에 단정한 모습으로 도착해 업무에 충실할 수 있도록 모든 정보를 수집해 알아둔다. 어린 자녀가 있거나 부모님을 모시고 있다면 여러분이 집을 떠나 있는 동안 잘 지낼 수 있도록 필요한 것을 모두 준비해 놓아야 한다.

새 직장에 도착해 일을 하는데 쉴새없이 집에서 전화가 오거나, 약속된 날짜보다 늦게 도착하거나, 빨리 돌아갈 수 있도록 부탁한다거나, 자주 자리를 비우는 일은 비즈니스 에티켓에 어긋난다.

아는 것이 힘

여러분은 면접 보기 전부터 지금 일하고 있는 회사에 대해 알고 있었거나 입사한 이후에라도 회사를 소개하는 교육용 영화를 본 적이 있을 것이다. 어떤 경우라도 회사에 대해 아는 정보가 많을수록 더욱 철저한 준비를 갖추고 업무에 임할 수 있을 것이다.

고객이 문의할 때는 정확한 정보를 제공해야 한다. 고객이 원하는 서비스를 회사에서 제공하고 있다는 사실을 알지 못한다면 귀중한 고객을 놓쳐 버릴 수도 있기 때문이다.

동료들의 도움에 너무 의존하지 말고 자신이 맡은 몫을 잘 해낼 의욕과 능력이 있음을 보여 주어야 한다. 이는 앞으로 같이 일할 사람들과 좋은 관계를 만드는 데 도움이 된다.

회사에 들어가면 남들에게 자기 소개를 하기 마련이지만 진정한 여러분의 모습을 증명하는 것은 바로 여러분의 행동이다. 해답을 찾지 못할 때는 물어 보아야 한다. 고객에게 정확한 정보를 제공할 수 있을 뿐 아니라 여러분도 배울 수 있기 때문이다. 이런 행동은 여러분이 무엇이든 다 아는 존재가 아님을 보여 준다.

회사 사람들의 이름과 직함을 정확히 외워두면 앞으로 저지를지 모를 중대한 실수를 사전에 예방할 수 있다. 회사가 정한 위계 질서가 있는데도 바로 위의 상사를 건너뛰고 그 윗사람에게 상의하는 일은 없어야겠다. 회사 내의 직위 서열을 숙지하고 있음은 여러분이 정해진 형식을 존중하는 사람임을 보여 주는 일이다.

동료들간에 어떻게 편이 나뉘어 있는가를 아는 것도 중요하다. 만일 두 집단이 알력을 빚고 있다면 양측은 여러분을 자기편으로 끌어들이려 할 것이다. 대개는 힘센 쪽이 이기기 마련이다. 만일 어느 편도 되지 않는다면 양쪽으로부터 배척 당하는 낭패를 볼 수 있다. 한 편에 동조하면 다른 한 편의 사람들이 멀어진다. 정말 뚜렷한 해결이 불가능한 상황인 것이다.

편들기

이럴 때에도 비즈니스 에티켓을 잘 지켜 활용한다면 동료들의 갈등 상황에 쉽게 말려들지 않을 것이다.

모든 말을 경청하라!

조는 부서에서 근무한 지 이제 두 주일 된 행크에게 벤의 관리 스타일에 대한 불만을 늘어놓았다. "그 사람 말이야, 6주간 연수를 받고 오더니 이젠 뭐든 다 아는 것처럼 굴던데." 행크는 조가 대답을 기다리고 있음을 알았지만 아무 말도 하지 않았다.

며칠 후 벤이 행크에게 조의 낡은 업무 방식에 구애받지 말라고 했다. "조는 컴퓨터를 싫어하지. 뭐든 일일이 종이에 기록해야 속이 시원한 친구라니까." 이번에도 행크는 아무 말 하지 않았다.

한 달 후 조는 6주간 연수 대상자로 뽑혔다. 연수를 마치고 온 조는 벤과 새로운 계획에 대해 상의하고 발전을 위해 협력하기로 결정했다. 행크는 일전에 자신이 벤이나 조에 대해 단 한 마디라도 부정적인 평가를 했더라면 지금쯤은 두 사람 눈 밖에 나 있을 것이라 생각했다.

모든 이에게 예의를 지킨다!

여러 사람들이 같이 점심을 먹으러 갔다. 그런데 조지는 아주 느릿느릿 점심을 먹었다. 샐리는 최근에 입사했기 때문에 업무 시간에 늦을까 걱정이 되었다. 그러나 다른 사람들이 다 이미 자리를 뜬 상태여서 자신마저 가 버리면 조지가 혼자 남을 것이 마음에 걸렸다. 두 사람은 점심 시간이 15분이나 지나서 사무실로 돌아왔다. 이틀 후 샐리는 일부러 15분 일찍 출근했다. 그런데 벌써 와서 업무에 열중하고 있는 조지가 눈에 들어왔다.

다른 날 일찍 왔을 때도 조지는 벌써 와서 일하는 중이었다. 샐리는 일전에 조지가 점심을 다 먹을 때까지 기다려 준 것이 다행이다 싶었다. 분명 조지가 일부러 꾸물대는 사람은 아니었기 때문이다. 샐리는 비록 작은 예의일지라도 매우 중요한 것이라 믿었다. 확실히 이런 샐리의 태도를 조지는 물론 그날 점심을 같이 한 이들이 잊을 리 없었다.

아마 다른 사람들도 샐리를 좋게 평가했을 것이다. 여러분이 취하는 행동 하나가 어떤 결과를 나을 지 미리 알 수는 없다. 그러나 여러분이 옳은 일이라 생각하고 행할 때는 늘 자신에게 득이 되어 돌아오기 마련이다.

남의 이야기를 듣고 사람을 판단하지 않는다

마지는 데일이 눈이 나빠 운전 면허 시험에서 떨어졌다는 말을 들었다. 그 이후 마지는 가까이 있지 않으면 데일이 자신을 알아보지 못할 것이라 생각했다. 그래서 서로 1.5m 정도만 떨어져 있으면 마지는 아예 데일에게 인사를 하거나 눈을 마주칠 생각을 하지 않았다. 데일은 마지를 쌀쌀맞다고 여기고 점점 피하기 시작했다. 이후 부서장으로 임명된 데일은 당연히 마지에게 업무를 맡기지 않게 되었다.

먼저 생각하고 말한다

패트의 책상에 놓인 사진을 본 사무실 사람들은 누구나 그녀의 여동생이 휠체어를 탄 장애인임을 알 수 있었다. 자연히 패트는 매우 적극적인 장애인 권리 보호자였다. 어느 날 패트는 신입 사원 네드에게 왜 자꾸 늦는지 물었다. 그는 회사측에서 장애인 전용 주차 공간을 늘리면서 자신의 주차 공간을 없애 버렸다고 불평했다. 그는 패트에게 되물었다. "도대체 내 권리는 어떻게 된 겁니까? 정상인도 '병신들'만큼 동등한 권리를 부여받아야 하는 것 아닙니까?"

이 말에 패트의 기분이 상했음은 두말할 필요도 없다. 앞으로도 장애인들에 대한 네드의 무신경한 태도를 두고두고 기억할 것이다. 무심코 내뱉은 말 한마디 때문에 네드는 상사와 담을 쌓고 지내는 결과를 자초한 것이다.

◇성공을 위한 조언
• 제4장 '비언어적 의사 소통 방식' 참조.
• 제7장 '옷으로 말한다' 참조.
• 제10장 '소개' 참조.

◇도움이 될 만한 전략

입사하던 날의 흥분감을 기억하는가? 일을 할 때도 늘 그런 기분으로 해야 한다!

새로운 회사에서 일을 시작할 때는 다소의 불안감도 당연한 것이다. 그렇다고 남들에게 그런 모습을 보일 필요까지야 있겠는가?

의욕과 열의를 품고 행동하라. 여러분이 풍기는 활기는 마음속의 망설임이나 회의적인 생각을 감추어 줄 것이며 긍정적인 태도는 남을 존중할 줄 아는 마음을 보여 줄 것이다. 지금의 동료들과 일하는 것이 매우 즐겁다는 점을 드러내 보이면 동료들도 여러분과 똑같이 느낄 것이다.

왕성한 의욕을 보여 상황을 탈출하는 전략은 자신에 대해 불확실한 감이 들 때마다 유용한 전략이다. 이 전략이 여러분 자신에게도 미칠 영향을 생각해 보자. 사실 여러분이 마음먹고 주변 사람들과 활기찬 대화를 나누면 자연 여러분의 실적도 올라갈 것이다.

☆출장을 갈 때

낯선 환경에 처하게 되면 누구나 불안을 느낀다.

렌트 카의 연료 주입구가 어디인지도 모르겠고, 주(主) 도로가 오후 4시 30분이면 일방 통행만 허용된다는 사실도 미처 몰랐고, 항공사에서 분실된 짐을 언제 호텔로 가져다줄지도 모르는 상황이다. 집에 있었더라면 내 차를 몰고, 주 도로를 불법으로 가로지를 필요도 없고, 깨끗한 양말이 어디 있는지도 금방 찾을 수 있을 텐데……

이런 상황에 처할 때 긴장하고, 할 말을 잃고, 잘 흥분하는 사람이라면 잠시 쉬면서 생각을 가다듬어 본다. 얼마나 편한 기분이냐에 따라 사업의 성공 여부에도 영향이 미칠 수 있는 법이다. 비즈니스를 목적으로 왔으니만큼 정신을 가다듬고 마음을 안정시킨다.

"큰 일이 생기면 저는 조용하고 평온해집니다. 정말 신경을 건드리는 것은 사소한 일들이지요."
- 빅토리아 여왕(벨기에의 레오폴드 국왕에게 보내는 서신 중에서, 1818)

여러분을 짜증스럽게 하는 일은 사소한 것들이며, 정말로 중요한 일은 눈앞의 비즈니스다. 여기에 초점을 둔다면 실수 없이 훌륭한 첫 발을 내딛을 수 있을 것이다.

기분 나쁜 '사소한 일'에 정중히 대처하는 일곱 가지 방법

(1)비행기가 연착된다거나, 교통 체증 때문에 꼼짝 못하게 되었거나, 중도에 차가 고장났다면 가능한 한 빨리 전화를 찾아 기다리는 사람이나 여러분이 늦게 도착해 불편을 겪을 누구에게든 연락을 취하도록 한다. 비록 어서 가고 싶은 마음이야 간절하겠지만 먼저 남을 배려하는 여유를 가져야만 한다.

(2)이성의 동료와 출장을 갔는데 호텔 측에서 부부인 줄 잘못 알고 방 하나만 예약된 상태라면 재빨리, 그러나 정중한 태도로 정정을 요청한다. 여러분이 침착한 태도를 보인다면 당혹스러움과 혼란을 최소화할 수 있을 것이다. 또한 여행 끝에 지쳐 빨리 쉬고 싶어할 동료에게도 좋은 인상을 심어 주게 될 것이다. 요즘은 남녀 동료가 같이 출장 다니는 일도 흔하지만, 만에 하나 상대가 사업 파트너가 아닌 은밀한 관계를 맺고 있는 사이라는 인상을 주게 되면 더 큰 오해를 살 수 있으므로 주의하도록 한다. 소를 잃기

전 미리미리 외양간 단속을 하는 게 좋은 일이니까.

(3)출장시 여성이 운전하거나 식사 후 계산을 하고 자기 짐을 직접 들고 다닌다면 남성 동반자가 기분 나빠할까? 여기에는 딱히 한 가지 해답이 없다. 여성이 상황을 이끌 때 남성 동반자가 어떤 반응을 보이는지 눈여겨보는 것이 여러분의 세심함과 예의를 표하는 길이다. 일단 확신이 서면 남성 동료가 전통적인 '남성의 역할'을 하도록 허락하거나 기대하는 것이 바람직하다. 회사가 부담하지 않는 경비에 대해서는 비용을 반으로 나누어 동료에게 지체없이 돈을 주도록 한다. 그렇다고 해서 꼭 웨이터나 다른 종업원들이 보는 곳에서 주어야 한다는 것은 아니므로 나중에 주도록 한다.

그러나 모든 일에 어느 정도 균형을 두려 할 때도, 점잖은 태도를 잊어서는 안 된다. 다짜고짜 운전대를 잡기보다는 "존, 운전은 제가 할게요. 이 곳 지리에 대해서는 잘 알거든요."라는 말 한마디라도 건네도록 한다.

(4)레스토랑에서 테이블을 안내 받고 보니 주방 근처였고 식당 안은 매우 붐볐다. 약속 시간보다 10분 정도 일찍 도착했고 상대방은 아직 보이지 않는다. 그렇지만 수석 웨이터에게 팁을 주며 특별히 부탁해 다른 테이블로 옮겼다. 이때 도착한 상대방이 여러분의 손에 20달러를 쥐어 주며, 식당에 들어오다 좋은 자리로 옮길 수 있도록 여러분이 특별히 신경쓴 것을 보았다고 말한다. 갑자기 자신이 우스꽝스럽다. 더구나 웨이터에게는 10달러밖에 주지 않았는데……. 이것이 정말 난감한 상황까지는 아니겠지만 업무를 수행하면서 잘 모르는 사람과 대면할 경우 겪을 수 있는 갖가지 미묘한 상황을 단적으로 보여 주는 것이다. 이런 문제는 신경 쓰지 말고 그냥 접어둔다. 이를 문제 삼으면 '상대방'을 우스꽝스럽게 만들 소지가 있다. 그런 위험을 무릅쓸 필요까지야 없지 않은가.

(5)과음한 사람이 운전하지 않도록 말린다. 그 사람의 기분을 상하게 할 수 있다는 생각이 들더라도 가만있어서는 안 된다. 개중에는 긴장을 푸는 데 와인이나 독주 한 잔 정도는 괜찮다고 여기는 사람도 있을 것이고, 사실 '한두 잔'만 하고 싶은 유혹도 강하게 느낄 것이다. 그러나 낯선 환경(고온, 고위도, 시차와 같은)에서는 알코올에 대한 생리적 반응도 다르게 나타나며 평소의 주량대로 마셨다가는 낭패를 겪을 소지가 많음을 잊지 말아야 한다. 운전도 못할 만큼 술을 마시면 자신에게도 망신스러운 일이며 회사에도 누(累)가 된다. 그에 더해 자신을 주체 못하면 출장의 목적도 달성 못할 위험이 있다.

(6)사무실의 동료들을 잊지 않는다. 이국적인 장소로 출장을 갔다면 사무실에서 여러분의 업무를 대신 처리하느라 수고한 동료들을 위해 그 곳의 토산품을 선물로 가져오는 것도 좋은 일이다. 비록 작은 정성이라 해도 고마움을 표하고 좋은 분위기를 만드는 데 도움이 된다.

이것이 어떻게 성가신 일의 하나로 분류되었느냐고? 빠뜨리지 않아야 할 사람을 빠뜨릴 경우에는 곤란한 상황이 연출되니 절대 잊지 말도록!

출장 동안 찍은 풍경 사진이나 기념품 가게에서 구입한 그림 엽서, 슬라이드를 꽂은 사진첩은 누구나 좋아할 만한 선물이다. 만약 주요 고객을 방문하기 위해 알래스카로 출장을 떠났다면 사무실의 동료들은 여러분이 전하는 '선물'을 통해 그 고객에 대해 더 많은 것을 알 수 있게 될 것이다.

(7)관광이나 공항에서의 대기 시간, 회의를 마치고 밤늦게 호텔로 돌아오는 택시 안에서는 분위기가 풀어지는 탓에 같이 있는 동료나 의뢰인, 고객들이 듣기에 거북한 말을 입밖에 내는 수가 있다.

그 결과는? 상대방은 더 이상 듣기를 꺼려하면서 여러분과의 사이에 거리를 두려 할 것이다. 그러므로 거북한 화제를 거론하는 사람이 있을 경우는 정중하게 그를 제지해야만 한다. 대신 얘기의 화제를 돌린다. 더불어 여러분 자신도 나중에 후회할 말을 입밖에 내지 않도록 해야 한다.

스스로를 고무한다

출장을 갈 때는 스스로 자신을 친선 대사라고 생각한다. 다음의 두 가지 방법으로 스스로를 고무시킬 수 있을 것이다.

첫째, 자신이 친선 대사라고 생각하면 상대방을 즐겁게 하거나 최소한 기분을 상하게 하지 않는 말만을 골라 하게 된다. 예를 들어 2월에 더운 아리조나주 턱슨 출신인 사람이 뼛속까지 얼 정도로 추운 맨해튼으로 출장을 갔다. 그렇다고 "이런 날씨를 어떻게 견디며 살지요?"라고 말해서는 안 된다. 반대로 2월에 맨해튼 출신 회사원이 턱슨으로 출장을 갔다. 이럴 때도 "이야, 음식에 웬 양념을 이렇게 많이 넣지요? 이런 걸 어떻게 먹어요?"라고 말하기보다는 날씨가 매우 화창하다고 얘기하는 것이 훨씬 낫다.

둘째, 다른 사람들에 대한 관심을 보임으로써 여러분 자신과 회사의 이미지를 좋게 할 수 있다. 늘 남의 말을 경청한다. 동료와 회사에 대해서도 칭찬하고 서로의 비슷한 점을 강조한다. 이는 같은 회사의 직원끼리 만나더라도 매우 좋은 분위기를 만들 수 있다. 서로 멀리 떨어진 근무지에 소속되어 있다면 서로의 이름과 내선번호만 아는 사이일 것이다. 이렇게 마주하고 만나면 회사를 구성하는 사람들의 얼굴을 익히는 데 도움이 된다.

또한 인맥을 넓히기 위한 절호의 기회이기도 하다. 예를 들어 여러분이 만나야 할 상대방의 업무를 지원하는 비서가 많은 도움이 되었을 경우, 다시 도움이 필요할 때 연락해도 좋을지 물어 보도록 한다. 이때 그녀의 업무 처리 기술에 대한 칭찬을 하는 것도 좋은 방법이다. 도움이 된다면 나중에라도 방문해 달라고 청한다. 명함을 남기고 상황에 따라 여러분의 업무에 대해 좀더 구체적으로 설명하여 비서로 하여금 후에 그녀와 상급자의 일에 어떤 도움을 줄 수 있는지 알려주도록 한다.

돌아와서

출장에서 돌아오면 꼭 필요하지 않더라도 상사에게 구두 보고를 하면 좋은 평가를 얻을 것이다. 개방적인 의사 소통은 신뢰를 구축하는 데 도움이 되며, 믿음이 가는 사람을 선호하는 경향이 있기 때문에 여러분의 구두 보고는 긍정적인 결과를 낳을 수 있다.

감사의 서신을 보내야 하나?

출장 가서 만난 사람에게 좋은 대접을 받았다면 돌아오자마자 펜으로 쓴 간략한 서신을 띄우도록 한다. 이미 말로 감사를 표했다고 해도 서신 보내는 일을 생략해서는 안 된다. 내용은 간략하게 하되 구체적인 사실을 언급하도록 한다.

"미시시피 강에서 증기선을 타면서 인생이 정말 풍요로워졌다고 해도 과언이 아닐 것입니다. 그 황금 같은 기회를 놓치지 않도록 해주신 것과 귀중한 시간을 할애해 주신 것에도 감사를 드립니다."

"전에도 꽤 괜찮은 멕시코 음식을 먹어 보았다고 생각했는데 그 날 저희 일행을 안내해 주신 엘 차로 식당의 음식은 정말 훌륭했습니다."

감사의 서신을 보낼 때는 여러분이 떠나 있는 동안 대신 업무를 처리해 주었거나 여행 준비에 도움을 준 사무실 동료들을 빼놓지 않도록 한다.

전자 우편을 통해 정기적인 의사 교환이 가능하다면 이를 이용해 메시지를 전하는 수도 있겠다. 그러나 누군가에게 펜으로 쓴 감사 서신을 띄울 때는 틀린 사항이나 틀린 철자가 없는지 반드시 확인해야 한다. 서신은 곧바로 띄워야지 시간이 갈수록 의미가 퇴색하고 만다.

◇성공을 위한 조언
- 제3장 '집에서 배우지 못한 식사 예절' 참조.
- 제11장 '팁' 참조.
- 제12장 '편지' 참조.

스트레스를 많이 받으면 행동도 흐트러지기 쉽다. 먼 곳으로 출장을 가기 위해 반드시 비행기를 타야만 하는데 비행 공포증이 있다면 다음의 내용을 참조하면 도움이 될 것이다.

페가수스 비행 공포증 재단은 공항이나 본사의 훈련 시설에서 비행 공포증 치유를 위한 9시간의 세미나를 실시한다. 페가수스 외에도 비행 공포증 치료 프로그램을 제공하는 곳은 몇 군데 있다. 시설 이용료는 최하 3백 50달러이다. 비행기를 타는 일이 고역인 사람에게는 고민을 해결할 수만 있다면 비용이 문제가 아닐 것이다.

1996년 10월 1일 페가수스 사는 1시간 길이의 비디오 테이프와 2시간 길이의 오디오 테이프, 30분 길이의 안정을 위한 테이프, 교재와 안내서를 포함한 패키지 프로그램을 출시한다. 문의는 수신자 부담 전화로 하면 된다. 예상 소비자가는 우송료를 포함해 49달러 95센트이다.

책, 테이프, 기타 전문적 도움이 될 만한 자료들도 시중에 나와 있다. 공항의 고객 서비스 대표에게 문의하거나 여행사에 부탁하면 비행 공포증으로 고생하는 이들을 위한 프로그램이나 자료에 대한 정보를 받아 볼 수 있다.

◇도움이 될 만한 전략

전체적인 상황에 초점을 두되 세부 사항의 중요성을 간과하지 않는다.

- 중요한 것은 균형이다. 여러분은 마술사가 되어야 한다. 그렇다고 한 번에 여러 가지를 다 해야 한다는 것이 아니라 한 번에 한 가지 일에만 집중하면 된다는 뜻이다. 그러므로 필요한 것에 초점을 두고 때에 따라 세부 사항에도 주의를 기울이는 일을 잊지 않는다. 익숙지 못한 환경에서 일하게 될 때 많은 이들은 스트레스를 느낀다. 이럴 때 이 전략을 쓰면 상황에 주눅드는 일은 없을 것이다.

- 인생이라는 큰 퍼즐의 한 조각은 즐기는 일이다. 가 보지 못한 곳으로의 출장은 개인적으로도 많은 기분 전환이 된다. 일에만 빠져 즐거운 시간을 보내지 못하는 일은 없도록 한다. 나아가 처음 만나는 이들과 처음 방문하는 장소에 대한 진지한 관심은 열의와 긍정적 사고를 형성한다. 또한 이는 여러분이 만나는 사람들로부터 기분 좋은 말을 들을 수 있는 길이기도 하다.

☆컨벤션에 참석할 때

회사의 부스나 컨벤션 센터의 전시장에서 회사의 대표로 나서게 되었다면 성공적인 역할 수행을 위해 만반의 준비를 갖추어야 한다. 평정 또는 우아함, 스타일, 세련됨은 <성공하는 사람들의 비즈니스 예절>의 기본이다.

• 미소를 지을 때나 악수를 할 때는 아주 확실하게 해야 한다.
  여러분은 관람객을 맞이하는 사람이므로 관람객에게 분명한
  환영의 뜻을 전하도록 해야 한다. 모인 사람이 많다면 일일이
  악수를 하는 것은 적당치 못하다. 깔끔한 외모와 호감을 일으
  키는 태도만으로 충분하다. 미소는 언어의 장벽을 초월하는
  것이며 방문해준 이에 대한 감사를 표시하는 것이기도 하다.

  콧수염이나 구레나룻을 기르고 있다면 웃을 때 모습이 어떤가에
신경을 쓰도록 한다. 여성의 경우 여러 가지 립스틱을 쓴다면 컨
벤션 당일에는 미소를 돋보이게 하는 색을 선택하도록 한다. 손볼
것이 있다면 컨벤션이 시작하기 전 마무리를 해놓도록 한다.
  악수를 할 때는 손바닥에 땀이 없어야 하고 손에 힘이 들어가야
사무적이며 적절한 것이다. 손바닥에 땀이 많이 나는 사람이라면
호주머니에 미리 손수건을 넣어 두어 필요한 경우 언제라도 쓸 수
있도록 한다.

• 컨벤션 센터는 종종 축제일처럼 흥겨운 분위기를 띠기도 한다.
  이런 분위기를 타면 활기찬 태도를 유지하는 데 도움이 된다.
  왕성한 의욕은 현재 일어나는 일이 매우 신나는 것이란 메시
  지를 전한다. 서 있는 자세, 미소, 눈 마주치기 등의 보디 랭
  귀지도 다른 이들에게 긍정적인 메시지를 전달하며 흥미를 유
  발하는 데 도움이 된다.

  바쁜 일정에 쫓겨 잠을 제대로 못 잔다거나 식사를 부실하게 하
는 일이 없도록 한다. 제대로 된 음식 대신 초콜릿으로 끼니를 때
운다면 일에도 지장을 주게 된다. 미리미리 계획을 해둔다면 효율

적인 시간 안배가 가능하다

동료와 함께 부스의 안내를 맡을 경우 틈틈이 잡담을 하기 쉽다

잡담을 하느라 부스에 들른 관람객을 기다리게 하는 일은 없어야 한다. 컨벤션은 비즈니스를 수행하기 위한 곳이다. 개인적인 애기를 나누느라 다른 사람의 일을 지체시키는 것은 무례한 일이다. 관람객을 상대해야 할 경우 얼른 동료끼리의 애기를 멈추어야 한다.

모든 이를 정중하게 대하고 최상의 서비스를 위해 노력을 기울이고 있다는 인상을 주는 것은 좋은 일이다. 그러나 많은 사람들을 상대해야 할 때는 지킬 수 없는 약속을 하지 않아야 한다. 신뢰에 어긋나는 일일 뿐만 아니라 나중에 매우 곤란한 지경에 처할 수도 있기 때문이다.

만일 아직 도착하지 않은 직원을 대신해 입장권을 받아달라는 요청을 받았다고 순순히 따르는 것은 어리석은 일이다

이런 상황에서는 담당도 아닌 여러분이 보관을 책임질 수 없기 때문이다. 제아무리 암기에 능하다 해도 누가 무엇을 요구하는지를 일일이 기억할 수는 없다. 여러분이 가장 잘 할 수 있는 일을 할 때 최상의 서비스가 가능한 것이므로 제대로 못할 일은 하지 않는다!

이러한 가능성을 미리 생각한다면 상황이 바빠 누군가 특별한 부탁을 할 때 적절한 행동을 취할 수 있을 것이다. 거절하기를 두려워해서는 안 된다.

서류에 서명을 요청할 때는 사무적이고 구체적으로 한다

예를 들어 "저를 봐서 여기다 서명을 좀……"이라는 말보다는 "여기 이 줄에 서명하십시오."가 훨씬 좋다. 둘 다 공손한 말이긴 하지만 앞의 말은 완전히 실패작이다. 사람들은 당신을 보고 서명

하지는 않는다. 말하는 바의 의미가 정확하고 간결하게 전달되도록 한다. 이는 컨벤션이 열리는 동안에만 적용되는 것은 아니지만 적어도 컨벤션이 열리기 하루 이틀 전에는 미리 어떤 말과 행동을 할 것인지 생각해두어야 한다.

관람객은 여러분과 여러분의 회사에 대해 순간적으로 판단을 내린다. 이는 컨벤션이라는 모임의 특성상 당연한 것이다. 여러분의 회사에 대한 정보를 수집하기 위해 부스에 머무르느냐 경쟁사의 부스로 옮겨 가느냐가 짧은 시간에 결정 나는 것이다. 정확한 말의 표현과 같은 세세한 것들로 인해 회사의 목표를 달성할 수 있는 확률이 변하기도 한다.

부스에 있는 동료와 교대해야 한다면 절대 교대 시간에 늦지 않는다

비록 몇 시간 동안만 회사의 대표 역할을 하는 것이긴 하지만 모든 필요 사항을 숙지하도록 한다. 부스에서의 근무 시간이 끝났다면 시간에 맞추어 돌아올 수 있도록 신경 쓴다. 컨벤션 센터에서 벌어지는 일들에 휩쓸리면 다른 데 한눈을 팔 수 있기 때문이다. 누군가를 기다리게 하면 그 누군가가 다른 사람을 기다리게 하므로 본의 아니게 연쇄 반응을 일으키게 된다. 이런 일로 비난을 받고 싶은 사람은 하나도 없을 것이다.

컨벤션 센터 주변에서

대개 무역 전시회나 컨벤션의 무대는 전시장에만 국한되지 않는다. 결과적으로 레스토랑이나 신문 가판대 또는 버스 정류장, 부대 시설 등 여러 사람과 어울리는 곳이면 마주칠 수 있다. 한마디로 말해 어항에 갇힌 셈이다. 근무 중에나 자유시간에 어디를 가든

늘 이를 염두에 두어야 한다. 옷매무새에도 신경을 써야 할 뿐 아니라 어디를 가든 좋은 매너를 보여야 한다.

커피숍에서 줄이 너무 길다거나 시킨 음식이 제때 나오지 않는다고 해서 신경질적인 발언을 해서는 안 된다

억지 웃음을 지으며 참을 것까지야 없지만 인상을 쓰고 투덜대면 체면만 구겨진다. 이럴 때는 미리 계획을 세워 줄을 서는 데 드는 시간을 줄이도록 한다. 투숙객들이 많은 호텔이라면 미리 예약을 하거나 룸 서비스로 식사를 해결하도록 한다.

한 고위급 중역 인사는 "사업 파트너에 대해 파악하기 위해서는 한 달 동안 회의를 하는 것보다 골프를 한 번 치는 것이 더 낫다."고 말한다.

경쟁적인 스포츠를 할 때는 여러분의 인격이 드러남을 명심하라 요즘은 컨벤션이나 특별한 모임 참여자 중에서도 규칙적인 운동을 하는 이들이 꽤 많다. 가끔 운동 시합을 벌이는 것도 즐거울 것이다. 기분도 쾌활하게 갖도록!

멋진 장소에서 개최되는 컨벤션에 애인과 함께 참석했다면 공개적인 애정 표현을 참기란 어려울 것이다

특히 보름달이 뜨는 밤 은은한 음악이 흐르고 아주 맛있는 저녁까지 먹은 상태라면 더욱 그러하다. 수영장 주변을 돌아다닐 때 노출이 심한 옷을 입거나, 별빛 아래 둘이 꼭 붙어서 춤을 춘다면 누구라도 로맨틱한 분위기에 빠져들지 않을 수 없을 것이다.

컨벤션이 열리기 전에 미리 애인과의 행동에 대해 어느 정도 자제하겠다는 결심을 하면 좋다

어떻게 해서든 전문가적인 지위와 비즈니스맨다운 이미지를 유지하려면 사람들의 눈총을 받을 만한 자세는 피하는 것이 좋다.

연단에 설 때

토론이 있을 때 토론 참가자로 나서거나, 컨벤션 관람객들에게 짤막하게 안내 인사를 한다거나 주 회의장에서 청중들 앞에 연설자로 나서는 등의 일을 맡을 수 있다. 물론 준비를 위한 시간의 길이는 어떤 역할을 맡았느냐에 따라 달라진다. 그러나 여러분이 토론 참가자로 나서 청중의 질문을 받아야 한다고 가정해 보자. 다른 토론 참가자들이 여러분의 주장에 반대하거나 청중이 여러분에 대해 그다지 호의적이지 않다면 어떻게 반응할 것인가?

토론 참가자로 초청되어 이에 응할 경우 자신의 목표가 무엇인지를 먼저 평가하고 이를 달성할 수 있는 계획을 마련한다. '상어가 득시글거리는 바다'를 지나야 할 것임이 예상된다면 마음의 평정을 유지할 것을 미리 결심한다. 공격적으로 반응할 때도 재치 있게 해야 한다.

다른 토론 참가자가 서류 뭉치를 흔들어대며 여러분의 참고 자료가 오래된 것이라 소리를 지른다면

일단 청중들에게 여러분의 참고 자료가 ABC 방송의 여론 조사단의 자료에 근거한 것이며 최근의 날짜가 찍혀 있음을 확인시킨다. 자리에서 일어나 다른 토론 참가자가 흔들어 보인 서류를 달라고 요청하여 검토한다. 만일 그 수치가 확실한 자료에 근거한 것이며 여러분이 소지한 자료상의 수치와 다르다면 확인 조사를 하자고 요청할 수도 있고 ABC 방송의 여론 조사단은 정확하고 빠른 데이터로 명성이 높음을 주장할 수도 있다.

탁자를 가볍게 두드리거나 서류를 들어 보이거나 다른 이들이 앉아 있는 동안 서 있거나 목소리를 높여 말할 수도 있다. 그러나 상대방에 대한 인신 공격은 삼가야 한다. 사람이 아니라 그가 주

장하는 내용을 공략해야 한다. 듣는 이로 하여금 어느 쪽이 옳은지를 결정토록 한다. 이럴 때 시종일관 '침착'을 유지한다면 청중은 여러분의 의견에 더욱 끌릴 것이다.

토론 참가자로서 여러분의 목표는 여러분의 노하우를 선보이는 것, 회사의 상품이나 서비스를 광고하는 것, 또는 여러분의 의견에 대한 지지자를 확보하는 것 등이 있겠다. 명심할 것은 꿀이 식초보다 달 듯이 좋은 태도로 임하는 것이 훨씬 좋은 결과를 얻을 수 있다는 사실이다.

개인적 영역

컨벤션에는 다양한 지역의 사람들이 참석하므로 평범한 비즈니스 환경에서는 흔히 적용되지 않는 비즈니스 에티켓이 통용되는 경우도 있음을 상기하면 좋다.

사람들의 개인적 영역을 존중한다

매사추세츠에 있는 인력 상담 회사의 캐더린 그리어 사장은 <세일즈 앤드 마케팅 매니지먼트>지 1995년 8월호에 실린 '즐거운 비즈니스 분위기 조성법'이라는 기사에서 '상대방으로부터 팔을 직각으로 구부린 거리만큼 떨어지라'고 조언한다. 그리어 사장은 구부린 팔의 거리가 미국인들이 평균적으로 선호하는 사람 사이의 거리라고 말한다. 이 말은 하나의 규칙을 모든 이에게 적용할 수 없다는 점을 강조하고 있다. 지나치게 바짝 붙어 서거나 너무 멀리 떨어져 있는 듯 보인다면 이들은 각기 다른 개인적 영역에 익숙해 있기 때문이다. 사람들을 대할 때는 이러한 것을 염두에 두고, 남에게 다가갈 때는 팔을 직각으로 구부린 거리보다 약간 멀리 떨어져 서는 예의를 지키도록 한다.

상스러운 말을 습관적으로 하는 사람들이 있다

그들의 동료도 예사롭게 욕설을 내뱉으면서 이를 무례한 행동이라 여기지 않는다. 그렇지만 다른 사람들은 상스러운 말에 기분이 상한다. 그런 상스러운 말이 모임에 적합하지 않을 뿐 아니라 다른 어느 자리에서라도 쓰지 않는 것이 좋다고 믿기 때문이다. <성공하는 사람들의 비즈니스 예절>이 추천하는 바는? 모든 대화에서 욕설이나 외설적인 말이 끼여들지 않도록 한다. 전문가로서의 인상을 망가뜨리기 때문이다.

컨벤션 센터는 시끄럽기 마련이다

주변의 레스토랑이나 부대 시설은 늘 부산하게 북적댄다. 흥겨운 것도 좋지만 너무 지나치다고 느껴질 때도 있을 것이다. 이럴 때는 조용한 장소를 찾아 1, 2분 정도 명상을 하도록 한다.

자신과의 조용한 대화는 생각보다 효과가 좋은 것이다. 어떤 사람들은 이 방법이 정신을 맑게 하는 효험이 있다고 말한다. 왁자지껄한 소음과 주변의 어지러운 상황들 때문에 마음의 평정을 잃는 일이 없다면 컨벤션에 참석하는 동안이 더 즐거울 수 있다. 명상을 하고 난 후에 사람들 틈으로 돌아오면 상쾌하고 민활한 기분이 될 것이며 주변 사람에게도 좋은 인상을 줄 수 있을 것이다.

◇성공을 위한 조언
• 제1장 '상사와 출장을 함께 갈 때' 참조.
• 제1장 '출장을 갈 때' 참조.
• 제4장 '비언어적 의사 소통 방식' 참조.
• 제6장 '행사 의례' 참조.

명함을 많이 준비하도록 한다. 지역 번호가 바뀌었거나 승진되었다면 명함에도 바뀐 내용이 찍혀 있어야 한다. 명함에 펜으로 수정을 가하면 안 된다. 명함에 실린 글귀나 모양이 마음에 안 들었다면 다가오는 컨벤션은 새 명함으로 바꿀 좋은 기회다.

◇도움이 되는 전략

전통적으로 컨벤션은 참석자들의 비즈니스 목표 달성을 돕기 위한 다량의 상품과 서비스를 전시한다.

참석할 때는 모자를 두 개 준비한다. 하나는 특별한 때를 위한 것이며 하나는 일반적인 용도의 것이다. 여러분은 보다 광범위한 정보를 알아두어야지 여러분이 전문 분야에 관련된 상품이나 서비스에 대해서만 알고 있어서는 안 된다. 다양한 방법으로 업계에 공헌하는 사람들과 섞여 무엇이든 배운다는 자세로 임한다. 컨벤션의 모든 면을 살펴 놓으면 경험을 쌓는 데도 많은 도움이 된다.

<성공하는 사람들의 비즈니스 예절>과 통찰력을 동원하면 사람들과 만날 때도 품위를 지킬 수 있으며 만나는 사람에게 좋은 인상을 줄 수 있을 것이다.

☆중요한 세미나 참석을 위한 준비

세미나 참석자들이 제일 처음 지급 받는 것 중의 하나가 이름표다. 이름표는 비즈니스 모임의 참석자임을 서로에게 알리는 기능을 한다. 회사 내에서 열리는 세미나에 참석하게 되었다면 분명 잘 모르는 다른 부서의 직원과도 마주칠 것이다. 가까운 지역의 호텔이나 휴양지에서 개최되는 세미나에 참석할 경우라면 의뢰인이나 고객, 잠정적 고용주들과 마주칠 기회가 있을 것이다. 이때 이것만은 절대 착각하면 안 된다. 세미나는 해이하게 풀어져 쉬는 시간이 아니라는 것! 세미나도 엄연히 비즈니스의 장이니만큼 그에 걸맞게 행동해야 한다.

세미나 참석시 먼저 가는 곳은 등록 데스크로서 여기에서 확인을 하고 이름표와 세미나 자료를 받는다. 회사에서 부여한 확인 번호가 있거나 입장권을 미리 받았다면 세미나 진행자에게 미리 건네줄 준비를 한다. 데스크 앞에서 서류 가방이나 핸드백을 뒤져 입장권을 찾으면 다른 사람들이 기다리게 되기 때문이다. 사려 깊지 못한 행동일 뿐만 아니라 다른 사람들와 불쾌감도 사게 되므로 주의한다.

제시간에 도착해야 한다. 늦게 도착하면 뒤에 줄 서서 확인을 기다리는 사람은 없을지 모르나 프로그램이 이미 시작된 상태에서 세미나 장소에 들어가야 한다. 조용하게 들어가 재빨리 빈자리에 앉더라도 회의 진행에는 방해가 된다.

세미나 중간에 회사에 전화를 해야 한다거나 일찍 빠져 나와야 할 사정이 있다면 일찍 도착해 출입구 가까이에 앉도록 한다. 아는 사람들과 세미나에 참석했다면 따로 떨어져 앉을 것을 제안해 본다. 모르는 사람과 안면을 익힐 기회가 생길 뿐 아니라 연사가 말하는 도중 옆 사람과 얘기를 나누고 싶은 생각도 없어질 것이다. 연사와 청중 모두 성가신 '소곤거림'을 좋아하지 않으므로 무례를 범하는 일은 없도록 한다.

강사가 가까이 앉은 사람끼리 작은 그룹을 형성해 배운 것을 실행해 보도록 하는 일도 흔히 있다. 모르는 사람 옆에 앉으면 서로 다른 의견을 교환할 수 있으므로 유익하다. 이것이 동료나 아는 사람과 떨어져 앉아야 할 또 다른 이유이기도 하다.

진행되는 사이에 잠깐씩 휴식 시간이 있음을 알아둔다. 이때 전화를 걸 수도 있다. 강사가 말하는 도중에 일어서 방을 나가면 진행의 흐름을 깨게 된다. 프로그램이 진행중일 때는 들락날락하는 행동을 삼가 남에게 피해를 주지 않도록 한다. 또한 중요한 정보를 놓칠 수도 있으니 주의한다.

편안한 태도를 유지한다

사람들의 취향이 다 다르므로 방안의 온도를 어느 정도로 유지하는가는 매우 까다로운 일이다. 그 결과 세미나실이 너무 덥거나 너무 추운 경우가 생긴다.

이럴 때는 주저하지 말고 세미나 진행자에게 방안의 온도를 조절해 주도록 부탁한다. 세미나 진행자의 임무는 여러분을 비롯한 다른 참석자들을 지원하는 것이므로 생산적이며 쾌적한 세미나를 위해 가능한 모든 일을 다 해야만 한다.

그렇지만 여러분도 세미나에 갈 때 덮을 만한 웃옷을 챙겨 가는 것이 좋다. 춥거나 더울 때 입고 벗을 수 있는 재킷이나 스웨터를 하나씩 들고 간다. 발표 내용에 집중하고 좋은 기분을 유지할 수 있도록 편안한 차림을 했는지 머리에서 발끝까지 점검해 본다. 얼굴이 파랗게 질려서는 집중할 수도 없고 친근한 모습을 보일 수도 없다.

대부분의 세미나 강사들은 매우 친절하게 얘기한다. 강사에게 개인적으로 다가가 질문이나 논평을 해도 좋다. 보통 질문이나 다른 할 말은 세미나 진행 중에 하라고 권장하지만, 그렇다고 강사에게 개인적으로 다가가 물어 보아서는 안 된다는 의미는 아니다. 물론 참석자가 수백 명이나 된다면 강사가 여러분을 일일이 상대할 수는 없을 것이다. 개인적으로 대면할 시간이 필요하다고 판단된 경우라면, 실제로 강사와 일대 일로 만나 귀중한 정보를 얻을 수도 있을 것이다.

또 하나 가져 갈 것

스웨터와 재킷 외에 명함도 가져가도록 한다. 많은 이들이 '좀 쉬자'라는 태도나 '이번 학습기회는 나에 대한 특별 대우'라는 식의 생각을 품고 세미나에 참석한다. 두 유형 모두 세미나가 인맥을 형성할 기회임을 깨닫지 못하는 것이다. 명함을 나눠 줄 준비를 하고 간다. 상품, 서비스, 자기 이름을 홍보하려고 방을 누비고 돌아다니면 너무 저돌적이라는 인상을 줄 수 있으므로 조심한다.

세미나 참석의 목적은 무엇인가?

세미나 참석 전에 세미나에서 자신이 얻고자 하는 것이 무엇인지 자문해 본다. 다음의 예는 관리자 두 명이 다가오는 관리 기술 세미나에 대해 각기 어떤 생각을 하는가를 보여 준다.

(1)자신이 인기 있는 세미나 프로그램 참석자로 선정되었다는 소식이 인사부에서 전해오자 존 B는 미심쩍어했다. 상급 관리자들이 그의 업무 수행 능력을 믿지 못하는 것일까?

(2)알렉스 R은 회사측에서 그의 세미나 참석을 지원해 줄지 상사에게 물어 보았다. 승진한 지 4개월이 된 그는 직원들과 열린 의사 소통을 중시했다. 그러다 보니 남들이 쉬는 토요일에 출근해 밀린 일을 처리해야 할 상황에 처했다. 그는 업무에 방해를 주지 않으면서도 열린 의사 소통을 유지하여 토요일의 연장 근무에서 벗어날 방법이 있을 것이라 믿었다.

존 B와 알렉스 R은 같은 세미나에 참석했다.

강의 내용은 재미있고 유익했다. 존 B는 귀를 기울였다. 알렉스 R도 경청하며 그의 구체적인 관심 사항에 대한 설명이 있기를 기다렸다. 강사가 그 부분에 대해 언급하자 알렉스 R은 필기를 하며 질문도 했다.

  강사가 비효율적인 권한 위임 기술에 대해 말하자 알렉스 R은 그제야 자신의 결점이 무엇이었는지 깨달을 수 있었다. 그는 자신의 직원들에게 업무에 대한 자의권을 전혀 주지 않았던 것이다. 결과적으로 그의 의견을 듣지 않고는 다음 단계로의 업무 진척이 전혀 이루어지지 않는 상황이 된 것이다. 그는 직원들에게 무엇을 하라고만 했지 왜 하라고는 말하지 않았다. 직원들은 궁극적인 업무 목표에 대해 알 수 없었기 때문에 당연히 상관에게 계속 질문을 할 수밖에 없었던 것이다.

  존 B와 알렉스 R 두 사람은 자신들의 업무 스타일에 변화를 주기로 결심했다. 알렉스 R은 세미나에서 받은 자료와 자신의 필기 자료를 참고서로 활용했다. 그는 다음 두 달 동안 시도할 만한 가치가 있다고 생각되는 새로운 아이디어를 행동으로 옮겼다. 얼마 안가 그는 토요일 연장 근무에서 해방되었고 이 성과를 세미나에서 배운 내용의 덕분이라 여겼다.

  마침내 존 B 또한 전화로 오래 얘기하던 이전의 습관을 버리고 짧고 정중한 통화를 하는 데 능숙해졌다. 그는 세미나 강사의 시범을 기초로 삼아 자신의 기술을 다듬었다.

  위의 두 사람 모두 세미나 참석으로 귀중한 결과를 얻었고 그에 따라 상급 관리자들에게 기회가 헛되이 낭비되지 않았음을 입증해 보였다.

  기회를 낭비하고 하찮게 여기는 일은 세미나 참석 비용을 대주고 업무 시간에 참석할 수 있도록 배려해 준 회사에 대한 조롱이나 다름없다.

  그러나 알렉스 R은 존 B보다 그의 감사를 표하는 데 훨씬 적극

적이었다. 그는 세미나 참석 기회로 얻은 성과를 최대한 이용하였다. 존 B는 다소 수동적인 인물이었지만 그럼에도 소기의 성과를 보았다.

의욕

의욕을 보이는 것은 자아를 풍성하게 할 기회를 제공해 준 상급 관리자들에게 감사를 표하는 좀더 간접적인 방법이다. 입으로 하는 감사의 말은 <성공을 위한 비즈니스 예절>의 기본이지만 무엇보다 행동으로 보여 주는 감사의 표시는 잊혀지지 않는 메시지를 전달하게 된다.

"의욕 없이 성취할 수 있는 위대한 일은 하나도 없다."

-랄프 왈도 에머슨

다가오는 세미나에 대해 의욕적이라면 여러분의 참석을 지원해 준 상급 관리자들도 자연 기분이 좋아진다. 덧붙여 세미나 참석으로 얻기를 바라는 것이 무엇인지를 스스로에게 질문하면 어떤 정보를 중점적으로 받아들일 것인가를 준비하는 데 훨씬 도움이 될 것이다.

자비(自費)로 참석하는 것이라면 참석 후의 결과에 대해 상사에게 얘기를 하도록 한다. 세미나에서 배운 것들을 함께 나눔으로써 자신의 경험을 상사에게 전하는 것이다. 세미나 수료증이나 평생 교육 증서 등을 수여 받았다면 복사본을 만들어 자신의 직원 신상 파일에 첨가하도록 한다.

회사 경비를 아껴 쓴다

세미나 참가 비용이 세금 공제가 된다는 사실을 아시는지? 여행비, 식사대, 주차비 등이 모두 전문 교육을 받는 데 포함된 비용으로 간주된다.

직원의 세미나 참석이 흔치 않은 소규모의 회사라면 관리자들이 이 사실을 모를 수도 있다. 세금 공제 신고를 위해 영수증이나 기타 지출 내역서를 제출해야 하는지 문의하여 회사 경비를 아껴 쓰도록 한다.

자신의 돈을 쓰는 데는 매우 주의하는 사람들이 때때로 회사 경비는 물쓰듯하는 경우가 있다. 회사 경비 또한 내 것처럼 아껴 쓰는 태도가 필요하며 이로써 언젠가는 좋은 평가를 받을 수 있을 것이다. 이는 '세미나에 참석토록 배려해 준 데 대한 감사'의 말없는 표현이기도 하다.

세미나 참석 후의 평가

감사의 서신이 필요하다고 생각되면 상사나 담당 임원에게 감사뿐만 아니라 유용한 정보도 전하도록 한다. 강사의 수준과 프로그램의 내용, 세미나가 개최된 호텔이나 시설에 대한 평가를 한다. 세미나 참석이 유익했고 동료들도 참석하여 좋은 경험을 얻을 수 있다고 생각되면 그렇게 보고한다. 반대로 실망했다면 사실대로 말해야 한다. 다른 이들을 알맹이 없는 세미나에 참석토록 하는 것은 바람직하지 않다. 똑같은 주제로 더 흥미롭고 유익한 시간을 제공하는 다른 세미나도 있을 것이다.

일부 공신력 있는 세미나에서는 참석자가 만족하지 않을 경우 참가비를 환불한다. 세미나 참석이 시간 낭비였다고 생각되면 회사측에서 참가비를 회수하도록 건의할 수도 있을 것이다.

유용한 평가를 하기 위해 필기를 하도록 한다. 서면으로 평가서를 제출하거나 상사가 "어땠습니까?" 하고 물을 때 필기한 것을 바탕으로 평가할 수 있을 것이다.

"강사는 훌륭했지만 호텔이 엉망이었습니다. 주차 공간도 부족해서 15분이나 헤맨 끝에 주차장 바깥쪽 공간에 간신히 주차를 했습니다. 회의실까지 가는 데도 몇 분이 더 걸렸습니다. 점심때 식당에서 기다린 시간이 너무 길어서 샌드위치 하나도 제대로 못 먹을 정도였습니다." 이렇게 말하면 아주 생생한 평가를 하는 것이다.

상급 관리자들은 그 호텔에서 열리는 세미나에 직원을 보내는 일에 대해 재고하거나 강사가 훌륭했다면 강사를 초빙해 회사 내에서 세미나를 하는 것도 괜찮은 것이라 결정할지도 모른다. 한마디로 말해 여러분의 상세한 평가가 적절한 결과를 낳는 것이다. 사실상 아무런 평가도 제시하지 않는 "괜찮았습니다."라는 말과는 분명 비할 수 없는 것이다.

◇성공을 위한 조언
• 제7장 '옷으로 말한다' 참조.
• 제12장 '편지' 참조.

◇도움이 될 만한 전략
세미나 개최 측에서 제공하는 마케팅 자료를 받아 읽도록 한다. 이 자료에는 프로그램의 중요 내용과 구체적 윤곽이 제시되어 있다. 참석 전에 자료를 읽고 세미나 참석으로 기대되는 효과에 대해 생각할 시간을 갖도록 한다. 전문가들의 말에 따르면 일반적인 정보를 자신의 구체적 필요에 맞추어 편집할 때 세미나 참석의 성과가 더욱 커진다고 한다. 미리 자료를 구할 수 있다면 구해서 읽도록 한다.

　때로는 세미나 현장에 도착했을 때 어떤 것이 필요한지 개최 측에서 미리 알려주기도 한다. 예를 들어 주차비를 내야 한다면 미리 잔돈을 준비하도록 통보할 것이다. 점심을 각자 해결해야 한다면 비싼 호텔 식당에서 해결할지 도시락을 싸서 갈지 다른 방법으로 해결할지를 미리 결정한다. 대부분의 세미나 내용은 저작권법의 보호를 받으므로 녹음이 금지될 것이다.

　잔돈이 없어서 쩔쩔 매거나 녹음기를 두고 입장하도록 제지를 받아 당황하는 일이 없도록 한다. 철저히 준비를 해두면 기분 좋은 상태에서 품위를 지킬 수 있을 것이다.

☆상사와 출장을 함께 갈 때

　상사와의 출장 목적은 사무실에서와 마찬가지로 상사의 업무를 보조하기 위해서다. 차이가 있다면 일반적인 업무 환경과 다른 곳에서 같이 일해야 한다는 점이다. 식사를 같이 하고, 같이 택시를 타며, 고객 또는 의뢰인과 술집이나 음식점에 갈 경우에도 함께 가야 한다. 결과적으로 여러분은 평소 비즈니스 에티켓의 노하우를 폭넓게 적용해야 할 상황에 처하는 것이다.

- 사무실에서처럼 5시에 업무를 마칠 수 있나? 상사와 함께 저녁을 해야 하나?
- 재즈의 본고장 뉴 올리언즈나 브로드웨이가 있는 뉴욕 등 특별한 볼거리가 있는 지역으로 출장을 갔다. 마침 여유 시간이 생겼다면 혼자 갈 것인가? 상사에게 같이 가자고 청하는 것

이 예의인가?

- 식사비를 내가 지불하겠다고 해야 하나, 반으로 나누어야 하나?
- 상사가 식사 전 기도를 한다면 같이 머리를 숙이고 있어야 하나?
- 고객에게 상사가 나를 소개하지 않는다면 내가 먼저 악수를 청해 소개를 해야만 하나?

위와 같은 상황은 어떻게 대처할까?

평소 상사와의 관계를 고려해 결정한다

두 사람 모두 여성이라면 함께 식사를 하고 쇼를 보러 다녀도 별 문제가 없을 것이다. 상사가 이성이라면 저녁에 비즈니스 이외의 일로 같이 다닐 때 여러분뿐만 아니라 상사도 본의 아니게 오해를 받는 수가 있다. 반면 사무실에 있을 때도 자연스럽게 함께 어울리는 시간이 많았다면 출장을 가서도 거리낄 이유가 없을 것이다.

무엇이 순서인가를 생각해 결정한다

하루 종일 열심히 일했다면 방안에 앉아 룸서비스로 식사를 해결하고 집에 있는 식구들에게 전화를 걸고 싶을 것이다. 이럴 때는 하고 싶은 대로 하는 것이 좋다.

반면 성공적인 업무 수행이 우선 과제이고 식사나 술을 마시는 데 여러분이 동행하기를 상사가 원하는 상황에서 청을 거절한다면 상사가 불쾌해 할 수도 있다.

다른 상황의 대안은 비교적 간단하다.

남이 한다고 해서 같이 머리 숙여 기도할 필요는 없다. 상대방이 기도를 끝낼 때까지 조용히 기다리는 것으로 충분한 예의를 지키는 것이다. 상대방이 식사 전 반드시 기도를 하는 사람이라면 식사를 하기 전 잠시 기다려 줌으로써 존중하는 마음을 보여 준다.

상사가 무조건 업무외 비용을 낼 것이라는 기대는 하지 않는다

일부 경비는 정산 대상이 되지 않는다. 만약 식사비가 정산될지의 여부를 알 수 없는 경우라면 여러분의 몫을 지불하도록 한다. 어느 젊은 여성 간부는 돈과 힘이 비례하는 것이라 주장하며 가끔씩 상관에게 점심을 사기도 한다. 상사에게 점심을 삼으로써 자신에게도 어느 정도의 힘이 있다는 것을 스스로 상기한다는 것이다. 이 여성 간부의 주장에 수긍하는가는 여러분의 자유이지만, <성공하는 사람들의 비즈니스 예절>에 비추어 볼 때 남의 배려를 당연한 것으로 여기는 것은 예의에 어긋난 태도이다. 상사가 식사비를 지불할 경우 나중에 정산이 될 것을 알고 있더라도 일단 고맙다는 인사를 해야 한다. 초콜릿이나 껌, 신문, 다른 사소한 물품을 살 때는 상사의 것까지 사도록 한다. 관대함은 일방적으로 베푸는 것이 아님을 보일 수 있을 것이다.

상사가 고객에게 여러분을 소개하지 않았다면 여러분이 직접 자신을 소개하는 것도 결례가 되지 않는다

상사가 깜빡 잊은 것이라 생각하고 먼저 악수를 청하며 자신의 이름을 밝히도록 한다.

상사의 특이한 버릇을 발견했다면

상사와 출장을 갈 때 사무실에서는 보이지 않던 상사의 특이한 버릇이 눈에 띌 수도 있다. 다음의 예를 보자

- 커피에 설탕을 넣고 너무 오래 젓는다. 컵의 바닥이 닳아 커피가 샐까 걱정될 정도다.
- 디저트를 먹을 때 쩝쩝 소리를 낸다.
- 공항으로 가는 차안에서 졸면서 손가락을 빤다.
- 에스컬레이터에 올라서면 신발을 벗는다.

여러분은 신뢰를 지켜야 할 입장이므로 남들에게 자신이 본 바를 누설하는 일이 없도록 한다. 회사의 기밀도 못되는 상사의 약점을 얘기하고 싶어 입이 근질거리겠지만 그 버릇을 남들에게 퍼뜨리는 것은 좋지 못한 태도이다.

호칭은 어떻게 할 것인가

여러분의 사무실은 상사를 포함해 모두들 이름만 부르는 편안한 분위기다. 그러나 출장을 갔다면 상사를 부를 때나 남에게 상사의 이름을 거론할 때도 정식으로 님(영어로는 Mr. 또는 Ms.)자를 붙여 부르는 것이 적절하다.

"로마에서는 로마인처럼 행동하고 다른 곳에서는 그 곳의 사람처럼 행동한다(Si fueris Romae, Romano vivito more; Si fueris alibi, vivito sicut ibi.)"

상황에 대한 여러분의 재빠른 판단은 상사에게 좋은 인상을 줄 것이며, 때에 따라 상사도 여러분을 정중하게 호칭할 수도 있을 것이다.

사무실에서는 보통 정중한 호칭을 사용했는데 출장을 간 곳은 매우 편안한 분위기일 경우도 있다. 그렇다고 해도 갑자기 평소의 정중한 호칭을 쓰지 않고 상사의 이름을 부르는 일은 없도록 한다. 좀더 격을 갖추어 호칭을 했을 때 상사가 불쾌히 여길 가능성은 매우 희박하지만, 그 반대의 경우라면 십중팔구 상사의 불쾌감을 살 것이다.

좋은 규칙이 하나 있다고 해서 이를 일률적으로 적용해 늘 좋은 결과를 기대할 수는 없는 일이다. 이에 따른 충고 한마디. 여러분의 올바른 판단에 의지할 것!

사적인 대화의 소재로 적당한 것

사적인 담소를 할 때도 올바른 판단력이 필요하다. 상사나 상사의 사업 파트너와 가벼운 시간 보내기 식의 대화를 나눌 때에도 민감한 소재는 피하도록 한다. 금전이나 종교, 정치는 피해야 할 대화의 소재이다. 출장 간 곳의 멋진 경치라든지 인기 있는 영화에 대한 평, 좋아하는 가수나 예술가, 스포츠, 날씨에 대한 얘기, 최근에 읽은 책 등이 얘기를 나누기에 적당하다.

지나친 경계심을 보일 필요는 없지만 그렇다고 다른 사람들이 여러분 상사와의 협상에서 우세한 위치를 차지하기 위해 여러분을 유도 심문할 가능성을 간과하는 것도 지나치게 순진한 일이다. 그런 상대의 속셈이 너무 훤히 들여다보일 경우라면 기분이 상할 수도 있다.

여러분은 상사의 업무를 지원하는 사람으로서 매우 민감한 위치에 있으므로, 여러분 혼자 그런 사람을 만났을 경우에 취했을 듯한 방식으로 경솔하게 응대할 수는 없다.

가능하다면 상대방의 의도를 여러분이 간파했다는 인상을 주지 않고 공손하게 웃으며 자리를 피하도록 한다. 상황에 따라 상사에게 이런 사실을 보고할 수도 있고 안할 수도 있다. 상사는 지금 협상의 목표에만 집중해야 하므로 다른 부담을 지우지 않아야 하기 때문이다.

실제로 이런 상황에 처하게 되면 다음의 내용이 도움이 될 것이다. 여러분은 적절한 태도와 몸에 밴 비즈니스 에티켓으로 상대방을 자극하지 않고 상황을 모면할 수 있으며, 협상 분위기를 해치지 않음으로써 상사로 하여금 목표에 매진할 수 있도록 도울 수 있다. 자, 이쯤 되면 경의를 표해야 하지 않을까!

어떻게 행동할 것인가?

일하는 동안 여러분은 자신의 생각과는 다른 역할을 수행해야 할 수도 있다. 여러분은 함께 한 상사와 회사의 대표이며 여러분의 행동은 그들의 이미지에 영향을 준다.

상사와 비즈니스를 나누는 협상 상대의 부하 직원과 휴식 시간에 커피를 함께 마시게 되었다

각자의 컵을 씻는 분위기라면 여러분이 사용한 컵은 직접 씻는다. 자동 판매기의 커피를 마실 때 동전을 건다면 여러분의 몫도 내도록 한다. 대화의 주도권을 장악하거나 뭐든지 아는 척한다면 좋은 인상을 줄 수 없으며, 상사와 상사의 일에도 좋지 않을 수 있다. 늘 고맙다는 인사를 잊지 않는다!

업무를 위해 남의 팩스나 책상, 전화, 사무 용품을 써야 할 경우도 있다

다른 사람의 서류나 자료를 사용한 후에는 원래의 위치에 가져다 놓는다. 사무 용품을 찾는답시고 서랍이나 서류장을 함부로 뒤지지 않는다. 그 곳 직원의 도움을 청하고 필요한 경우 써도 좋은지 허락을 받는다. 다른 사람의 물건을 함부로 다루지 않으며 사용한 후에 고맙다는 말도 잊지 않도록 한다.

첨단 제조 시설이나 새로 건축된 시의 컨벤션 센터를 자랑스럽게 보여주면서 여러분의 의견을 물어 온다

일단 멈춤! 자신이 느끼는 바가 긍정적인 것인지 먼저 생각해 본다. 그렇다면 그렇게 대답한다. 그렇지 못하다면 뭔가 적당한 말을 찾는다. 좋은 평가는 그대로 들려주고 나쁜 평가라면 말하기 전에 속으로 삭여 버리는 것이 낫다. 여러분은 회사의 대표 자격으로 방문한 처지이므로 무엇이든 솔직하게 털어놓는 것은 신중하

지 못한 처사임을 기억한다. 적당한 대답을 찾지 못했다면 아예 대답을 하지 않는다. 여러분에게 의견을 물은 사람들에게 되려 그들의 의견을 묻는 방법도 있다. 잘 들으면 유용한 것을 배울 수 있다. 다른 행동을 한다면 여러분의 무성의를 드러내 보이는 것이며 이는 피해야만 할 상황이기 때문이다.

◇성공을 위한 조언
- 제1장 '출장을 갈 때' 참조.
- 제3장 '집에서 배우지 못한 식사 예절' 참조.
- 제5장 '이성에 대한 예의' 참조.
- 제7장 '옷으로 말한다' 참조.

◇도움이 될 만한 전략
상사가 함께 출장 갈 것을 요청한다면 이를 귀찮게 여기기보다는 여러분의 능력에 대한 신임으로 간주하도록 한다. 이런 생각은 의욕을 높이는 데 도움이 된다. 긍정적인 측면을 강조하면 낯선 환경에서의 업무 수행에 대한 염려를 쉽게 해소할 수 있을 것이다. 또한 이 기회를 십분 활용해 상사의 신임이 잘못된 것이 아니었음을 보여 주도록 한다.

☆외국 방문객을 접대하는 법
외국에서 온 손님을 접대할 때도 평소와 마찬가지 방식으로 대처하면 된다.

1. 일의 우선 순위를 설정한다. 방문객들의 목적이 무엇이며 회사가 달성하려는 목표는 무엇인가? 양측의 목표를 모두 만족시키는 것이 현실적으로 가능한가? 그렇지 않다면 상급자들과 의논해

목표를 좀더 현실적으로 조정한다. 준비가 되었으면 다음 단계로 옮겨간다.

2. 얼마나 시간이 걸릴지 미리 파악한다. "방문객이 얼마나 머무를 것인가?"라는 평범한 질문 이상의 것을 고려하여 방문객의 수와 그에 맞춰 얼마나 준비해야 하는가를 결정한다.

예를 들어 열두 명의 방문객보다는 한 명의 방문객과 함께 이동하기가 훨씬 수월할 것이다. 또한 방문객이 영어를 하고 여러분 또한 그들의 언어에 능숙하다면 통역하는 데 드는 시간은 필요 없다.

방문객들이 이전에도 우리나라를 방문한 적이 있는가를 알아본다. 우리나라에 대해 얼마나 친숙한지도 필요한 시간에 영향을 준다. 방문객들이 실무형인지 관람객형인지 알아보는 것도 도움이 된다. 실무형의 사람들은 버스를 타고 이곳저곳 구경 다니는 일을 별로 즐기지 않지만 관람객형이라면 꽤 좋아할 것이다.

3. 목표 달성을 위한 계획을 수립한다. 친선과 우호를 다지기 위한 목적의 방문이라면 계약 체결을 목표로 하는 방문과는 다른 성격의 계획을 짜야 한다.

4. 검토 및 평가를 한다. 평가는 일의 처음과 끝에만 행하는 것이 아니라 일이 진행 중일 때도 필요한 것임을 기억한다. 방문객들이 머무는 동안 여러분의 계획을 중간 평가하고 필요한 경우 수정을 가한다. 방문객들이 피곤해 한다거나 흥미가 없다는 등 좋지 않은 기색을 보일 경우 그들의 의견을 구해 계획을 변경하기도 한다.

5. 계획 변경에 대해 주저할 필요는 없으나 원래의 목표를 뒷전으로 미루는 일이 없도록 한다.

앞에 언급한 모든 사항은 정중한 행동에 해당한다. 다른 사람의 시간을 낭비하지 않는 확실한 방법이기 때문이다. 장기간 출장을 다니는 사람들에 대해서는 그들과 여러분의 회사 모두에게 이롭도록 만남을 효율적으로 조직하는 것이 사려 깊은 일이다. 이는 물론 여러분의 제품을 염가에 팔아 치우는 것을 의미하는 것이 아니다. 그보다는 품위 있는 호스트의 역할을 수행하기 위해 할 수 있는 모든 것을 동원하는 것을 의미한다. 회사의 대표로서 역할을 수행할 때는 여러분의 행동이 회사의 모든 이에게 영향을 미치며 회사에 대한 외부인의 시각에도 영향을 주기 마련이다.

실무에 매진한다

이러한 일의 중요성을 절대 간과하지 않도록 한다. 가능한 한 철저히 준비를 하고 일이 잘못되었을 경우라도 가벼운 마음으로 대응하되 방문객들에 대한 배려를 잊지 않는다. 서로의 언어를 이해 못하는 경우라도 우스꽝스러운 상황에는 누구나 웃음을 터뜨릴 수밖에 없다. 웃음은 서로의 기분 전환에 도움이 된다.

실생활을 보여 준다

대부분의 방문객들은 미국인의 삶에 대해 어느 정도의 선입견을 갖고 있다. 일단 도착하면 방문객들은 많은 것을 직접 보고 듣게 된다. 다음의 활동을 일정에 추가하면 방문객들은 이전의 독서나, 남의 말, 영화를 통해 본 것보다 더 생생한 정보를 얻을 수 있을 것이다.

집으로 초대한다!

가능하다면 외국 손님을 여러분의 집이나 회사 임원의 집으로 초대한다. 방문객의 수가 적고 가족까지 동반하고 있다면 함께 초대하도록 한다. 방문객의 수가 많아 한 집에서 대접할 수 없다면 몇 집으로 나누어 초대하는 방법도 있다. 두세 명의 회사 임원을 설득하여 손님을 접대하게 함으로써 두세 차례 가정집 방문을 하도록 계획하는 것도 좋다.

여러분이 손님의 처지라면 어떤 대접을 받았을 때 고맙게 느낄지 깊이 생각해 본다. 호텔 음식과 서비스만 받다 보면 집에서 직접 만든 평범한 음식이 그리워질 것이다. 정원에 가꾼 채소밭을 둘러보거나 좋아하는 음악을 듣고, 애완견이나 고양이를 쓰다듬고, 현관 베란다에 놓인 흔들의자에 앉아 볼 수 있다면 기분이 어떨까?

외국 방문객들은 여러분 가정의 조촐하고 행복한 분위기에 기꺼이 젖어들고 싶을 것이다. 방문객들이 장기간 출장 중이라면 여러분 가정에서 이들을 대접하는 것이 다른 어느 곳으로 청하는 것보다 따뜻하고 세심한 초대일 것이다.

방문객들이 격식 없이 편안한 상태가 되었다면 함께 수프나 샌드위치를 준비하자고 청하거나 상차림을 돕도록 할 수도 있을 것이다.

이웃이나 가까운 친구를 초대해 방문객과 함께 시간을 보내는 방법도 고려해 볼 만하다. 제3자가 있으면 적어도 그들이 머무는 동안 방문객과의 사업 애기는 접어둘 수 있기 때문이다.

입맛에도 차이가 있음에 주의한다. 예를 들어 미국 시중에서 흔히 판매되는 흰 식빵은 많은 외국인들에게는 놀라움의 대상이라고 한다. 어떤 사람은 흰 식빵 외의 다른 미국 음식도 맛이 없다고 말한다. 여러분이 맞이하는 외국 방문객 중에는 봉투에 담아 파는 설탕이나 티백(teabag)에 담긴 차 종류, 플라스틱 병에 든 샐러드 드레싱에 생소한 사람도 있을 것이다.

맵고 짠 음식을 좋아하는 사람, 싱거운 음식을 좋아하는 사람, 점심을 푸짐하게 먹고 저녁은 가볍게 먹는 사람 등 습관은 다양할 것이다. 여러분의 외국 손님은 우리가 생각하는 점심 시간을 훨씬 지나 식사를 하고 잠자리에 들고 일어나는 시간이 우리와 많은 차이가 있을 수 있다. 이러한 차이점은 미국의 다른 지방에서 온 손님을 대접할 때도 겪을 수 있다. 그러나 이런 경우는 방문객의 습관이 어느 지방 출신이냐와 직접 연관이 있다.

방문객의 문화에 대해 미리 공부를 할 수도 있겠지만 그렇다고 해도 모든 상황을 미리 예견할 수는 없는 일이다. 열심히 듣고 열심히 공부하도록 한다. 손님이 먼저 무엇이 빠졌는지 또는 무엇이 잘못 이해되었는지를 말해 줄 수도 있을 것이다. 그러나 손님이 아무 말도 않는 경우라면 여러분의 기분을 상하게 하지 않기 위해 자신의 매너를 지키고 있기 때문이라 하겠다.

집에 초대해 준 것에 무척 고마워하면서도 나중에 감사의 서신을 보내지 않는 방문객도 있음을 알아둔다. 멕시코와 같은 일부 국가에서는 감사의 서신을 보내는 것이 습관화되어 있지 않다.

방문객에게 관광을 시킨다!

외국 손님을 환대하는 다른 방법 중 하나가 여러분이 사는 고장이나 회사가 있는 지역의 가볼 만한 곳을 손님에게 소개하는 것이다. 공원이나 주요 도서관, 대학 캠퍼스, 시청, 쇼핑 센터, 소방서 등의 장소를 방문하도록 하면 여러분의 고장에 대한 자긍심을 보여 줄 수 있다.

신문을 찾아 볼 만한 특별 행사가 있는지 알아본다. 대학의 구기(球技) 시합이나 신축 아이스링크 개장 기념 행사, 교회에서의 공연, 원예 동호인회의 특별 모임 등을 고려해 볼 만하다. 활동의 성격이 평범할수록 외국 방문객들에게 더 깊은 의미로 남을 것이다.

때에 따라 행사를 조직하거나 주관하는 측에 특별한 손님을 동반할 것임을 미리 알릴 수도 있다. 여러분과 손님에게 모종의 특별 대우가 있을 수도 있으며 평소 공개되지 않는 시설을 둘러볼 기회를 얻을 수 있을지 모른다.

여러분의 안목을 발휘해 방문객들의 견문을 넓히기 위한 명소를 고르면 좋은 평가를 받을 것이다. 체류하는 동안 즐겁고 신이 나면 그 기분이 자연스레 사업상 토론이나 의사 결정에도 옮겨가기 때문이다. 그러므로 짧은 기간이나마 호스트로서의 역할을 제대로 해낸다면 비즈니스 목표 달성을 촉진할 수 있을 것이다.

실용적으로 행동한다!

언제나 방문객을 즐겁게 해주어야 한다는 생각은 버리도록 한다. 방문객은 비즈니스가 목적이긴 하지만 여러분의 제안을 거절하는 것도 예의에 어긋난다고 여길 수 있다. 그 결과 손님이나 여러분 모두 피곤하고 지친 상태가 되지만 어느 쪽도 입 밖에 내어 말하지 않는다! 이렇게 발생할 수 있는 딜레마에 대해서도 고려해야만 한다. 그렇지 않으면 무신경한 사람으로 보일 것이다.

범죄는 유쾌한 주제가 아니겠지만 방문객에게 미리 도시의 위험 지대에 대해 알려 주는 것은 실용적일 뿐만 아니라 예의에 맞고 사려 깊은 일이다. 사람 없는 어두운 골목에 가지 말 것과 호텔 로비나 다른 공공 장소에서 큰 액수의 현금을 내보이지 말 것을 일러 주면 좋다. 너무 상세히 설명하면 방문객이 어린아이 취급당하는 것처럼 느껴 오히려 기분 나빠 할 수도 있으므로 주의한다. 상대가 자세한 내용을 묻지 않거나 너무나 부주의해 문제를 일으킬 소지가 많은 사람인 경우가 아닌 이상 범죄에 대한 일반적 주의면 충분할 것이다. 만일 그런 경우에 해당한다면 상사나 동료와 의논하여 어떤 조치를 취할지 결정한다. 일반적인 비즈니스 에티켓에 준한다면 여러분은 방문객의 안전에 대한 어느 정도의 책임을 지고 있다. 아무래도 안전하게 그 지역을 다니기 위한 요건에 대해서라면 처음 온 사람보다는 여러분이 더 잘 알기 때문이다.

장기간 출장으로 종교 의식에 참석 못한 방문객이라면 여러분 지역의 종교 의식에라도 가고 싶어할 것이다. 방문객이 국가의 종교에 대해 묻는다 해서 반사적으로 주제를 회피하지 않도록 한다.

비즈니스를 할 때 종교나 정치에 대해 논하는 것이 일반적인 금기 사항이긴 하지만 그럼에도 불구하고 상대방이 그런 애기를 할 때는 필시 종교 의식에 참석하는 방법을 알고 싶어서일 것이다. (혹시 이런 이야기를 아시는지? 어린아이가 아버지에게 "저는 어디서 왔지요?"라고 물었다. 아버지는 아기의 탄생 과정을 설명하느라 진땀을 흘렸다. 그러나 막상 아이가 알고 싶어한 것은 자기가 출생한 도시의 이름이었다.)

방문객을 종교 의식에 참석토록 계획을 세울 때는 구체적인 사항을 파악하도록 한다. 단순히 유태인, 침례교인, 천주교 신자라는 것만으로는 불충분하다. 방문객에게 지역의 전화 번호부를 주어 지역 내에 어떤 종교들이 있는지 직접 보도록 한다. 필요하다면 성직자에게 전화를 걸어 방문객이 참석해도 좋은지 문의를 하도록 한다. 그렇지만 여러분이 꼭 같이 종교 의식에 참여할 필요는 없다. 방문객이 청하지 않는 한 같이 의식에 참여하지 않아도 예의에 어긋나지 않기 때문이다. 같이 의식에 참여하기 싫으면, 싫다고 말하면 그만이다. 그러나 손님을 해당 장소까지 바래다주고 데려오는 일은 할 수 있어야 한다. 손님이 여러분에게 같이 의식에 참여하자고 청하는 이유가 교통이나 지리를 전적으로 여러분에게 의지해야 하기 때문일 수도 있다. 만약 그렇다면 여러분이 바래다주고 데려오겠다는 제안을 하면 된다. 이는 여러분이 손님에 대한 특별한 배려를 할 용의가 있음을 보여 주는 것이며 서로의 관계를 다지고 신뢰를 쌓는 데도 도움이 된다. 결과적으로 앞으로 있을 거래에도 좋은 영향을 미칠 것이다.

좋은 것도 지나치면 모자람만 못하다

"좋은 것도 지나치면 모자람만 못한가?" 너무나 전폭적이고 세심한 여러분의 배려에 숨이 막힌 외국 손님이라면 이 질문에 "그렇다."라는 대답을 할 수 있다.

그런데도 회사 밖에서는 사업 파트너가 자신의 친구가 아니라는 사실을 종종 잊기 쉽다. 집으로 초대를 했거나 여흥을 돋울 만한 장소로 데려갈 경우 그 경계가 더욱 흐릿해진다.

- 방문객과 함께 있는 시간은 언제나 점잖은 옷차림과 깔끔한 용모를 유지한다(면도를 하지 않거나 낡은 청바지를 입은 채로 아침 식탁에 앉지 않는다).
- 담배를 피운다면 방문객 앞에서는 친구나 가족과 있을 때와는 다른 흡연 습관을 실천해야 한다(방문객이 비흡연자라면 레스토랑에서 흡연석을 예약하지 않도록 한다).
- 손님이 체면을 중시하는 사람이라면 여러분의 가족들이 타는 차에 동승하기를 꺼릴 수 있다. 특히 차가 고급 모델이 아니거나 뒷좌석에 장난감이나 애완견의 털이 널려 있고 유리창에 지문이 나 있어 가족들이 같이 사용한 흔적이 역력하다면 더욱 그렇다. 놀랄 필요 없다. 어떤 나라에서는 사람의 복장으로 지위를 나타내기도 하니까. 손님이 머무르는 동안 멋진 차를 렌트하는 비용이 분명 손님을 본의 아니게라도 불쾌하게 만드는 대가보다는 못할 것이다. 아마도 여러분이 이용할 수

있는 적당한 회사 소유의 차도 있을 것이다.

◇성공을 위한 조언
• 제14장 '외국어, 기타 에티켓 및 관련 정보' 참조.

◇도움이 될 만한 전략
방문객을 혼자 접대하는 일이 부담스럽다면 경험 많고 믿을 만한 다른 사람과의 책임 분담을 할 수도 있다. 이것이 여의치 않다면 조언을 줄 만한 사람에게 연락을 취하도록 한다. 망설이지 말고 최근 퇴직한 사람 중 경험 많은 고문(顧問) 역할을 해줄 만한 인물이 있는지 회사의 인사 부서에 문의하도록 한다. 방문객을 접대하는 일은 '연습 삼아 하다 보면 나아질 것'이라는 식의 태도로 임할 성질의 것이 아니다. 방문객 접대는 절대 연습 삼아 할 일이 아니다. 자칫하면 오해를 살 수도 있기 때문이다.

고문의 도움을 받았다면 방문객이 출국한 후 감사의 말과 함께 자그마한 선물을 전달하는 것이 도리다. 또한 여러분이 호스트로서 느낀 점을 반드시 들려주도록 한다. 고문이 여러분에게 묻고 싶어도 예의상 자제하기 때문이다.

☆중요한 사업 계약시 필요한 세련된 노하우

"인간 사회란 정말 즐거운 곳이라 생각한다. 그 안에 머무르는 것은 그저 지겨울 따름이다. 그러나 그 곳을 벗어나는 것은 더 큰 비극이다."

-오스카 와일드, (<중요하지 않은 여자> 중에서, 1893)

비즈니스 세계에서 외톨이가 된다는 것은 정말 비극이다.

여러분이 회사의 전용기(專用機)로 여행을 하거나 상사의 시골 별장에서 주말을 보낼 때, 주요 고객이 주최하는 선상 만찬에 초대 받았을 때, 또는 기타 점잖은 분위기의 행사에 참석할 때 정해진 행동 수칙을 지키지 않는다면 언제든 외톨이가 될 소지가 있다.

버지니아주 맥린에 위치한 워싱턴 프로토콜 스쿨의 교장인 도로테아 존슨은 비즈니스 에티켓과 국제 의전(儀典) 분야의 권위자이다. 존슨은 "전용기 안에서 사장과 귀빈용 좌석을 차지하고 앉아 있는 젊은 간부에게 자리를 옮겨 달라고 부탁해야 할 승무원의 입장은 정말 난감하기 이를 데 없다."고 말한다.

그러나 존슨 여사의 학교에서 교육받은 몇몇 전용기 승무원들은 실제로 젊은 간부들 중에는 비행기에 오르면 무조건 일등석에 앉고 보는 사람이 있다고 말한다. 더군다나 승무원들이 자리를 옮겨 달라고 부탁하면 말을 듣지 않는 경우도 있다 한다.

그래서 언제나 존슨 여사는 교육생들에게 비행기에 타면 늘 승무원에게 "제 좌석이 어딥니까?"라고 묻도록 가르친다. 또한 '기내에서 제공되지 않는 것을 청하지 말 것'이라는 조언도 잊지 않는다.

"승무원이 '소다 음료나 와인을 가져다 드릴까요?'라고 물으면, 이 말은 곧 기내에 강한 알콜성 음료는 없다는 뜻입니다."

그럼에도 불구하고 젊은 간부 중에는 승무원에게 "물을 탄 스카치 한 잔 주세요."라고 요구하는 사람이 있다.

"어떤 때는 와인도 제공되지 않습니다. 승무원이 '마실 것 좀 드릴까요? 생수나 소다가 있습니다'라고 말하면 기내에 알콜성 음료는 전혀 없다는 뜻입니다."

"또한 기내 전체가 금연석인데도 불구하고 일부 기업 간부들은 이런 규정을 무시하는 것 같습니다."

존슨 여사는 '담배를 피워도 괜찮습니까?'라는 질문은 곧 타인의 건강에 위협을 가하는 말이라고 한다. 이는 기내에서뿐만 아니라 비행기를 내려서나 다른 사람의 사무실에 가더라도 마찬가지다.

"재떨이가 없다는 것은 그 곳이 금연이라는 암묵적인 신호입니다. 예를 들어 중역 회의실에 재떨이가 있고 사장도 담배를 피우고 있다면 이것은 흡연이 허락된다는 분명한 신호입니다. 그렇지 않다면 두말할 필요도 없지요."

존슨 여사는 '괜찮겠지'라는 기대감으로 남들이 거부할 만한 질문을 함으로써 폐를 끼치지 말 것을 매우 강조한다.

마지막으로 비행기에서 내릴 때는 물건을 두고 가지 않는다. 신문, 휴지, 웃옷, 신발 등을 꼭 챙겨 내린다.

한 승무원이 한 얘기에 따르면 실제로 어떤 승객은 자기 좌석 앞쪽에 신을 벗어놓고 내린 적이 있다 한다. 아마도 맨발로 트랩을 내려가지는 않았을 텐데……. 이러 저러한 '하지 말 것!'에 숨이 막힐 지경이라면 편안한 태도도 나올 수 없을 것이고 업무 수행을 제대로 할 수 없을지도 모른다. 그러나 전용기로 여행하는 것이 어쩌다 있는 일일지라도 앞에서 언급한 '하지 말 것!'을 기억해 둔다면 침착한 상태를 유지할 수 있고 세련된 매너를 보일 수 있다.

요약
전용기로 함께 여행을 할 때는 다음을 꼭 지킨다.

- 승무원이나 호스트에게 지정된 좌석이 어디인지 묻는다.
- 기내에서 제공되지 않는 것을 청하는 일이 없도록 한다. 상황을 잘 관찰하고 승무원의 말을 경청할 때만이 여러분의 매너가 돋보인다. "마실 것 좀 드릴까요?"라는 질문처럼 무엇이

제공되는지 모호하다면 "어떤 것이 있습니까?"라고 되묻도록 한다. 존슨 여사는 기업 간부들은 그들의 연령에 상관없이 늘 눈과 귀와 마음으로 생각하라고 조언한다.

- 흡연하지 말 것! 호스트가 담배를 피우거나 담배를 권할 때만 피우도록 한다.
- 좌석을 어질러 놓거나 소지품을 두고 내리지 않는다. 남의 물건을 조심해서 다루는 것은 물건의 소유주에 대한 예의를 표하는 것이다.

특별한 장소로 초대받을 경우

시골 별장이나 대저택에 처음 초대를 받았을 때는 무엇을 해야 할지 어떻게 알 수 있나?

비즈니스 에티켓 전문가인 도로테아 존슨은 지각 있는 호스트라면 계획을 미리 알려 줄 것이라 한다.

존슨 여사는 "주말에 방문하도록 초대를 받았다면 호스트가 '여섯 시에 칵테일 파티, 일곱 시에 저녁 식사가 있을 예정이니 금요일 다섯 시까지 도착해 주십시오'라고 일러줄 것입니다."라고 말한다.

존슨 여사는 교육생들에게 손님을 초대할 경우 미리 보낸 메시지를 구체적으로 확인시키는 차원에서라도 도착할 때 계획표를 나눠주도록 일러준다.

그러니 여러분도 초대받은 곳에 도착했을 때 계획표를 받게 되더라도 놀라지 않기 바란다.

존슨 여사는 다음과 같이 말한다. "계획표를 나눠 주는 일은 제가 방문해 본 별장이나 대저택에서 흔히들 하는 일입니다. 미국에서뿐만 아니라 다른 나라에서도 그렇지요. 주말에 시골 별장 방문

초대를 받았는데 어떤 일이 계획되어 있는지에 대한 언급이 전혀 없다면 호스트에게 전화를 거는 것이 좋습니다. 먼저 초대해 준 것에 감사하고 어떤 옷을 준비해야 할지, 필요한 것을 물어 보는 것이지요."

머무는 동안 어떤 일이 계획되어 있는지를 아는 것에 더해서 초대해 준 이에 대해서도 가능한 한 많은 것을 미리 알아내도록 한다.

"제가 늘 강조하는 것은 단순히 즐기는 것이 목적이든 앞으로의 비즈니스 관계를 위한 토론이 목적이든 상관없이, 만나게 될 사람에 대해 가능한 한 많은 것을 미리 파악하라는 것이지요."라고 존슨 여사는 말한다.

초대한 이의 비서나 업무 보조자에게 전화를 걸어 도움을 요청하는 것은 적절할 뿐 아니라 기지 있는 행동이다.

일단 전화를 건다. 자기 소개를 하고 사장 부부의 시골 별장에 초대를 받아 언제 방문하게 되었는데 적당한 선물을 하고 싶다고 설명한다. 사장 부부가 자녀를 몇이나 두고 있는지 물어본다. 사장 부부의 기호(嗜好)에 대해서도 물어본다. 호스트가 골프나 테니스를 좋아하는지를 물어 볼 수도 있겠다.

대부분의 회사에는 직위 단계를 표시하는 조직 도표가 있다. 인사 담당자에게 문의해 사본을 하나 얻어두면 회사 간부와 비즈니스를 논의할 때 더 효과적으로 준비할 수 있을 것이다.

초대해 준 이에 대한 정보를 얻기 위해 비서나 회사 내 다른 사람들과 연락을 취할 경우 침착하고 확신에 찬 매너를 취해야 쉽게 협조를 얻을 수 있다. 여러분이 누구인지, 무엇 때문에 정보를 구하는지를 최대한 자세히 말해 상대방으로 하여금 여러분이 정당한 이유로 꼭 필요해서 질문하는 것임을 이해하도록 한다.

언제 선물을 줄까?

초대해 준 이에 대해 전 아는 바가 없거나 그의 가족을 만나 본 일이 없어 그들의 기호를 전혀 알 수 없는 경우를 제외하고는 늘 호스트를 위한 선물을 준비하도록 한다. 이런 경우는 함께 시간을 보내고 난 후라야 어느 정도 파악이 가능하기 때문에 나중에 선물 하는 것도 괜찮지만 가능한 한 빨리 준비해 전달하도록 한다.

존슨 여사는 초대해 준 가족의 성격에 맞는 선물을 고를 것을 충고한다.

"자녀를 둔 가정이라면 가족 모두가 좋아할 만한 선물을 고르도록 해야지요. 부부와 자녀를 위한 선물을 따로 마련할 경우는 부부에게는 두 사람이 좋아할 만한 것 한 가지를, 아이들에게는 각자 선물을 해주도록 하지요."

어떤 선물이 좋을지 결정할 때는 여러분의 아이디어를 최대한 발휘해 본다. 지나치게 비싼 선물을 하는 것도 불필요한 일이지만 무엇이든 다 소유한 부유한 사람에게 줄 선물을 고르는 것도 매우 어렵다. 그 결과 여러분은 자신의 센스를 발휘해야 할 특별한 기회를 갖게 된 셈이다.

상상력을 발휘해 본다면 시내 서점이나 음반 가게를 둘러보거나 여러분 자신이 물건을 사고 싶은 곳을 둘러보는 방법도 있겠다. 예를 들어 친구들이 여러분이 직접 재배한 과일을 받고 좋아했다 면, 과일이 익을 무렵 이전에 여러분을 초대해 준 집에도 '환대에 감사합니다'라는 깔끔한 메모를 끼워 포도나 사과 바구니를 전달하 는 것도 좋은 방법이다. 물론 미리 약속을 한 후 잊지 않고 전달 하도록 한다.

집 주변을 구경하고 싶을 때는?

아름다운 자연 경관을 대하면 자연 둘러보고 싶은 마음이 생길 것이다. 호스트의 집에 마구간이 있고 좋은 말을 기르고 있다는 말을 들은 적이 있어서 구경을 하고 싶다. 이럴 때는 반드시 호스트의 허락을 미리 받아야 한다고 존슨 여사는 충고한다.

"허락을 구할 때 '산보를 좀 했으면 합니다. 마구간 근처를 둘러봐도 괜찮을까요?'라는 정도의 말이면 좋습니다."

여러 사람의 경험에 비추어 보면 대개는 호스트가 집 주변을 안내하므로 혼자 떨어져 돌아다니는 일은 없어야 한다. 여러분이 손님이라고 해서 아무데나 가도 좋다고 성급히 짐작하는 일이 없도록 한다. 이는 염치없는 일이며 예의에도 어긋난다.

요약

• 주말 초대를 받았을 때 어떤 것을 짐 속에 넣어야 할지 어떤 것이 계획되어 있는지 알 수 없다고 해서 가만있지 않도록 한다. 물어 본다고 해서 에티켓에 어긋나지는 않는다.

• 언제나 선물을 준비한다. 너무 평범한 선물을 피하도록 한다. 가족 전부가 즐길 수 있는 종류로 준비하도록 한다.

• 초대해 준 이들을 만나기 전 가능한 한 많은 사항을 알아보도록 한다. 정보가 많을수록 상대의 기호와 필요에 맞는 선물을 준비할 수 있을 것이다. 이는 비즈니스 에티켓의 필수 요건이다. 또한 이런 이유로 ,<성공하는 사람들의 비즈니스 예절>은 보이 스카우트의 모토를 강조한다. "준비!"

선상 파티에 초대받았을 때

존슨 여사는 "반드시 기억해야 할 규칙은 배의 소유주나 임대자가 선장이라는 것이지요."라고 말한다.

책임자는 선장이다! 그러므로 그의 지시를 따라야 한다. 선상 파티가 있기 전 분명히 고무창을 댄 신발을 준비하라는 메시지를 받을 것이다. 그렇다고 해서 호스트가 매우 까다롭거나 제멋대로 하는 사람이라고 지레 짐작해서는 안 된다. 배의 갑판은 대개 고광택제로 윤을 내는 것이 보통이므로 가죽창 구두를 신으면 미끄러지기 쉽기 때문이다. 더군다나 가죽창 구두는 갑판을 상하게 한다.

그렇다면 고무창을 댄 신발 외에 무엇이 더 필요할까?

옷에 대한 지시 사항이 없는지 초청장을 잘 살펴본다. 초청장에 기재되지 않을 경우 직접 물어 보아도 괜찮다. 비공식적인 파티라면 대개 남성이든 여성이든 스포츠 웨어를 입어도 된다는 뜻이다. 스포츠 웨어에도 여러 수준이 있음을 기억한다. 여러분이 선상 파티의 호스트 입장이라면 손님들에게 미리 어떤 옷을 입어야 할지 알려 주어 배에 도착한 손님이 자신의 옷차림에 어색해하는 광경이 벌어지지 않도록 한다.

선장(호스트)이 점심이나 저녁 식사시간을 알려 주면 정해진 시간에 참석하도록 한다. 이는 배의 한 귀퉁이에서 어떤 일을 하다가도 시간이 되면 그만 두고 식당이나 선실에 도착해야 함을 의미한다. 반드시 지키도록!

이런 수칙을 무시하는 손님은 생각이 모자란 사람이다. 파티를 주관하는 호스트는 이런 제멋대로의 행동을 좋게 받아들이지 않을 것이다. 호스트는 참석한 손님을 배려하고 식사 제공을 책임지는 입장이므로 손님의 협조가 없으면 제대로 일이 되지 않기 때문이다.

요약

- 호스트의 요청을 경청하여 적극 협조하도록 한다. 배에서는 고무창을 댄 신발을 신어야 함을 미리 생각해둔다.
- 때로는 평상복이라 해도 반바지와 티셔츠가 아니라 '약식 예복'을 뜻하므로 주의한다.
- 남에게 폐를 끼치지 않기 위해서라도 식사 시간을 준수한다.

올바른 식사 예절

중요한 비즈니스 모임이 열리는 장소가 어디이든 음식은 충분히 제공될 것이다. 대단히 격식을 차린 모임이라 해도 차려내는 음식과 음료는 풍성하다.

- 호스트가 적극 권하지 않는 한 양껏 먹는 일은 자제한다.
- 뷔페일 경우 접시를 가득 채우거나 테이블에 기대어 다른 손님들의 자리까지 뺏는 무례를 범하지 않도록 한다.
- 어떤 식사 도구를 사용할지 또는 기타 테이블 매너에 자신이 없다면 아무렇지 않은 듯 다른 사람들이 어떻게 하는지 살펴본다. 사용법을 잘못 알고 있는 사람도 있으니 무작정 한 사람만 따라하지 않도록 한다. 잘 관찰하면 편안하게 식사할 수 있는 정보를 곧 얻을 수 있을 것이다.

◇성공을 위한 조언
- 제1장 '외국 방문객을 접대하는 법', '약식 예복을 요하는 비즈니스 연회 준비' 참조.
- 제3장 '집에서 배우지 못한 식사 예절' 참조.

- 제4장 '비언어적 의사 소통 방식' 참조.
- 제8장 '초청', 제9장 '선물', 제10장 '소개' 참조.

◇도움이 될 만한 전략

"인자(仁者)는 자족하며 조용하나 소인(小人)은 늘 불만으로 가
득하다."

-공자(기원전 551-479)

상당히 호화스런 곳에 손님으로 가는 것에 익숙지 않은 분도 많
을 것이다. 긴장하지 말 것! 여러분은 초대받은 손님이다! 즐겁
게 지낼 것이라 마음먹도록 한다. 미소, 좋은 자세, 부드러운 목소
리, 굳은 악수로써 안정감 있는 태도를 보인다. 침착한 모습은 여
러분이 남보다 우위에 있음과 마찬가지다. 다시 말해 어떤 환경에
서라도 제대로 일을 수행할 수 있는 준비와 능력이 있음이다. 철
저한 준비와 관찰력을 동원해 상황을 제대로 헤쳐나갈 수 있을 것
이다.

☆통역이 필요할 때

여러분이 고급스런 모임을 여는 입장이라면 젊은 간부를 비롯해
다른 이들에게 모임의 차례나 적당한 옷차림 등을 미리 귀띔하여
편안한 기분으로 즐길 수 있도록 배려한다. 젊은 간부에 대해 배
려하느라 참석한 모든 사람들에게도 최대한 쾌적한 분위기를 만드
는 것에 소홀히 한다면 좋은 호스트로서의 역할을 제대로 수행하
지 못하는 것이다.

외국어를 전혀 못하는 입장이라면 몇 가지 외국어를 능숙하게

구사하는 사람이 부러울 것이다. 그렇다고 외국에서 온 사업 파트너를 만날 때 통역사가 필요한 경우 그 능력을 과신하여 사소한 요청 따위는 하지 않고 넘어가는 일이 있어서는 안 된다.

　일단 멈춤! 능력 있는 전문 통역사를 고용하는 문제는 여러분과 여러분의 사업 파트너에게 달려 있다.

　그렇다면 다음의 사항을 확실히 해둔다.

　● 통역사가 편안한 태도를 보이며 관련 언어에 대해 잘 알고 있고 관련 업종에서 쓰이는 용어에도 정통하다. 예를 들어 스팀 터빈 발전기에 대해 논의한다면 통역사도 이 분야에 대해 밝은 사람이어야 한다.

　● 논의되는 정보가 기밀에 속한다면 통역사도 회의 내용에 대해 비밀을 엄수해야만 한다. 논의의 내용이 무엇이든 간에 통역사로 하여금 모든 내용을 비밀로 할 것을 미리 숙지시킨다.

　순조로운 논의 진행을 위해 능력 있는 제3자를 개입시키면서 필요한 조치를 다 취했다면 여러분의 사업 파트너도 안심할 것이다.

　여러분과 함께 다니면서 일할 통역사라면 그도 주변 상황에 어울리는 옷차림과 모양새를 갖추어야 한다. 여러분이 오페라나 공식 만찬에 초대받았다면 여러분의 통역사도 함께 초대받은 것이나 마찬가지다. 특히 사교적 성격이 강한 모임에 갈 때 통역사를 무생물인 양 취급하는 것은 몰상식한 일이다. 반면 여러분의 사업 파트너와 오랫동안 사적인 대화를 나누는 데 통역사가 일일이 끼여들지 않도록 하는 것은 적절하다.

　대도시에 거주한다면 전화 번호부의 업종별 구분을 보고 필요한 전문가를 찾을 수 있을 것이다.

1959년에 설립된 버지니아주 알렉산드리아의 전미 번역가 협회(American Translators Association, ATA)는 미국 내 최대의 전문 번역가 및 통역사 협회로 알려져 있으며 회원 수는 5천 5백 명이 넘는다. 매년 발간되는 ATA 번역 서비스 인명록(ATA Translation Service Directory, TSD)에는 '번역이나 통역을 하는 활동 회원 및 통신 회원의 신상 명세가 실려 있으며, 언어별, 주제별, 지역별로 분류되어' 있다.

또한 TSD에는 예술에서 동물학에 이르기까지의 1백 48개 분야, 알바니아 어에서 베트남 어까지 1백 10개 언어가 망라되어 있다. 이를 이용하면 여러분도 원하는 언어, 원하는 분야에서 최고의 서비스를 이용할 수 있을 것이다.

통역사에 대한 협조는 필수

한 사람이 반드시 통역이나 번역을 다 할 수 있는 것은 아님을 잘 알아두도록 한다. 일반적으로 번역가는 문서로 작성된 언어를 전문으로 하기 때문에 사업 자료를 여러분이 잘 모르는 언어로 문서화할 필요가 있다면 번역가를 써야만 한다.

전미 번역가 협회[주소: 1800 Diagonal Road, Suite 220, Alexandria, VA22314, 전화: 1-703-683-6100]에서는 12쪽 분량의 소책자도 발간한다. 제목은 <좋은 번역을 위한 사용자 가이드(A Consumer's Guide to Good Translation)>로서 5달러에 판매되며 이용하면 도움이 될 것이다.

경험 많은 통역사라면 여러분이 일을 준비하는 데도 도움을 줄 것이다. 통역사를 팀원으로 간주한다면 목표 성취를 위해 더 효과적인 준비를 할 수 있다.

통역사는 다음과 같은 여러 가지 사항을 미리 확인하려 할 것이다.

- 논의 장소는 어디인가? 청중을 앞에 두고 연단에서 할 것인가? 회의실 탁자를 사이에 두고 할 것인가?
- 마이크가 필요할까? 그렇다면 통역사에게도 전용 마이크를 주어 마이크를 번거롭게 주고받는 일이 없어야 하지 않을까?
- 마이크를 사용하지 않을 것이라면 통역사를 비롯한 참석자들의 목소리가 잘 들리는가? 예를 들어 창고 같은 곳에서 패널 토의를 진행하면 동굴에서 말하듯 소리가 웅웅거릴 것이다. 통역사가 모든 연사의 말을 똑똑히 들을 수 있어야 함은 필수이다.
- 통역사의 자리는 어디인가? 의자에 앉을 것인가, 설 것인가? 통역사를 위한 테이블 조명과 마실 물은 준비되는가?(일부 통역사는 연사의 말을 적으면서 통역을 하기 때문이다)

효과적인 통역을 위해

- 여러분이 말할 때 문장 중간에서 자주 쉬거나 멈추지 말고 완전한 문장을 전달하는 것이 중요하다. 회의 참석 전에 자신이 말할 내용을 5분에서 10분 정도 녹음하여 잘 들어본다. 문장 중간에 자주 쉬는 경향이 있다면 통역사에게 자신의 말버릇에 대해 미리 일러준다.
- 문단이 끝나면 확실하게 휴지(休止)를 둔다. 보통 때는 그렇게 하지 않더라도 통역사가 말을 전달하는 상황이라면 꼭 문단 사이에 휴지를 두도록 한다.
- 말할 때는 통역사를 쳐다보지 않는다. 눈은 늘 청중을 향한다.

그렇지 않으면 청중에 대한 메시지의 효과가 떨어진다.

• 다른 연사가 말할 때는 비록 그 언어를 이해하지 못하더라도 연사를 주시하도록 한다. 통역이 나오면 통역사에게 시선을 옮겨도 좋으나 외국에서 온 여러분의 사업 파트너에게 시선을 고정시켜도 상관없다. 보디 랭귀지도 의미를 전달하므로 세심하게 행동한다.

• 실수 없이 또는 상대의 기분을 상하지 않고 농담을 통역하기는 힘든 법이다. 농담이나 주제에 관한 언급이 꼭 필요하다고 생각되면 미리 통역사와 상의를 하고 통역사로 하여금 적절한 표현법을 찾을 시간을 주어 농담 때문에 본의 아니게 불쾌감을 주지 않도록 한다. 통역할 때의 실수는 때로는 웃음을 유발하지만 불쾌감을 주거나 황당하게 만들고 터무니없는 의미로 이해될 수도 있다. 이렇게 통역상의 실수로 벌어진 예기치 못한 상황을 책으로 쓰면 족히 몇 권은 될 것이다.

• 통역의 진행 상황을 알 수 있도록 통역사와 서로 간단한 의사교환을 할 수 있는 신호를 한두 개쯤 정해 놓는다. 예를 들면 통역사가 머리를 끄덕끄덕해 보이면 말의 속도를 늦추어 달라는 신호로 받아들이는 식이다.

• 자연스런 태도를 유지한다. 여러분의 보디 랭귀지는 청중에게뿐만 아니라 통역사에게도 의미를 전하게 된다. 듣는 이가 여러분의 언어를 이해 못한다고 해서 갑자기 발표 내용이나 형식을 바꾸지 않도록 한다.

• 통역사에게 제안할 것이 있는지 묻고 주의 깊게 대답을 듣는다. 통역사의 제안에 동의할 수 없다면 솔직하게 말을 한다. 통역사와의 솔직한 의사 교환은 필수이기 때문이다.

• 회의가 끝난 후 통역사에게 공식적인 감사를 표하도록 한다.

다음날에도 일정이 잡혀 있다면 하루 활동이 끝난 후 짤막한 감사의 말이면 족하다. 좀더 장황한 감사의 말은 모임 일정이 완전히 끝나는 날 하도록 한다.
• 통역사의 스케줄과 통역비를 산정할 때는 일이 다 끝나기 전 간략한 평가를 위한 시간을 포함시킬 수 있다.

비록 통역사의 역할이 다른 언어를 사용하는 사람들간의 자유로운 의사 소통을 지원하는 것이기는 하지만, 앞으로 여러분의 의사 소통 기술을 향상시키기 위해 그들의 조언을 구할 수도 있을 것이다. 보디 랭귀지나 기타 미묘한 뉘앙스의 차이도 말과 결합하여 메시지를 전달하는 것이므로 통역사가 관찰한 것을 새겨들으면 여러분이 얼마나 제대로 의사를 전달하는지 평가하는 데 도움이 될 것이다.

통역사가 도움을 줄 때

샘 T는 사업차 파리에 가서 통역사를 고용해야만 했다. 그는 고정 고객이 될 가능성이 있는 상대와의 2시간에 걸친 만찬을 겸한 회의가 끝나고 난 후 뭔가 허전한 느낌이 들었다. 그는 통역사에게 그날 회의에 대한 의견을 물었고 통역사는 회의가 너무 갑자기 끝나 버렸다고 말했다. 통역사는 샘 T에게 빨리 가고 싶다는 표시를 내지 않는 것이 좋다고 했다. 무릎에 놓인 냅킨을 치우거나 계속해서 시계를 들여다보고 빈 커피 잔을 만지작거리는 등의 행동을 하지 말라는 것이었다. 통역사는 파리 사람들은 함께 저녁 식사를 할 때 비교적 오랜 시간을 할애하는 편이라고 일러주었다.
다음날 사무실로 찾아간 샘 T는 전날 자신이 상대의 귀중한 시간을 너무 빼앗는 것이 아닌가 하는 우려에 서둘렀다고 설명했다. 특히 아침에 다시 만날 예정이므로 너무 오래 머무르면 실례일 것이라 짐작했다는 얘기를 했다. 그는 이어 파리의 음식들이 매우 맛있다는 얘기를 덧붙였고, 비즈니스를 순조롭게 재개할 수 있었다.

오전 회의가 끝날 무렵 그 사무실의 주인은 샘 T의 새 고객이 되었다!

로버트 L은 일전에 시카고에서 만난 교섭 상대를 방문하기 위해 멕시코의 몬터레이에 갔다. 상대는 스페인어로 말하는 것을 더 편안하게 느꼈고 로버트도 스페인 어에 대해 좀 아는 편이긴 했지만 사업에 대한 논의를 할 때는 통역사를 썼다. 두 사람은 점심 식사를 하면서 오래 대화를 나누었다. 그런데 그날 늦게 로버트 L은 예정된 회의가 모두 취소되었다는 통고를 받았다. 당황한 그는 통역사에게 전화를 했다. 통역사는 멕시코에서는 복장이 다른 사람에 대한 존경의 표시와 동일시되므로 어떻게 옷을 입느냐가 매우 중요하다고 하며 혹시 그 사실을 몰랐는지 로버트에게 물었다. 통역사는 로버트가 분홍색 넥타이를 하고 식사 중 웃옷을 벗어 버린 것에 대해 상대가 불쾌했을 것이라 말했다. 잠시 머뭇거리던 통역사는 식사가 끝나갈 무렵 로버트가 넥타이를 느슨하게 하면시 단추를 잠그지 않은 셔츠 컬러 사이로 속옷이 보였다는 말을 덧붙였다. 이 말을 들은 로버트는 그날 정원의 정자에서 점심 식사를 하면서 기온이 올라가는데도 다른 사람들이 웃옷을 벗지 않는 것을 보고 놀랐던 것이 생각이 났다.

통역사가 말해 준 내용이 다 옳은지는 알 수 없었지만 어쨌거나 로버트 L이 그 멕시코 교섭 상대와 친해지기까지는 2년이나 걸렸다. 로버트는 시카고든 몬터레이든 그 사람을 만날 때면 복장에 신경을 썼고 좀더 예의를 갖추어 대했다.

샘 T와 로버트 L은 가상의 인물이기는 하지만 그들이 맞닥뜨린 곤경은 누구에게나 일어날 수 있는 것이다.

통역사의 조언에서도 도움을 얻을 수는 있겠으나 만남에 앞서 미리 준비를 해두는 것이 한결 낫다. 얼굴을 마주하고 만날 때는 문화적 차이로 인한 오해도 있을 수 있다는 것을 명심하도록 한다. 예를 들어 여러분의 교섭 상대가 어떤 결정을 할 때 단체의 만장일치를 중시하는 문화에 속해 있다면 여러분과 의사 소통을 할 때도 간접적이거나 수동적으로 보일 수도 있다. 그렇기는 해도 사람의 말에 담긴 뉘앙스나 미묘한 변화, 암시 등은 여러분의 말에 대한 그 사람의 평가를 나타내는 것이며 그 언어에 능숙한 사람에게는 모종의 메시지를 전달하기도 한다. 이럴 때 여러분이 그런 메시지를 받아들일 수 있는가는 전적으로 통역사의 능력에 달려 있다.

교섭 상대에게 통역사의 그날 통역에 만족했는지를 묻기 위해서는 해당 외국어를 좀 배워두어야 할 것이다. 물을 때도 은근히 물어야 한다. 그런 질문은 너무 뻔뻔한 것으로 인식될 수도 있기 때문이다. 더군다나 통역사가 듣는 곳에서 그런 질문을 하는 것은 상식에 어긋난 행동이다. 그러므로 훌륭한 통역사 덕분에 아주 일이 잘 되었는데도 비즈니스 에티켓을 제대로 지키지 않아 눈총 받는 일이 없어야 하겠다.

◇**성공을 위한 조언**
- 제1장 '외국 방문객 접대' 참조.
- 제4장 '비언어적 의사 소통 방식' 참조.
- 제6장 '행사 의례' 참조.
- 제7장 '옷으로 말한다' 참조(나라마다 비즈니스 의상의 요건이 다르므로 잘 기억해 둔다).

• 제14장 '외국어, 기타 에티켓 및 관련 정보' 참조.

◇도움이 될 만한 전략

남의 나라에서 그 나라 언어로 사업을 한다는 것은 힘든 일이다. 이럴 때 집에서와 마찬가지로 체력 유지를 위해 적절한 운동을 한다면 업무를 수행할 때도 대단한 도움이 될 것이다. 조깅, 수영, 실내 자전거, 테니스 등을 규칙적으로 했다면 집이 아니라고 해서 하지 못하거나 말아야 할 이유가 없다. 반드시 운동을 한다! 필요한 경우 생수를 주문하고 체질에 안 맞을 듯한 음식은 가리도록 하며 충분한 휴식을 취한다. 이는 집에서뿐만 아니라 특별한 사업을 눈앞에 두고 체력 유지를 소홀하기 쉬운 때에도 유용한 전략이다. 절대 자기 관리를 소홀히 하는 일이 없도록 하자!

☆약식 예복이 필요한 비즈니스 연회 준비

약식 예복이 필요한 비즈니스 연회에 참석할 때는 일정하게 정해진 복장 에티켓을 엄격히 준수해야 하며 각자가 선택할 수 있는 사항의 폭이 좁은 편이다. 예복 전문점이나 대여점의 직원 등 최근 경향에 비교적 밝은 이들에게 도움을 청할 수도 있겠으나 옷을 입기 전 여러분 스스로가 몇 가지 사항을 미리 알아두는 것이 현명한 일이다.

특별한 행사가 있을 때 비즈니스맨의 복장은 나비 넥타이, 주름을 넣은 흰 셔츠, 조끼, 서스펜더(멜빵), 커머번드(웨이스트 밴드), 턱시도, 윤을 낸 코 부분에 장식이 없는 구두, 커프스 링크와 장식 단추, 포켓 스퀘어 등으로 구성된다. 이러한 소품이 모두 갖추어진 상태라면 스타일이나 몸에 맞는 정도, 옷의 상태 등을 미리 점검한다.

예전에는 예복이라 하면 검은 넥타이가 아니라 흰 넥타이를 의미했다. 지금도 자선 파티나 공식 행사, 사교계에 데뷔하는 여성을 위한 파티나 무도회에 참석한다면 연미복에 흰 넥타이를 착용해야 할 경우가 있다. 초청장에 검은 넥타이(black tie)라 명시되어 있다면 턱시도를 착용해야 한다는 말이다. 턱시도가 대단히 격식을 갖춘 복장이라 생각하는 사람도 많지만 실제로 검은 넥타이를 요하는 연회에서 턱시도는 비교적 약식 예복으로 간주된다.

약식 예복이 필요한 비즈니스 연회에 참석하는 여성이라면 평소와는 분명 다른 복장을 해야 하겠지만 약식 예복의 수준을 넘지는 않도록 한다. 속이 비치는 드레스나 칵테일 파티용 드레스는 비즈니스 모임에 적당치 않다.

예복을 취급하는 곳을 찾아 전화 번호부를 뒤지다 보면 '소비자 참고 사항'이라는 항목을 찾을 수 있다. 예를 들어 여러분이 유에스웨스트(USWest)를 이용하면 다음에 따라 나오는 '쉬운 소비자 참고 사항' '제대로 입는 턱시도' '적절한 의상' '결혼식' 등의 항목을 찾아볼 수 있을 것이다. 전화를 걸어 자동 응답기가 지시하는 대로 번호를 누르고 녹음된 내용을 들어보면 유용한 정보를 얻을 수 있다. 브라이트 보이스 시스템사(Brite Voice Systems, Inc.)는 유에스웨스트 고객들에게 필요한 정보를 제공한다. 유에스 웨스트의 정식 명칭은 US West Marketing Resources Group, Inc.로서 콜로라도주 잉글우드에 위치하고 있다.

예복에 관해 더 자세한 정보를 알고 싶다면 1990년 랜덤 하우스가 발간한 리카르도 빌라로사와 줄리아노 안젤리 지음 <우아한 사람, 이상적인 의상 선택법<(The Elegant Man(How to construct the Ideal Wardrobe)>을 읽도록 한다. 이 책은 옷의 소재 및 재단법, 유지 및 관리법 등을 내용으로 하고 있으며 '모임의 성격에 따른 복장'에 대해 20쪽 정도의 지면을 할애해 소개하고 있다.

멋과 품위는 비즈니스 에티켓의 바탕이다. 그러므로 예복을 입어야 할 연회에 참석할 때는 멋과 품위를 한껏 살리는 데 중점을 두어야 한다. 복장을 제대로 갖추면 상황에 대처하는 데 도움이 되기 때문이다.

예복, 발 끝에서 머리 끝까지 점검

디너 재킷이나 턱시도를 입을 경우 다음의 사항을 점검한다.

- 양말-검정색.
- 구두-검정색. 윤이 나고 코 부분에 장식을 넣지 않은 것을 고른다.
- 하의-검정색.
- 커머번드(웨이스트 밴드)-부드러운 소재로 된 허리띠 형태이며 허리를 둘러 등뒤에서 고정한다. 색상은 자유로이 선택한다.
- 셔츠-흰색. 주름을 잡은 것도 무난하다.
- 나비 넥타이-검정색. '검은 넥타이(black tie)'라고 명시할 경우 검정색을 의미하기는 하나 짙은 포도주색 또는 감청색 등 어두운 색상이라면 다른 색도 무난하다. 재킷이나 커버번드의 색상과 어울리는 것으로 고른다.
- 턱시도 또는 디너 재킷-꼬리가 없는 것으로 싱글과 더블 모두 허용된다. 색상은 검정이나 짙은 청색으로 하고 여름에는 흰색 디너 재킷도 무방하다(비교적 대담한 색상은 유행에 따라 허용되기도 한다).
- 장식품-커머번드에 서스펜더를 착용할 때는 어울리는 색상을 고르도록 한다. 예복 셔츠 착용시 단추를 대신해 사용되는 커

프스 링크나 장식 단추는 금이나 은 등 귀금속을 소재로 한 것이어야 한다. 포켓 스퀘어는 린넨이나 실크를 소재로 제작되며 넥타이나 커머번드와 어울리는 색상이어야 한다. 상의의 왼쪽 가슴 부분에 달린 포켓에 꽂도록 하며 밖으로 1인치 이상 나오지 않도록 한다. 커머번드 대신 바지 허리선을 충분히 덮을 만한 조끼를 착용하기도 하며 색상은 나비 넥타이와 어울리는 것으로 선택한다.

선택의 폭이 좁다고 해서 있는 것을 아무렇게나 걸쳐서는 안 된다. 어떻게 옷을 입느냐에 따라 인상이 달라지기 때문이다. 신장, 체중, 신체적 특징 등을 고려하여 옷을 선택해야 만족할 만한 결과를 얻을 수 있다.

건배를 할 때

<성공하는 사람들의 비즈니스 예절>에 비추어 보면 '검은 넥타이'를 요하는 연회에서 바르게 예복을 착용하는 것은 대단히 중요한 일이다. 물론 이 책은 패션 지침서가 아니다. 약식 예복을 요하는 특별한 모임을 준비하는 데는 앞에서 언급한 예복 전문점 직원 외에도 이미지 컨설팅 전문가를 찾아보는 것도 시도할 만하다. 더불어 패션이나 장신구도 때와 장소의 영향을 받음을 기억하도록 한다. 예를 들어 미 남서부 지역에서는 웨스턴 스타일의 턱시도를 입기도 하지만 다른 지역에서는 허용되지 않는다.

격식을 차린 모임에서는 보통 사회자나 회사의 임원이 건배를 제안한다. 일반적으로 호스트가 처음 건배를 제안한다. 여러분이 건배를 제안하는 입장이거나 건배의 주인공이라면 사전에 준비를

해야 말도 매끄럽게 할 수 있고 안정된 모습을 유지할 수 있다. 한편, 다른 사람을 위해 건배할 경우 샴페인이나 다른 음료 잔을 입술에 대기만 해도 실례가 되지 않는다. 꼭 마셔야 한다고 생각할 필요는 없다.

대개 건배를 제안하는 때는 식사가 끝날 무렵이나 연설이 시작되기 전이다. 이때 건배의 주인공을 제외한 다른 사람들은 자리에서 일어나도록 한다. 만일 여러분이 건배의 주인공이라면 건배가 끝난 후 자리에서 일어나 감사를 표하도록 한다. 말을 덧붙여 근사한 문장으로 감사를 전할 수도 있겠지만 공손하게 "감사합니다."만 해도 충분하다.

건배를 위한 축사

건배를 위한 축사에는 말하는 이의 감정이 담기는 법이다. 듣기 좋고 진실된 말은 청중을 기분 좋게 할 뿐 아니라 건배의 주인공도 대단한 찬사를 들은 듯 기분이 좋아진다.

축사는 1, 2분 정도면 충분하다. 3, 4분이나 계속되면 축사의 수준을 넘어 연설이 되어 버리므로 적절하지도 않고 남들에게도 실례가 된다.

다른 사람의 축사가 매우 인상적이었다면 이를 기록해두도록 한다. 책이나 신문을 읽다가 괜찮은 문장을 발견했다면 따로 정리를 해둔다. 건배를 위한 축사에 대한 책이 있는지 도서관이나 서점을 찾아보는 것도 도움이 된다. 다시 말해 독창적인 말을 만들어내려고 애쓸 필요가 없다는 것이다. 그러나 어떠한 경우라도 준비한 축사는 반드시 외우도록 한다. 축사를 하면서 쪽지를 보고 읽는 것은 그다지 좋은 광경이 아니기 때문이다.

건배할 사람의 직함을 말할 때는 틀림이 없도록 한다. 예를 들어 매리 존스라는 여성이 북동부 지역의 영업 이사이자 회사의 부사장이라면 여러분이 건배를 청할 때도 "부사장이자 북동부 지역 영업 이사이신 매리 존스께 건배합시다. 미스 존스, 매리……."처럼 완전한 직함을 말해야 한다.

사람의 완전한 직함을 제대로 말하지 못하면 그의 중요성을 격하하는 듯이 보일 소지가 있으며 결과적으로 건배 자체의 의미조차 시시하게 만들 수 있다. 직함뿐만 아니라 이름도 정확하게 발음하도록 한다. 이러한 세부 사항에 주의하지 않으면 건배를 통해 여러분이 주인공에게 전달하려 했던 것과 정반대의 효과가 나타날 수 있다.

언제 연회장을 떠날 것인가?

너무 늦게까지 연회장에 머무르지 않도록 한다.

연회 장소가 누군가의 집이나 저택이든 휴양지든 컨벤션 센터든 고급 호텔이든 간에 적절한 시간에 호스트나 안주인, 사업 상대에게 인사를 하고 떠나는 것이 좋다. 여유를 두고 연회장을 떠나면 중요한 참석자들과 잠깐이나마 조용하게 애기를 나눌 수 있는 기회가 생기지만 남들이 다 떠날 때 같이 떠나면 조급해서 제대로 인사도 할 수 없기 때문이다. 여러 사람 사이에 섞여 급하게 떠날 때는 품위를 제대로 지킬 수가 없다.

- 감사할 일이 있다면 감사를 표한다.
- 행운을 빌어야 한다면 행운을 빌어 준다.
- 찬사를 할 일이 있다면 찬사를 한다.
- 그런 다음 연회장을 떠난다.

◇성공을 위한 조언

- 제1장 '중요한 사업 계약시 필요한 세련된 노하우' 참조.
- 제3장 '집에서 배우지 못한 식사 예절' 참조.
- 제6장 '행사 의례' 참조.
- 제10장 '소개' 참조.

◇도움이 될 만한 전략

연회 참석을 위해 옷을 갖춰 입을 때는 즐거운 마음가짐을 한다. 여러분의 직위가 얼마나 높건 간에 연회에 참석할 때는 외판원처럼 행동해야 한다! 만나는 모든 이에게 정중히 대하고 평소보다 더욱 반갑게 인사를 건넨다.

제2장
면접 에티켓의 세부 사항

　면접은 있는 그대로의 여러분을 알리기 위한 시간이다. 직접적인 질문이 허용될 뿐만 아니라 기대되는 것이기도 하다. 질문을 하는 입장이건 대답을 하는 입장이건 간에 여러분은 자신을 알리는 성명서를 발표하는 것과 마찬가지다. 이럴 때 제대로 익혀둔 비즈니스 에티켓은 목표를 달성하는 데도 도움이 된다.

　아동들 사이에 널리 읽히는 책을 보면 "왜 매너를 지켜야 하나?"라는 질문이 있다. 어린 아동들에게 그 책이 제시하는 대답은 '다른 사람들에게 좋은 인상을 주기 때문'이다.

　직업을 구하는 입장이거나 지원자에게 입사를 권하는 경우에도 좋은 매너로 좋은 인상을 준다면 소기의 목적을 달성하는 데 도움이 될 것이다.

☆면접관이 되었을 때 해야 할 것과 해서는 안 될 것

　책상 건너편에 앉아 있는 지원자보다 자신이 우월한 존재라고 생각하는 면접관은 처음부터 실수를 저지르는 셈이다. 비록 여러분에게 결정권이 있고 지원자의 입사 기회가 어느 정도 여러분의 평가에 달려 있기는 하지만 여러분이 면접관으로서의 직위가 아닌 임무에 충실해야 제대로 일을 했다고 볼 수 있다.

　자신이 남보다 우월하다고 여기면 좋은 인상을 줄 수가 없다.

다시 말해 남을 무시하는 사람은 예의를 지키지 않는 경우가 많기 때문이다.

해야 할 것

• 지원자에게 자신을 소개한다. 한 우수한 입사 지원자는 면접관이 자기 소개도 않고 질문부터 퍼부어 대자 면접관에게 누구인지를 물었다. 이렇게 어색한 상황은 처음부터 피할 수 있었다. 면접관은 자리에서 일어나 지원자의 이름을 부르며 인사를 하고 자신의 이름과 직함을 밝히는 것이 예의에 맞다.

"샐리 존슨 양, 저는 인사 담당 사라 래쓰베이입니다. 앉으세요."

"마크 스미스 씨, 저는 브렌다 브라이어입니다. 마케팅부 부사장의 업무 지원을 맡고 있습니다. 편히 앉으세요."

• 주의 깊게 듣는다. 한 임원은 면접관으로서의 입장에만 열심이었기 때문에 정해진 순서대로 질문을 하는 것에만 정신이 팔려 있었다. 당연히 지원자의 대답을 잘 들을 수가 없었다. 그의 상사는 특히 두 명의 지원자가 마음에 들었다. 상사가 두 사람 중 누가 나으냐고 물었을 때 그 임원은 제대로 대답을 할 수가 없었다.

상대의 말을 경청하는 것은 예의에 맞는 행동일 뿐 아니라 새로운 정보를 활용할 수 있는 기회를 제공한다. 지원자의 응답을 잘 들으면 그에 관련된 질문을 함으로써 그 사람이 자리에 적합한 인물인지를 더욱 잘 판단할 수 있게 된다.

• 질문의 의도를 분명히 한다. 최종 결정권을 쥔 부사장이 세 명의 지원자를 면접했다. 그가 한 대부분의 질문이 모호했기 때문에 각 지원자는 나름대로 해석하여 각기 다른 대답을 했다(세 명 중 어느 한 명이라도 조금 덜 긴장했다면 질문의 뜻

을 명확히 하도록 청할 수도 있었을 텐데). 결과적으로 부사장은 세 사람의 응답을 이성적으로 비교할 수 없었고 쉽게 결정을 내릴 수도 없었다.

지원자가 여러분의 질문을 이해할 수 있는가? 명확성을 살리기 위해 하나의 질문을 둘로 나누어 해야만 하나? 명확한 의사 소통은 상호 협조를 촉진하며 의사 소통의 장애물을 제거함으로써 시간 낭비도 방지할 수 있다. 다른 사람의 시간을 존중하는 것은 비즈니스 에티켓의 중요한 요건이다.

• 결단력 있게 행동한다. 한 재능 있는 여성 디자이너는 이름 있는 미술 디자인 회사에 지원하여 사장과 면접을 했다. 면접을 하는 동안 사장과 대화가 매우 잘 통하고 분위기가 좋았던 것에 한껏 고무된 그녀는 회사 근처에 새 집을 얻어 이사하기로 마음먹었다. 그런데 면접 후 닷새가 지났는데도 회사에서는 아무런 연락이 없었다. 그녀는 다른 직장을 알아보는 것이 낫겠다 싶어 다시 준비를 했다. 마침내 그 회사에서 고용되었다는 소식이 왔을 때 그녀는 망설였다. 지원자를 그렇게 오래 기다리도록 하는 것으로 보아 그 회사 경영진의 의사 결정 속도가 매우 더딘 것으로 여겨졌기 때문이다.

"이 일을 해야만 하나?"라는 생각에 필요 이상으로 주저하는 사람들과 일 하기란 영 편치 않은 법이다. 좋은 매너의 소유자라면 결단력 있게 행동하는 면도 있어야만 한다. 예를 들어 여러분이 식사를 할 때 안주인이 돌리는 튀긴 닭고기 요리를 앞에 두고 여기저기 서빙 포크로 찔러 본 후에야 선택을 한다면 어떨까? 안주인은 분명 "내가 뭘 잘못했나? 아니면 저 사람은 원래 저런 건가?"라고 생각할 것이다.

여러분의 우유부단한 태도에 대해 입사 지원자도 닭요리를 낸 안주인과 마찬가지로 생각할 것이다.

해서는 안 될 것

- 지원자를 기다리게 하지 않는다. 매우 무례한 행동이기 때문이다.

- 지원자의 이름을 틀리게 발음해서는 안 된다. 지원자가 바른 발음을 가르쳐 주면 너그럽게 인정하고 고치도록 한다. 이름이 특이한 철자로 이루어져 있다면 먼저 물어본다. "이름 (Jameesour)을 '제이미사우어'라고 발음하면 맞습니까?" 지원자가 '잠스와'라고 발음됩니다."라고 대답하면 이를 기억할 만한 방법을 동원하도록 한다. 발음을 참고할 만한 음성 기호를 적어 놓는 것도 괜찮다. 앞의 이름을 Jams-wa라고 표기해 놓고 면접하면서 필요할 때마다 보면 된다. 이름을 발음하는 간단한 일도 제대로 못하면 여러분 앞의 지원자는 여러분이 회사를 대표하는 큰일은 어찌 처리할 것인지, 왜 회사가 여러분에게 그런 일을 맡겼는지를 당연히 의심할 것이다.

- 질문을 피하지 않는다. 질문을 무시하는 것은 예의에 어긋난다. 대답할 수 없다면 없다고 얘기를 해야 한다. 대답을 하고 싶지 않다면 회사의 정보를 마음대로 누출할 수 없는 입장임을 설명한다. 나중에 대답을 하고 싶으면 나중에 하겠다고 말하되 절대 대답하기를 잊는 일은 없어야 한다. 또한 지원자에게 가능성이 있어 보이면 "묻고 싶은 것은 없습니까?"라는 말로 여러분이 질문을 유도해도 좋다.

- 면접이 중단되지 않도록 한다. 다른 사람과 만나는 시간을 미리 정해 놓은 상태라면 그 동안은 상대에게 관심을 집중하는 것이 예의다. 걸려오는 전화를 매번 받거나 다른 사람들이 면

접실을 들락날락하게 내버려두어 주의를 분산시키는 일이 없도록 한다. 업무 회신이나 구매 서류는 나중에 결재해도 될 일이다.

• 분명한 신호로 면접이 끝났음을 알린다. 자리에서 일어서 지원자에게 방문해 주어 감사하다는 인사를 한다. 이것으로 면접은 완전히 끝이 난 것이다. 자리에 앉아 서류를 뒤적거리거나 계속 시계만 흘끗거리면 지원자는 여러분이 나가 달라는 신호를 하는 것으로 받아들일 것이다. 내몰리는 기분으로는 대화에 집중할 수 없으며 이런 상황에서는 면접관인 여러분에게도 득될 것이 없다. 면접이 끝난 후의 일정에 대해서도 지원자에게 알려 주도록 한다. 예를 들면 다음과 같다. "앞으로 나흘 동안 이 자리에 지원한 사람들을 면접할 것입니다. 때로는 임원진에서 2차 면접을 해야 하니까 주요 임원이 자리를 비우느냐에 따라 앞으로 한 일주일 정도를 더 기다리셔야 할 겁니다. 그 후 열흘 정도가 지나도 연락이 없을 수 있지만 모든 지원자에게 어떤 식으로든 연락을 취하니 걱정하지 않으셔도 됩니다."

면접을 끝낼 때 여러분이 보이는 배려는 지원자로 하여금 회사에 대해 좋은 인상을 갖도록 한다. 최종 고용되는 사람은 정해져 있지만 그 나머지 사람 모두가 미래의 고객이거나 의뢰인이 될 수 있으며 시간이 더 지나면 직원이 될지도 모를 일이다.

위에 제시한 예가 절대적이지는 않다. 각기 다른 상황에 맞는 순서를 나름대로 적용해도 무방하다. 위의 예는 비즈니스 에티켓을 제대로 적용할 경우 여러분의 업무 수행이 얼마나 더 원활하고 효과적일지를 보여 주기 위한 것이다.

관련법에 저촉되는 질문

미국의 연방법이나 주법(州法) 또는 자치법은 면접시 지원자에게 해서는 안 되는 질문을 규정하고 있다. 이러한 법령 규정에 동의하지 않는 수도 있겠으나 반드시 이를 준수해야만 회사가 처벌받는 불상사를 피할 수 있다.

노동이나 고용에 관한 법률은 자주 개정되므로 회사의 법률 고문에게 문의하여 가장 최근의 내용을 알아두도록 한다.

이들 법률의 목적은 직업에서의 차별을 방지하는 것이므로 차별적이라고 해석될 소지가 있는 질문은 피하도록 한다. 그러나 이는 말만큼 쉽지가 않다. 때로는 어디까지가 차별의 소지가 있는지 정확한 경계를 알기 곤란하기 때문이다.

지원자의 연령을 묻는 것은 금기시되는 사항이므로 아무리 정중하게 물어도 변명의 여지가 없다. 휠체어에 탄 지원자를 보고 놀랐지만 이를 숨기고 그가 영구 장애인인지를 우회적으로 물어 볼 수 있을 것이다. 그러나 이런 질문 또한 법에 저촉된다. 다시 말해 법이 우위를 차지하는 상황에서는 아무리 좋은 매너를 지켰다 해도 소용이 없다.

전문가들은 응시 원서에 질문을 인쇄하거나 면접을 하는 동안 지원자의 대답을 잘 듣고 그의 업무 수행 능력이나 경험을 판단하도록 권장한다. 그 외의 방법은 생각도 하지 말 것!

다음은 현재 법률상 '질문해서는 안 되는' 사항들이다.

- 부양해야 할 자녀가 있는가?
- 특별한 상황이 아니라면 지원자의 생년월일을 묻지 않는다. (연령에 대한 차별로 해석될 소지가 있기 때문이다.)

• 체포된 적이 있는가?(대신 특정 범죄로 기소된 적이 있는가를 묻는 것은 대부분 허용된다.)
• AIDS 환자이거나 HIV 양성 판정을 받았는가?
• 흡연 습관에 대해서는 많은 주가 질문을 금지하고 있다. 대신 지원자에게 회사의 금연 정책을 수용할 수 있는지 질문하는 것은 무방하다.

☆지원자가 자신을 가장 효과적으로 표현하는 법

"자유롭게 사고할 수 있는 것은 좋은 일이다. 그러나 결국 중요한 것은 무엇을 생각하느냐이다."

-매튜 아놀드 지음(<민주주의> 중에서, 1861)

사고를 전달하는 방식은 여러 가지다. 의사 소통은 전적으로 말에만 의존하는 것이 아니기 때문이다.

일부 전문가들은 지원자가 원하는 직종에 맞는 옷차림과 외모를 갖추어 이미 그 회사의 직원 같은 인상을 줌으로써 성공 확률을 높이도록 충고한다.

이 전략은 남들에게 자신의 생각을 전달하는 데 도움이 된다. "제가 원하는 일을 할 수 있다고 생각합니다."라는 메시지를 전달하는 것이다.

메시지는 다음과 같은 방법으로도 전달할 수 있다.

• 바른 자세.
• 굳은 악수.
• 자신감 있는 걸음걸이.
• 겉으로 나타나는 침착성 (손은 서류나 옷을 만지작거리는 것

보다는 가지런히 포개어 무릎에 올려놓는 것이 좋다).

• 철저히 준비함으로써 선택받는 사람이 되도록 여러분 나름대
  로 조절할 수 있는 모든 사항을 숙지하는 것은 매우 중요하다.

• 격식을 중요시하며 보수적이고 말수가 적고 정중한 사람을 대
  하는 데 문제가 없는가?

• 다른 사람들이 편안하고 자유롭게 행동할 때 자신의 내성적인
  면을 감추고 동화될 수 있는가?

• 정중하게 행동할 때와 다소 편안하게 행동할 줄 아는 사람에
  게 이끌리는가?

대부분의 사람들이 이들 범주 중 하나에 속한다.

여러분의 태도는 여러분이 지원자로서의 자신을 어떻게 보는가
를 남들에게 전달하는 보조적 수단이다.

예:물동량이 많은 공항 주변의 렌트-카 대리점에서 관리 직원을
구한다. 지원자는 지난 6년 동안 시내 번화가에 위치한 고급 린넨
취급점에서 관리 직원으로 있었다. 말씨가 상냥하며 다소 여유 있
게 일하는 편이다. 지금은 더 많은 수입과 생활의 변화를 원하고
있으며 관리직으로 성공할 수 있는 자질도 있다. 정장 대신 스포
츠 재킷과 바지를 골라 입었으며 밝은 색상의 넥타이로 장식성을
가미했다. 이제 이 지원자는 어떻게 하는가?

• 경쾌한 걸음으로 사무실에 들어가 우물쭈물하지 않고 자신을
  소개한다(보통은 천천히 들어가 면접관이 시작을 알리도록 기
  다린다).

- 면접관이 커피를 권하자 사양하지 않는다.
- 대화가 잠시 중단되면 면접관이 시키지 않아도 한두 개의 질문을 한다.

상황에 맞춘 태도의 변화는 '저는 제가 이곳에 맞는 사람이라고 생각합니다'라는 메시지를 전달한다.

또한 앞으로 여러분의 직장이 될지도 모르는 회사에 적합하다고 생각되는 태도를 취하면 또 다른 이점이 있다. 바로 여러분 스스로 자신감을 느낄 수 있다는 것이다. 자신감이 생기면 행동도 그에 따르기 마련이다.

2차 면접 준비

잡지사의 광고 담당자가 대대적인 편집 개혁을 단행하려는 편집장과 갈등을 빚고 있다. "수천 명의 구독자들이 우리가 제시한 약속을 믿고 신문을 받아 보기로 했습니다. 그러므로 우린 그 약속을 지켜야 할 의무가 있는 것입니다."

☆ 사무실에서 비공개 면접 시험을 볼 때

이는 여러분에게도 마찬가지다. 여러분은 1차 면접시 여러분이 보여 준 바를 다시 한 번 반복해야 한다. 2차 면접까지 올 수 있도록 한 자질이 무엇이었든 간에 다시 한 번 보여 주도록 한다.

가능하다면 1차 면접 때와 다른 옷을 입되 같은 인상을 줄 수 있도록 한다.

여러 명의 면접관이 여러분에게 질문을 던지고 심사하는 경우도 있다. 사무실에서의 면접은 전적으로 실무적인 태도로 임해야 한다. 다른 특별한 것이 필요할 것이라는 생각은 버리도록 한다. 사실 일부 면접관들은 지원자가 '압력을 받는' 상황에서 어떻게 반응하는지를 보려고도 한다.

이러한 면접에서도 다른 면접에서와 마찬가지의 태도로 임한다. 목표를 기억하고 그에 맞는 대답을 한다.

☆식사를 겸한 면접시 지켜야 할 매너

식사를 겸해 면접하는 일이 흔치는 않다. 대부분의 사람들이 좋은 음식을 앞에 두고 질문과 대답을 주고받는 일이 별로 어울리지 않는다고 보기 때문이다.

그러나 아침이든 점심이든 저녁이든 여러분을 더 잘 파악하기 위한 식사 초대는 면접과 다를 바가 없다. 이 기회를 이용해 이력서 상으로 보여 줄 수 없는 자신의 장점을 십분 발휘하도록 한다.

자신의 식사 예절에 대해 확신이 없다면 고급 레스토랑에 들러 식사를 겸한 면접에 대비하는 것이 좋다.

아침 식사를 겸한 면접이라면 아침 식사를 한 번 해보면 된다. 레스토랑의 다른 사람들을 잘 관찰하고 보기 좋은 행동과 그렇지 않은 행동 모두를 기록하도록 한다.

혼자 식사를 하면 '스파이'처럼 보이지 않고 남들을 관찰하기가 다소 수월할 것이다.

"모든 것은 신호로 가득하다. 현자는 상대에게서 무엇이든 하나를 배울 수 있는 사람이다."

-플로티누스(서기 205-170)

다음은 명심해 두어야 할 사항이다.

- 테이블 앞에서 옷매무새를 만지지 않는다.
- 식사를 하는 동안 냅킨은 계속 무릎에 놓여 있어야 한다. 잠시 테이블을 떠나야 할 일이 생기면 냅킨을 의자 위에 두어 곧 돌아올 것이라는 표를 남기도록 한다.
- 발은 앞으로 가지런히 모으고 앉도록 하며 의자 옆에 두거나 다리를 꼬고 흔들지 않는다.
- 식기로 장난을 치거나 그릇이나 잔을 사용하여 제스처를 취하거나 설명하지 않도록 한다. 어떤 지원자들은 소금병과 후추병을 사용해 고객이나 경쟁을 묘사하기도 하지만 좋지 않은 방법이다.
- 팔을 베고 식탁에 엎드리거나 팔꿈치를 식탁 위에 괴지 않는다.
- 식기나 냅킨이 바닥에 떨어지면 직접 줍지 말고 웨이터에게 새 것을 달라고 한다.
- 아는 사람을 만났을 때 손을 흔들어 인사하지 않도록 한다. 고개만 약간 숙여 미소를 곁들인 눈인사를 주고받은 후 곧 자신의 상대에게 시선을 돌리도록 한다.
- 근래 패스트푸드 전문점이 늘면서 음식을 손으로 먹는 일도 흔히 볼 수 있다. 그러나 원래 손으로 먹는 음식이 아니라면 절대 손을 쓰지 않도록 한다. 튀긴 감자는 손이 아니라 반드시 포크를 사용해 먹어야 한다. 베이컨 스트립이나 메론 조각도 마찬가지다. 빵이나 토스트 롤빵은 손으로 뜯어 한번에 조금씩만 먹어야 한다. 구운 빵에 버터나 잼을 바를 때도 뜯어 낸 조각에 발라 한 번에 한 조각씩 먹도록 한다(즉, 토스트 전체를 잼으로 바른 후 뜯어먹지 않도록 한다).

- 음식을 덜기 위한 서빙 식기는 사용 후 반드시 원래 자리에 놓도록 한다. 개인 식기를 서빙 식기 대신 쓰지 않도록 한다.
- 접시에 담긴 음식을 다른 사람과 주고받지 않도록 한다. "이거 정말 맛있는데요. 한 번 드셔보세요."라는 말은 비즈니스를 겸한 식사를 할 때 적당하지 않은 말이다.

어떻게 먹는지 잘 모르는 음식이라면 식사를 겸한 인터뷰가 있기 전에 알아두거나 아예 주문하지 않도록 한다.

평소에 남이 먹는 것을 잘 보아두면 많은 도움이 될 것이다. 그러나 여러분과 식사를 하는 고위 임원의 식사 예절이 틀릴 수도 있음을 염두에 두도록 한다. 이런 경우에는 임원의 식사 예절을 따라하지 않도록 한다.

앞에 인용한 플로티누스의 말이 시사하는 바는 무엇인가? 다시 한 번 음미해 보자. "모든 것은 신호로 가득하다. 현자는 상대에게서 무엇이든 하나를 배울 수 있는 사람이다."

☆이례적인 상황에서 면접시 필요한 자세

면접관도 이러한 교훈을 잘 받아들이는 사람이라 생각하자. 여러분의 완벽한 식사 예절은 면접관에게도 모범이 될 것이며 좋은 인상을 남김으로써 고용될 가능성도 높아질 것이다.

한 가지 덧붙이고 싶은 말은 좋은 식사 예절은 특별한 때만 필요한 것이 아니라는 것이다. 항상 좋은 예법을 실천하면 시간이 지나도 잊어버리는 일이 없을 것이다.

대학 교정이나 컨벤션 센터에서 열리는 취업 박람회, 쇼핑 센터에 세워진 가건물에서 인사 담당자가 직접 취업 희망자를 면접하는 것도 드문 일은 아니다. 미리 예정된 면접이 아니라면 특별히 차려 입을 필요는 없겠으나 유능한 지원자로서의 면모를 보여 주기 위해 더 많은 노력을 해야 할 것이다. 면접이 미리 예정되어 있었다 해도 물에서 건져진 물고기가 된 듯한 낯선 환경은 여러분에게 불리하게 작용할 수도 있다.

 좋은 인상을 주려면 평소의 느긋한 걸음걸이를 바꾸어 자신 있게 걷고 의자에 등을 붙이고 똑바로 앉으며 발은 가지런히 앞으로 모으도록 한다. 더불어 사무실에서 하는 면접이 아닌 만큼 불가피한 주변의 소음과 주의를 분산시키는 요인에 신경 쓰지 않도록 노력한다. 이 때는 "로마에서는 로마인들처럼 행동하라."는 말이 통하지 않는 경우이다. 주변 상황에 신경을 쓰지 않도록 한다. 보다 실무적인 분위기에서 면접할 때와 마찬가지로 행동한다. 비즈니스 에티켓을 제대로 실천하면 좋은 인상을 줄 수 있다. 주의 깊게 듣고 면접관의 말을 가로막지 않도록 하며 말하는 중간에 면접관의 이름을 간간이 넣고 반드시 정확한 발음을 하도록 신경 쓴다.

 면접의 전체적 분위기가 긍정적이었다면 전통적인 사무실 면접으로 이어질 가능성이 많다. 따라서 1차 면접 기회를 이용해 지원한 회사와 일에 대해 가능한 한 많은 것을 알아내도록 한다. 알아보고 별로 좋은 생각이 들지 않는다면 2차 면접은 보지 않아도 된다.

☆요령 없는 상대에 대한 여섯 가지 정중한 대응

 (1)"이쪽에서 전화 드릴 테니 전화하지 마세요."라는 말은 퇴짜를 놓는 것처럼 들린다. 그러나 면접관이 그런 말을 했다고 해서 성급하게 결론지을 필요는 없다. 품위를 지켜 떠나거나 "이번 주나 내주 안에 결정을 하실 겁니까?"라는 질문을 하는 수도 있다. 이 질문은 에그 크림(egg cream)에 얽힌 오래된 일화와 같은 것이다. 한 소다 음료 가게 점원은 손님들이 그 지역의 별미인 에그 크림을

시킬 때 음료에 넣는 달걀 하나마다 5센트씩을 자기 몫으로 챙길 수 있었다. 그는 "에그 크림에 달걀을 넣어 드릴까요?"라는 질문으로는 별 재미를 보지 못했다. 그러나 "달걀을 하나 넣을까요? 두 개 넣을까요?"라고 전략을 바꾸어 상당히 수입을 올릴 수 있었다.

그저 '기다려 보자'라는 생각이라면 나쁠 것 없다. 그러나 좀더 자세히 알고 싶다면 상대가 분명한 대답을 할 수밖에 없도록 하는 질문을 하도록 한다. 노련한 면접관이라면 여러분에게 더 구체적인 정보를 알려 주는 배려를 할 것이다.

(2)여러분이 면접관이 되어 지원자와 레스토랑에 앉아 있다. 아는 동료가 여러분의 테이블로 다가와 자기 친구를 소개한다. 일어나 인사를 하고 면담 중인 지원자를 소개한다. 동료는 지원자에게 말을 걸기 시작했다. "죠시는 정말 혹독하게 일을 시킨다구. 조심하게, 젊은이." "들어 보니 남부 억양을 쓰는 것 같구먼. 남부 출신인가?" 여러분은 동료의 행동이 적절하지 못하다고 생각된다. 더군다나 동료와 그의 친구는 자리를 뜰 생각을 하지 않는 것 같다. 네 명이 일어서서 얘기를 하자 옆 사람들이 흘끔거리며 쳐다본다.

이럴 때 여러분은 지원자를 자리에 앉도록 하고 동료와 일행에게 얘기를 한다. "만나서 반가웠어요, 매리. 이제 존하고 식사할 수 있도록 제가 놓아드려야겠군요." "존, 금요일에 내가 전화하지. 그 때 좀더 얘기를 하자구." 그런 다음 자리에 앉아 지원자에게 눈길을 준다. 사실 여러분은 동료와 그 일행에게 자리를 떠 달라고 분명한 의사 표현을 한 셈이다! 그러나 여러분의 태도는 매우 정중했다.

사업상의 대화를 나누는 사람들의 테이블에 다가가 오래 머무는 것은 바람직하지 않다. 더불어 상대방의 사업 상대에게 이런 저런 얘기를 늘어놓는 것도 상식에서 크게 벗어나는 행동이다. 초면에 지나치게 친한 척하는 것으로 받아들일 수 있기 때문이다.

(3)여러분은 상사에게 면접 중인 지원자를 한 번 만나 보도록 청했다. 지원자의 이력서나 추천서는 매우 인상적이었으며 현재 상사가 빈자리를 얼른 메우고 싶어하는 것도 여러분은 잘 알고 있다. 여성 상사가 면접실에 들어오자 지원자는 자리에 앉은 채 일어서지도 않고 시선을 아래로 떨어뜨린다. 상사는 가까운 자리에 앉아 지원자에게 질문을 한다. "우리 회사가 현재 여러 분야에서 새로운 사업을 진행 중이라고 사라가 말하던가요?" "네."라고 지원자가 대답한다. 계속되는 질문에 지원자가 그저 "네, 아니오."로만 대답하자 상사는 자리를 뜬다. 여러분은 지원자에게 어디 불편한 데라도 있는지 묻는다. 지원자는 "상사분께서 제 계모를 닮았어요. 전계모가 싫거든요."라고 대답한다. 여러분은 더 이상 왈가왈부하지 않고 정중하게 지원자를 돌려보낸다. 지원자에게 문을 열어 주며 "원하시는 직장을 찾기를 바랍니다."라고 말한다.

여러분은 지원자에게 문제가 있음을 알아냈다. 이럴 때는 지체 없이 그 사람을 돌려보내고 회사에서 그런 사람을 고용할 의사가 전혀 없음을 분명히 한다. 그런 다음 상사에게 상황을 설명하고 그런 문제가 있을 것을 미리 알지 못한 것에 유감을 표하도록 한다.

(4)지원자가 담배를 꺼내며 소파에 털썩 주저앉는다. "자기 사무실이 있으니 정말 좋겠는데요. 이 도시에서는 공공 건물이 거의 금연 구역이지요. 아, 그런데 담배 좀 피워도 괜찮겠지요?" 그러는 사이 사무실에는 담배 연기가 자욱해진다.

그러나 여러분은 흡연자를 달가워하지 않는다. "레이, 직원 휴게실은 복도 끝에 있으니 거기서 담배를 피우면 돼요. 5분 정도 휴게실에 다녀오고 싶다면 그렇게 해도 좋아요. 안내인이 위치를 가르쳐 주도록 하지요."

흡연이 심각한 중독 현상임을 대부분 인정한다. 레이는 현재 취업하려는 입장이므로 다른 때보다 정신적 압박이 심할 것이다. 레이는 면접관의 사무실이 금연임을 알고 당황했을 것이다. 그러나 면접관인 여러분이 이를 너그럽게 받아들여 대안을 제시하였으므로 자연스러운 면접 분위기를 계속 유지할 수 있었다. 막상 면접을 하고 나면 레이가 충분한 능력과 자질이 있는 지원자임을 알게 되거나 앞으로 회사의 장기적 발전에 큰 공헌을 할 가능성도 있으므로 애초에 면박을 주어 내보내지 않은 처사는 매우 현명하다 할 수 있다.

(5)여러분이 지원자가 되어 면접을 보고 있다. 그런데 면접관이 회사에 대해 나쁜 말만 늘어놓아 귀가 의심스러울 지경이다. "이 회사에서는 다른 회사와 동등한 기회를 보장한다고 말하지요. 그렇지만 사실은 안 그래요. 이 회사 초봉은 이 지역의 다른 회사들 수준에 훨씬 못 미칩니다. 그런 쥐꼬리만한 임금을 받고 1년인들 버틸 수 있을 것 같아요? 이 회사 임원들은 단 1년도 못 견딜 사람이라면 봉급 인상이 필요 없다고 생각하지요."

부정적인 면은 피상적인 것에 지나지 않음을 먼저 생각한다. 더구나 이런 말은 지원자의 적성을 시험해 보기 위해 사전에 계획된 것일 수도 있다. 그래도 면접관이 계속해서 나쁜 말만 늘어놓으면 아무 말 하지 않고 그저 듣기만 한다. 이런 경우 면접관이 질문을 할 수도 있다. 그러면 "제가 선택된다면 영광이겠습니다." 내지는 "이 회사에는 성장의 여지가 많은 것 같습니다."라는 말로 대답을 대신하도록 한다.

면접관의 태도가 정도를 벗어난 경우 여러분이 절제된 응답과 긍정적 발언을 하면 면접관이 당황하지 않고 제자리를 찾을 수 있을 것이다. 면접관의 말에 맞장구를 치며 같이 회사를 헐뜯으면 순간 면접관이 자신의 실수를 깨닫고 당황한 나머지 여러분을 쫓아 낼 수도 있으니 주의한다.

⑹면접을 보고 있는데 중요한 고객이 들어온다. 면접관이 여러분을 소개하고 고객과 얘기를 나누느라 면접이 중단된다. 15분이 지났다. 더 기다리면 열차를 놓쳐 중요한 가족 모임에 늦을 것이란 생각이 들었다. 면접관에게 말을 하려 하자 "존스 씨, 잠깐이면 돼요."라며 더 기다리라고 한다. 또 10분이 흘렀다. 여러분은 자리에서 일어나 말한다. "죄송합니다. 다른 약속이 있어서 가야겠습니다. 다시 만나 면접을 끝낼 수 있도록 제가 내일 전화를 드릴까요?"

면접관이 손을 저으며 말한다. "잠깐이면 된다니까요, 존스 씨. 앉아서 기다려요."

☆기분이 상할 때의 품위 유지

시키는 대로 앉아 있으면 가족과의 약속을 지킬 수 없다. 지금 떠나면 기회를 놓쳐 버릴 위험이 따르지만 떠나지 않을 수 없다. "애플톤 씨, 다시 전화를 드리는 수밖에 없을 듯합니다. 시간 내주셔서 감사했습니다. 이만 가 보겠습니다." 여러분의 정중하고 확고한 태도는 말보다 더 효과적으로 의사를 전달한다. 애플톤 씨가 여러분을 고용한다면 그는 여러분이 호락호락한 사람이 아님을 알게 될 것이다. 여러분이 애플톤 씨 밑에서 일할 경우라도 그가 하급자들에 대한 배려가 부족한 사람임을 미리 알 수 있을 것이다. 어떤 첫인상을 줄 것인가는 심각하게 고려해야 할 문제다.

"낯선 이를 품위 있고 정중하게 대하는 사람은 세계의 시민이다. 그의 마음은 육지에서 떨어진 섬이 아니라 다른 육지를 거느리는 대륙이다."

-프란시스 베이컨 지음(<덕성과 자연의 덕성에 대하여> 중에서)

면접관과 여러분은 모르는 사이이므로 서로 싸울 이유가 없다. 그러나 어떤 경우 면접이 진행되는 동안 면접관의 질문이나 발언에 기분이 상할 때가 있다.

"그러니까 대학에서 장학금을 탈만큼 똑똑하지는 않았던 것이군요. 우리 직원들은 대부분 학교에서 장학생이었지요. 이런 환경에 자기가 맞을 거라고 봅니까?"

"거주지 주소를 보니 공화당이 우세한 지역이군요. 우리 회사 직원은 대개 공화당을 지지하지요. 이 회사에서 일하게 되면 잘 적응하겠는데요."

"T&T 제조에서 일하셨군요. 그 회사의 경영 방식은 시대에 뒤떨어집니다. 그러니 당신도 품질 경영이라는 기법에 생소할 듯하군요."

면접이 순조롭게 진행될 때는 우아함이나 침착함을 유지하는 것도 수월하다. 그러나 자신의 입장을 항변해야 할 때나 가만있으면 상대방의 터무니없는 입장에 동조하는 격이 될 때 점잔만 빼고 있기는 쉽지 않다.

자극적인 발언을 하는 사람에게는 나름대로의 동기가 있을지 모르나 지원자로서의 여러분은 그 동기를 해석할 만한 시간도 정보도 충분치 않다. 자신의 대응만 조절할 수 있을 뿐이다. 지금 여러분의 목표는 면접을 성공적으로 치르는 것이므로 앞에 나온 프란시스 베이컨의 말을 곱씹어 보도록 한다. 여러분의 반응을 보기 위해 면접관이 일부러 자극적인 발언을 하고 있는 것이라면, 여러분의 품위 있고 정중한 태도는 자신을 잘 제어하고 전체적인 상황을 파악할 수 있는 능력을 보여 주는 것이다. 면접관이 정말 어리석은 사람이라 해도 여러분은 예의를 지키도록 한다.

나중에 고용이 확정될 경우라도 '화를 돋구는' 작전에 강한 거부감을 느꼈거나 면접관의 태도가 그 회사의 일반적 분위기를 반영하는 것이라면 당당하게 거부해도 좋다.

☆면접시 말해서는 안 될 18가지

다음 18가지 주제 또는 대화 소재는 취업 희망자가 언급해서는 절대 안 되는 것들이다.

1. 이전에 일하던 회사의 기밀 정보. 이는 잘못된 일일 뿐 아니라 신용할 만한 사람이 못된다는 인상을 준다.

2. 최근에 이혼했다는 따위의 신세 타령은 금물. 사실을 말하는 것일지라도 경솔한 사람이라는 인상을 준다.

3. 성 차별주의자 또는 인종 차별주의자로 해석될 만한 발언. 이런 의견에 면접관이 동의하는 듯해도 아슬아슬하기는 마찬가지이다. 성 차별주의자나 인종 차별주의자는 직장에서 환영받지 못한다.

4. 정치.

5. 종교.

6. 좋아하는 운동 선수 또는 팀에 대한 애기는 하지 말 것. 면접관이 싫어하는 팀을 좋아할 수도 있기 때문이다. 이런 이유로 퇴짜를 놓는다면 면접관의 자질을 의심해야 하겠으나 가능성을 배제할 수는 없는 일이다.

7. 자녀나 손자·손녀 자랑. 면접관이 사무실에 가족 사진을 두고 있다 하더라도 지원자가 주머니가 불룩할 정도로 자녀들 사진을 넣고 다니는 것은 좋지 않다.

8. 면접관에게 특별한 물건을 제공하거나 특별한 일을 해주겠다는 제의를 하는 것. 예를 들어 "그건 제가 도매가에 가져다 드리

지요."라는 말은 상황에 따라서는 정확하고 성의가 담긴 말이다. 그러나 면접 장소에서 해서는 안 될 말이며 잘못하면 뇌물을 제공하는 것으로 비칠 수 있다.

9. 이전에 일했거나 살던 곳에 대해 부정적인 말들도 삼갈 것. 날씨가 끔찍하다든지 교통지옥이라는 등의 말을 해서는 안 된다 (여러분이 헐뜯는 곳이 면접관에게는 그리운 고향일지도 모르니까).

10. 수학이 싫다, 과학이 싫다, 또는 현재 지원한 직장과 무관해 보이는 것들에 대한 혐오를 표현하는 것(이 회사의 임원진은 모든 직원이 수학이나 과학을 잘해야 한다고 생각할 수도 있으니까).

11. 전혀 도움이 되지 않는 개인적 혐오감의 표현. 만일 자신이 빨간 머리였다면 분명 다른 색으로 염색하고 말 것이라고 말했는데, 알고 보니 이 회사 사장의 머리가 불꽃처럼 빨간 색이었다. 물론 자신은 시간을 엄수하며 늑장부리는 사람을 싫어한다라는 말은 이런 범주에 해당되지 않으므로 괜찮다.

12. 너무 오래 기다렸다, 응시 원서를 작성한 곳, 또는 타자 시험을 본 방이 너무 더웠다는 등의 불평. 불평을 하면 면접관에게 전달하고자 하는 긍정적 메시지가 제대로 전해지지 않는다.

13. 유명 인사의 이름 남발하기. 실내 장식가였던 이전의 상사와 함께 유명인의 집을 꾸민 적이 있다고 해서 이에 대해 시시콜콜 늘어놓는 것은 좋지 못하다. 유명 인사와 정말 친한 사이라도 이름을 말할 때는 자랑처럼 들리지 않도록 한다.

14. 하지 못할 것을 미리 다 말하는 것. 예를 들어 집안일 때문에 다섯 시 이후 근무가 불가능하다 해도 자진해서 미리 말할 필요는 없다. 회사측에서 사정에 따라 연장 근무가 꼭 필요하다고 말한다면 사정이 달라진다. 연장 근무가 업무상 불가피한 부분으로 명시되어 있으면, 그때는 다섯 시 이후에 일할 수 없다고 말해야

한다. 그러나 '할 수 없는 상황'도 시간이 지나면 변할 수 있는 것이며, 때마침 해야 할 필요가 있다면 충분히 '할 수 있는 상황'이 될 수 있음도 기억해 둔다.

15. 대화가 끊어졌을 때 문득 머리 속에 떠오른 말. 입을 떼기 전에 해도 좋은 말인가 미리 생각해 본다.

16. 쓸데없이 장황한 얘기를 하지 않는다. 일단 질문에 대한 답변을 했거나 발언이 끝났다면 더 이상 말하지 않는다. 말이 많아서 득될 일은 없다.

17. 면접관에 대한 지나친 찬사. 면접관의 인상이 정말 좋았더라도 면접이라는 특수한 상황에서 칭찬을 늘어놓으면 오해의 소지가 있다. 물론 "뵙게 되어서 즐거웠습니다. 감사합니다." 정도의 말은 무방하다.

18. 좋지 않은 몸가짐. 구부정하게 앉거나 머리, 손톱 등을 만지작거리지 말고 신발을 벗었다 신었다 하는 일도 하지 말아야 한다.

여러 번 면접을 보다 보면 위의 사항 외에도 눈에 띄는 것들이 있을 것이다. 빠짐없이 적어놓고 다음 면접을 보기 전 참고하도록 한다.

제3장
집에서 배우지 못한 식사 예절

사업 파트너와 식사를 할 때는 가족이나 친구와 식사할 때보다 훨씬 조심해야 한다. 사업상 만남의 목적은 노닥거리는 것이 아니기 때문이다. 더불어 사업 상대와 식사를 하는 것은 단순히 즐거운 시간을 보내기 위해서가 아니다.

여러분에게는 원하는 목표가 있다! 그 목표는 판매, 취직, 승진, 정보, 확인, 협조 등 각자의 상황에 따라 다를 것이다.

다음의 지침은 식사할 때마다 도움이 되겠지만 특히 비즈니스 목적으로 식사를 해야 할 경우 유용할 것이다.

세련된 식사 예절을 연마하고 싶다면 크레이그 클레이본의 <에티켓의 요소-식사 예절 가이드(Elements of Etiquette-A Guide to Table Manners in an Imperfect World, NY:William Morrow, 1992)>를 참고하도록 한다. 도움이 될 만한 다른 책으로는 마가렛 비써가 쓴 <만찬 의식-기원, 발전, 특징, 식사 예절의 의미(The Rituals of Dinner: The Origins, Evolution, Eccentricities, and Meaning of Table Manners, NY:Grove Weidenfeld)>가 있다.

☆주문하기 전에 고려할 것

• 먹는 법을 잘 모르는 음식이라면 아예 주문하지 않도록 한다. 예를 들어 파스타를 먹을 때 소리를 내는 버릇이 있거나 큰 스

푼 없이 포크에 면을 감지 못한다면 차라리 쌀 요리를 시킨다.

- 치아 표면에 들러붙거나 사이에 끼는 음식은 피한다. 앞니에 시금치가 끼어 있으면 멋지고 총명한 사람으로 보이지 않으니까.
- 메뉴를 보아 생선 요리가 가시를 발라낸 것인지 알 수 없다면 물어 본다. 뼈가 목에 걸려 숨이 넘어갈 듯 요동을 치거나 손가락을 입에 넣고 가시를 꺼내는 광경은 꼴불견이기 때문이다.
- 튀긴 닭요리를 손으로 먹는지 포크나 나이프를 사용해서 먹는지 알 수 없다면 손으로 먹지 않는 것이 확실한 다른 음식을 고르도록 한다. 치킨 코든 블루를 시켰다면 베어 물 때 녹인 치즈가 길게 늘어져 입가에 매달릴 수 있으므로 주의한다.
- 채식주의자와 식사를 할 때는 상대의 기호에 맞추어 음식을 선택한다. 이는 특히 두 사람만 식사할 경우 상대에 대한 배려이다. 채식주의자인 상대방이 머리가 달린 채로 나오는 물고기나 새요리 따위의 앙트레를 보면 불편할 것이 틀림없기 때문이다.

윤리나 종교상 이유로 특정 음식을 먹지 않는 사람이라면 여러분은 그 음식을 피해 주문함으로써 상대방을 편하게 할 수 있다.

위에 열거한 것이 비즈니스 에티켓의 필수 사항은 아니지만 올바른 판단의 좋은 예를 보여 주고 있다. 올바른 판단이야말로 <성공하는 사람들의 비즈니스 예절>의 핵심이다.

로저 E. 액스텔의 저서 <외국 방문객 접대시 해야 할 것과 해서는 안될 것(Do's and Taboos of Hosting International Visitors, NY:John Wiley, 1990)>을 보면 미국인들이 점심을 가볍게 먹는 반면 외국의 비즈니스맨들은 푸짐한 점심을 먹고 점심 시간도 정오를 훨씬 넘는 일이 많다고 한다.

분명 정오에 가벼운 점심을 들자고 청하는 것은 비즈니스 에티켓에 어긋나지 않는다. 그러나 상대에게 이는 생각이 모자란 것으로 보일 수 있다.

다시 한 번 말하지만, 늘 미리 준비한다. 같이 식사를 할 사람을 편안하게 할 수 있는 것이 무엇인지 알아두도록 한다.

집에서

여러분이 어렸을 적 웃어른들은 오늘날처럼 복잡한 생활을 하지 않았으므로 모든 상황에 대한 지식을 모두 전해 주시지는 않았을 것 같다.

최고의 식사 예절을 보고 자랐다고 자신하는 사람이라 해도 다른 지역 출신인 상대방은 약간 다른 교육을 받았을지도 모른다는 것을 염두에 두도록 한다.

액스텔의 책을 보면 미국의 어머니들은 식사 중 한 손을 무릎에 놓아도 된다고 가르쳤을지 몰라도 독일의 어머니들은 양손을 늘 식탁 위에 올려놓으라고 가르친다고 한다.

그는 또한 마쉬멜로우나 흰 빵처럼 꽤 많은 미국 음식이 외국 손님들의 비위를 상하게 하며 그 반대도 마찬가지라 한다. 한국에서는 개고기를 먹고 사우디 아라비아에서는 양의 눈을 먹는다.

나라마다 다른 기호에 비위가 상할 수도 있겠으나 남들은 우리 것을 어떻게 여길지 한번 생각해 보면 외국 손님과의 식사에도 좋은 태도로 임할 수 있을 것이다.

또한 서로 문화와 배경이 다른 사람들과 일하는 데 상당한 경험을 쌓은 사람도 오늘날에는 꽤 많다. 따라서 여러분의 사업 상대가 현재 두 사람이 속한 각자의 환경에 맞는 관습을 따를 수도 있는 것이다.

차이가 있을 수 있음도 기억한다. 상대가 무엇을 필요로 하는지에 신경을 쓴다. 그러나 지레 짐작하는 일은 없도록 한다. 이러한 점을 염두에 두어 융통성 있게 행동하면 이제 주문할 준비는 끝난 것이나 마찬가지다.

☆알코올 음료, 시작부터 끝까지

사업상 식사를 할 때 지켜야 할 하나가 부드럽고 낮은 목소리로 얘기하는 것이다. 그러나 일단 술을 몇 잔 마시면 낮은 목소리로 얘기하기가 쉽지 않다는 것은 여러분도 익히 잘 알고 있을 것이다.

사업상 식사를 할 때 술을 한 잔 이상 마시지 말라는 것은 단순히 낮은 목소리로 얘기해야만 하기 때문이 아니라 늘 새겨둘 만한 가치가 있기 때문이다.

와인이나 맥주, 기타 칵테일 종류를 마시고 흐트러진 모습을 보면 상대방이 어떤 눈으로 여러분을 보겠는가?

'자제력이 없는 사람이군. 믿을 만한 사람이 아니야. 판단력도 없고……'

분명 이린 평가를 받고 싶은 사람은 없을 것이다. 좋은 비즈니스 에티켓을 실천하려는 사람이라면 과음을 해서 모든 것을 망쳐버리는 상식에 어긋나는 일을 해서는 안 된다.

경험으로 판단컨대 어떤 경우라도 술은 한 잔 이상 마시지 않도록 한다.

물론 알코올 음료를 전혀 입에 대지 않아도 된다. 요즘 비즈니스맨들 사이에는 금주 습관을 지닌 사람도 심심찮게 찾아 볼 수 있다. 또한 누가 과일 주스나 무알코올 음료를 시킨다고 해서 거기에 대해 왈가왈부해서도 안 된다. 다른 사람에게 억지로 술을 권해서는 안 된다. 술이 사업의 필수 요건은 아니다. 더군다나 건강이나 종교상 이유로 술을 마시지 않는 사람도 있으므로 주의한다.

와인을 주문할 때

여러분이 술을 마시느냐와 상관없이 호스트의 입장에서 손님을 위해 와인 한두 병 정도를 시켜야 할 때가 있을 것이다.

와인 전문가라면 선택할 때 남의 도움이 필요 없을 것이다. 그러나 여러분 마음대로 비싼 술을 시킬 수 없는 상황이라면 어찌할 것인가? 또한 같이 식사하는 상대가 계산할 것이라면 음식이나 술의 가격에 신경 쓰지 않을 수 없고 또 분별력이 있는 사람이라면 당연히 그래야 한다. 그렇다고 해도 여러분이 대접하는 손님이 대단한 와인 애호가라면 고가의 와인을 주문할 경우도 있을 것이다.

일단 미리 계획을 세워 보자. 상사에게 좀 비싼 종류의 와인을 주문해야 할 것 같다고 알린다. 식사를 할 레스토랑의 와인 스튜어드나 지배인과 상의하여 어떤 종류가 제공되는지 알아두도록 한다. 와인 애호가들이 요즘 즐기는 종류가 어떤 것인지도 주저하지 말고 물어 본다. 이런 정보를 미리 알아두면 무리 없이 선택을 할 수 있을 것이다.

한 가지 더 알아둬야 할 일은 일부 와인 애호가들은 분위기가 좋으면 고급 와인을 선택해 충분히 음미할 시간을 갖고 싶어한다는 점이다. 식사의 목적이 비즈니스인 만큼 너무 고급 와인을 선택해 애초에 의도하지 않은 방향으로 흐르는 일은 없어야겠다.

와인에 대해 별 상식이 없는 사람이라면 다른 사람을 함께 초대해 와인을 선택하도록 하거나 와인 스튜어드에게 조언을 구하는 것도 괜찮다. 일반적으로 가장 값이 싼 와인을 고르는 것은 좋지 않다. 아직까지도 일부 사람들은 붉은 육류에는 레드 와인을, 생선이나 새요리에는 화이트 와인을 곁들여야 한다고 고집하지만 요즘은 많은 이들이 자신의 취향대로 선택하는 편이다. 그러므로 다른 사람들이 음식을 다 주문한 후에 와인을 선택하도록 한다. 주문한 음식에 어떤 와인이 어울리는지 결정하고 난 후에 동행한 손님들에게 알리도록 한다. 여러분이 선택한 와인이 손님들에게 어떤지 물어 본다. 손님들의 의견을 잘 듣고 필요하면 다른 것으로 주문하도록 한다. 또한 필요하다고 생각되면 레드 와인과 화이트 와인을 모두 주문하도록 한다. 병째로 시키지 않고 한 잔씩 주문해도 무방하다. 특히 손님 중 한 사람이 다른 종류의 와인을 곁들여야 할 음식을 주문한 경우라면 한 잔을 따로 시키는 것이 좋겠다.

호스트에게 제공하는 시음용 와인을 맛보도록 한다. 와인을 시음하는 목적은 맛이 상하지 않았는가를 보기 위해서이다. 예를 들어 공기에 지나치게 노출되었다면 와인에서 식초 맛이 날 것이다. 병의 코르크 마개가 꼭 맞지 않을 경우 이런 일이 생긴다. 병에 든 와인 맛이 좋지 않다면 조용히 와인 스튜어드를 불러 알리도록 한다. 너무 시끄럽게 불만을 늘어놓지 않도록 한다. 사업상 식사를 하는 자리는 와인에 대한 식견을 자랑할 곳이 아니기 때문이다. 더불어 호스트에게는 동행한 손님들이 좋은 와인을 마실 수 있도록 할 책임이 있다.

좋은 것도 지나치면 해롭다

와인 스튜어드가 맛을 보고 여러분의 의견에 동의하지 않더라도 여러분의 의견을 굽히지 않도록 한다. 동행한 사업 상대들은 여태껏 여러분이 강하고 능력 있는 사람이라고 알고 있었다. 그러므로 겨우 와인을 선택하는 문제 하나로 와인 스튜어드에게 주눅드는 모습을 보여서 지금까지 힘들게 쌓아온 자신의 이미지를 손상해서는 안 될 일이다.

뱃사람들 사이에 전해지는 노랫말 중에 다음과 같은 것이 있다.
"아침 일찍부터 취한 뱃사람을 어찌 하나?"

간단한 대답이 없는 질문이다. 당사자가 뱃사람이든 회사의 간부이든, 때가 아침이든 오후이든 밤이든 취한 사람을 대할 때는 뾰족한 수가 없기 때문이다.

어쨌거나 가장 중요한 규칙은 취한 듯한 사람이 운전대를 잡게 해서는 절대 안 된다는 것이다.

같이 저녁 식사를 한 사람이 취한 듯이 보이면 그 사람이 다른 레스토랑이나 회의 장소 또는 다른 곳으로 옮겨 다니지 못하도록 요령 있게 막아서고 절대 양보하는 일이 없어야 한다.

상대방이 과음했는가를 판단하기 어려운 때도 있다. 더군다나 상대는 꼭 한 잔만 마셨으므로 정말 취했을까 하는 의구심도 들 것이다. 그러나 상황에 따라 한 잔의 술도 사람의 정신을 흐릴 수 있음을 명심한다. 더불어 상대방이 레스토랑에 도착하기 전 다른 곳에서 이미 술을 마셨는지도 모를 일이다.

식사를 겸한 회의가 완전히 끝나지 않아 식후에 다른 음료(포트 와인이나 코냑 등)가 나오면 이미 술기운이 도는 사람에게 더 이상의 술이 제공되지 않도록 한다. 필요하다면 취한 이가 주문한 술을 취소시키고 대신 커피를 주문하도록 한다.

여러분이 누군가의 보호자가 될 것까지는 없지만 그 사람의 안전과 회사의 위신을 생각해서 주의를 기울일 필요는 있다. 또한 취하면 사람들에게 폐를 끼치거나 기물을 파손하는 이들도 있으므로 이들의 행동을 미연에 방지하기 위해서 책임져야 할 사항도 많다. 신중하게 행동하고 차후에라도 상대방의 취중 언동에 대해 언급하는 일이 없도록 한다. 그래 봐야 아무런 득이 되지 않기 때문이다.

☆자신에게 유리한 자리 잡기

테이블의 어느 자리에 앉아야 가장 유리할까?

중요한 고객과 식사를 하게 된 어느 기업의 한 여성 간부는 그에게서 가장 먼 맞은 편에 자리를 잡았다. 그녀는 청각 장애인인 고객이 아마도 사람들의 입술의 움직임을 보고 말을 알아들을 것이라 짐작했다.

같이 식사를 하게 된 다른 사람들은 앞을 다투어 그 고객의 옆에 앉으려고 했으나 이 여성 간부는 고객의 바로 맞은 편에 자리를 잡았다.

어느 구매 대행인은 물품 공급자들의 사이에 앉기를 싫어했다. 한 쪽에서 말을 걸 때마다 다른 옆 사람에게 뒤통수를 보인 채로 이리저리 고개를 돌려 대답해야 했기 때문이다. 이런 우스꽝스런 자세를 피하기 위해 그는 테이블의 가장 끝자리에 앉는다.

어느 대기업의 회장은 자신이 호스트가 되든 손님이 되든 늘 테이블의 상석(上席)에 앉으려 했다. 그래야 위신도 서고 힘있는 인물로 보인다고 믿었기 때문이다.

그 결과 그는 늘 테이블의 상석을 탐냈고 모임이 있을 때마다 비서를 시켜 자신에게 배정된 자리가 어디인지 알아보도록 했다. 원하는 자리에 앉지 못할 경우 아예 참석하지 않는 경우도 있었다.

다음은 자신에게 유리한 자리에 앉기 위한 몇 가지 방법이다.

- 모임이 예정된 곳에 전화를 걸어 도착하면 원하는 자리에 앉을 수 있도록 안내해 줄 것을 부탁한다. 눈에 띄지 않게 식당 호스트에게 팁을 건네 감사를 표하도록 한다.
- 일찍 도착해 다른 사람들보다 먼저 자리를 잡도록 한다. 기다

리는 동안 음료를 시킨다. 일단 음료가 나오면 자리를 옮겨

달라는 말은 듣지 않을 것이다.

· 늦게 도착하지 않도록 한다. 원치 않더라도 남아 있는 자리에

앉을 수밖에 없으니까.

· 아는 동료에게 자리를 바꾸어 달라고 부탁한다.

☆일찍 도착했을 때 및 기타 사항

(1) 다른 초대 손님들이 테이블로 다가오면 자리에서 일어나 인사하는 것이 예의다. 이런 의례를 피하고 싶다면 일찍 도착하지 말 것!

(2) 테이블에서 이쑤시개를 써도 되나?

안 된다. 그러나 일부 지역에서는 허용되기도 한다(로저 액스텔은 동양에서는 테이블에서 이쑤시개를 쓰는 일도 많다고 한다).

(3) 테이블에서 화장을 고치면 안 되는 줄 알지만 빨리 끝내면 괜찮지 않을까?

안 된다. 보기에도 안 좋고 매너가 부족한 사람으로 비칠 것이다.

(4) 식사할 때 말하면 숨소리가 거칠어져서 말하고 싶지가 않다. 식사하는 동안 말을 안하면 남들이 무뚝뚝하다고 여길까?

음식이 입에 들어 있는데도 대화를 시작하려 애쓸 필요는 없다. 그러나 누가 질문을 하거나 다른 사람이 대화를 하고 싶어하면 대답 정도는 해야 할 것이다. 필요하다면 먹기를 그만두고 대화에 참여하도록 한다.

(5) 도저히 음식을 먹을 수 없는데 물려야 하나, 그냥 참고 먹어야 하나?

괜한 소동을 피우지 않는 것과 입 다물고 고통받는 것은 별개의 문제다. 그냥 참지 말 것! 웨이터를 불러 지시한다. 자신이 원하는 것이 무엇인지 분명하고 정중하게 얘기하도록 한다. "이 크림

소스는 저한테 너무 짜군요. 이건 주방으로 가져가고 다시 메뉴판을 주시겠습니까? 다른 것을 고르도록 하지요.”와 같은 수준이면 충분하다.

(6) '잡담'을 해야 하나, 그냥 사업 애기를 시작해야 하나?

사업을 논하기 전에 어느 정도의 잡담은 중요한 머리말 역할을 하므로 늘 준비를 하고 있어야 한다. 어떤 사람들은 식사를 끝내고 커피가 나와야 사업을 논하기도 하므로, 서둘러 사업 애기를 꺼내면 무례하다는 인상을 줄 수 있다. 알고 보면 여러분이 그런 여유 있는 사람 중 하나일 수도 있다. 달리 선택의 여지가 없는 경우를 제외하고는 어떻게 진행하면 좋을지 상대에게 알려 주도록 한다. 식사 약속을 하기 전에 일정을 미리 물어 본다. 사업 애기는 회의실에 앉아서 하는 것이 더 적절할 수도 있으니까.

(7) 계속해서 남의 험담을 하고 다른 사람들 앞에서 동료들의 이름을 거침없이 떠들어대는 사람은 어떻게 해야 하나?

그런 사람은 회사의 정수기(淨水器)나 통근차 또는 다른 곳에서 만났을 때와 마찬가지로 대한다. 절대 맞장구 치지 말 것! 애기를 다른 방향으로 유도한다. 그래도 상대가 알아채지 못한다면 직원들에 대한 소문 따위는 삼가 달라고 조용히 말한다. 전혀 손 쓸 수 없는 상황이라면 사과의 말과 함께 자리를 뜨는 수밖에 없다.

(8) 같이 식사할 손님이 메뉴에서 주문할 만한 음식이 없다고 하면 어떻게 하나?

우물쭈물하지 말고 웨이터를 불러 메뉴에 없는 음식이 준비되는지 물어 본다. 사람마다 특별히 선호하거나 가리는 음식이 있기 마련이므로 메뉴에 없는 것을 주문하는 것도 생각만큼 드문 일은 아니다. 손님에게 맞는 음식이 제공되지 않으면 식당을 나와 다른 곳으로 가는 수밖에 없다.

⑼ 웃옷을 벗어 의자에 걸쳐두어도 괜찮을까?

안 된다. 격식을 차리지 않는 식사라 해도 웃옷을 벗으면 너저분한 사람으로 보일 수 있다.

⑽ 상대방의 이에 시금치가 끼었는데 말해 주어야 하나?

안 될 것 같다. 상대방을 당황하게 하지 않고 알려 주는 다른 방법을 생각해 보도록 하자. 정 안 되면 말할 수밖에…….

⑾ 내가 시킨 더운 음식이 제일 먼저 나왔다. 다른 사람들의 음식이 나오기를 기다리면 식을 텐데 먼저 먹어도 좋은가?

안 된다. 먼저 들라고 권하지 않는 한 다른 사람들의 음식이 다 나오도록 기다려 같이 먹기 시작한다.

⑿ 이제 막 음식이 나오는데 사무실에서 계속 호출이 온다. 어떻게 해야 하나?

레스토랑에서의 모임이 사무실에서의 회의보다 더 중요할 수도 있다. 더운 음식이건 찬 음식이건 간에 식사하러 모인 사람들이 음식을 앞에 두고 기다리는 일이 있어서는 안 되기 때문이다. 호출음 때문에 여러분뿐만 아니라 다른 손님들의 주의도 분산된다. 사무실을 나오기 전 비서나 통신 업자에게 분명한 위급 상황이 아니면 식사 시간 중에 호출하지 않도록 부탁한다.

⒀ 레스토랑에서는 모자를 벗어야 하나?

여성은 모자를 쓰고 식사해도 무방하다. 모자가 옷의 일부로 간주되기 때문이다. 반면 남성은 실내에서 반드시 모자를 벗어야 한다. 예외도 있다. 미 남서부의 일부 남성들은 레스토랑이나 실내에서 웨스턴 스타일의 모자를 쓰기도 한다. 어떤 사람들은 종교적 이유로 늘 머리를 가리기도 한다. 정해진 관습을 따르도록 하되 지역에 따라 다른 관습에도 주의하고 때로는 전통적인 매너에서 벗어나는 경우도 있음을 예상한다.

⑭ 호스트가 레스토랑의 흡연석을 예약했다. 나는 담배 연기를 싫어하는데 다른 테이블로 옮기자고 해도 될까?

식사할 사람이 둘 뿐이고 호스트와 잘 아는 사이라면 테이블을 옮기자고 청해도 괜찮다. 두 명 이상이 식사를 할 경우이거나 레스토랑에 손님이 많다면 다른 자리로 옮기는 것이 여의치 않을 수도 있다. 초대에 응할 때 미리 금연석으로 자리를 마련해 달라고 청하는 것이 최선이다.

☆ 계산은 어떻게 할까?

다른 사람에게 같이 식사하자고 청할 때는 자신이 지불할 준비를 해야 한다. 문제는 식후에 계산하는 일이 늘 그렇게 단순하지만은 않다는 점이다.

- 초대받은 손님이 굳이 자기 몫은 자기가 내겠다고 하면 구태여 말릴 필요가 없다. 정중하게 동의하고 따로 계산한다.
- 부하 직원이 상사를 점심에 초대했다. 두 사람 모두 회사 법인 카드가 있고 부하 직원은 상사의 지출 경비 한도가 더 큰 것을 알고 있다. 상사가 계산을 한다고 해서 부하 직원이 따질 필요는 없다.
- 동료에게 점심을 같이 하자고 했다. 식당에 가서 앉고 보니 가까운 테이블에 동료의 남편이 자기 손님과 함께 앉아 있었다. 그가 테이블로 다가와 자기 아내와 인사를 나누고는 그날 점심은 자기가 사겠다며 웨이터에게도 미리 일러두었다고 말한다. 이때는 그에게 감사를 표하고 나중에 여러분이 대접하겠다고 말하도록 한다. 상대의 태도가 거만하고 식사를 대접받는 것이 경우에 어긋난다는 생각이 들더라도 일단 호의는

정중하게 받아들이는 것이 최선이다.

- 상대와 다투지 않고 여러분이 계산하고 싶다면 미리 레스토랑의 관계자에게 계산서를 테이블로 가져오지 않도록 일러둔다. 이런 사항은 예약을 할 때 함께 알려 주도록 한다.
- 각자 부담을 하기로 했다면 음식을 주문할 때 웨이터에게 따로 계산서를 작성하도록 한다.

☆언제 일어서야 하나?

사업상의 식사가 끝나면 각자 생활로 돌아가기 마련이다. 아침이나 점심 식사 초대에 응할 때는 식사를 겸한 회의가 끝나면 각자의 사무실로 돌아갈 것이 정해져 있다. 그러나 저녁 식사 약속을 할 때는 약간의 의문이 생길 것이다. 가야 하나? 계속 머물러야 하나? 어떻게 하면 정중하게 식사의 끝을 알리고 집에 돌아갈 수 있을까?

더군다나 저녁에는 시간이 늦어질수록 교통편이나 안전 문제를 고려하지 않을 수 없다.

저녁 5시경이면 전철이나 다른 교통편이 자주 운행되겠지만 8시가 되면 분명 운행 간격이 길어질 것이다.

택시 정류장, 버스 정거장, 전철역도 러시 아워의 인파가 빠져나가면 컴컴하고 인적도 없고 위험한 장소로 돌변할 것이다. 여러분과 같이 식사를 한 사람들의 상황을 고려하지 않을 수 없는 것이다.

그러나 교통편을 염려할 이유가 없다 해도 어떻게 해야 적당한 시간에 확실하게 모임을 매듭지을 수 있을지 궁금할 것이다. 다음의 몇 가지 예를 보자.

- "오늘 밤 자기 전에 40쪽 정도의 감사 보고서를 읽어야 합니

다. 그래서 지금 자리를 떠도 여러분이 양해하시리라 믿습니다. 오늘 정말 즐거웠고 유익했습니다. 감사합니다."

- "자, 계획했던 것은 다 논의한 것 같군요. 시간도 늦었고 바쁜 하루를 지냈으니 모두들 이제는 쉬셔야지요. 와 주셔서 감사했습니다."
- "신사·숙녀 여러분, 이 레스토랑의 직원들을 위해서도 우리가 자리를 비울 때가 된 것 같습니다. 우리가 마지막 손님인 것 같군요."

자리에서 일어나 인사를 하면 모임이 끝났음을 더 확실히 할 수 있다. 또한 다른 사람들이 점잖게 모임을 끝내고자 보내는 신호를 알아채지 못할 만큼 무신경해서는 안 된다.

☆ 불청객을 처리하는 법

불청객이 여러분의 테이블로 찾아들 만한 구실을 주어서는 안 된다. 아는 동료가 여러분을 보고 테이블로 다가오면 자리에서 일어서 인사를 한다. 그렇지만 얘기할 시간이 없음을 분명히 표시하도록 한다.

"안녕하세요, 헬렌. 내일 제가 전화 드릴 테니 다음에 한 번 만나지요."

헬렌은 동석한 사람들에게 소개해서도 안 되고 그 반대도 마찬가지다. 잘못하면 헬렌에게 합석하도록 청하는 것으로 이해될 수 있기 때문이다. 여러분은 헬렌과 합석하려는 것이 아니라 예의를 갖추어 '보내 버리려고' 하는 것이다.

동석한 사람이 아는 사람과 우연히 마주쳐 얘기하느라 사업 논의가 지연되고 있다면 여러분은 인내심을 발휘해 기다리는 수밖에 없다. 그러나 두 사람의 대화가 너무 길어진다면 시간이 많지도 않고 곧 떠나야 할 것임을 얘기해야 할 것이다. 여러분의 말이 효과가 있어 불청객이 가 버렸다면 동석한 상대방은 여러분의 이러한 참견을 오히려 고맙게 받아들일 수 있다.

불청객을 어떻게 보내 버릴까를 생각할 때는 자신이 불청객이 되는 일은 없는지도 생각해 보아야 한다. 여러분이 사업상 아는 사람의 테이블을 지날 때에도 잠깐 멈추어 간단한 인사만 하고 자리를 비켜 주도록 한다.

☆ 식사할 때 적당한 화제와 주의 환기

올바른 식사 예절을 지키기 위해서는 대화의 소재도 자리를 같이 한 모두의 기분을 상하게 하지 않는 것으로 선택한다.

예를 들어 여러분의 동료가 최근 폐수 처리 공장의 발전상에 대해 자세히 설명하고 있는데 고객이 자꾸 몸을 뒤척이면 동료의 화제가 분위기에 맞지 않는 것이다.

교통 사고 후 피가 낭자한 현장에 대한 얘기를 듣고 누군가 얼굴이 파랗게 질렸다면 이 또한 적당한 화제가 아니다.

물론 몸을 뒤척이거나 얼굴이 파랗게 질리는 등의 표시는 얼른 알아챌 수 있지만, 어떤 사람들은 속으로 기분이 상해도 겉으로는 아무런 표를 내지 않는다.

때때로 테이블에 앉은 이들의 표정을 살피는 습관을 들이도록 한다. 불편한 기색이 보이면 얼른 조치를 취하도록 한다.

효과적인 방법의 하나가 화제를 바꾸는 것이다.

또 다른 방법으로 분위기에 맞지 않는 얘기를 하는 당사자에게 눈에 띄지 않게 신호를 보내는 것이 있다. 그 사람의 정강이를 슬쩍 건드려 주의를 주는 것이다.

직접적으로 참견하는 방법도 있다. "샘, 우리 다른 얘기를 하도록 하지. 엔라이트 양은 우리 회사가 지금 시험 중인 새 주방에 흥미가 있으실 것 같군."

분위기를 흐리는 사람이 고객이거나 의뢰인이라 제지하기가 꺼려진다면 얼른 자리를 뜨도록 한다. 앞으로 이런 사람을 만날 때 공공 장소는 피하도록 한다. 비즈니스 에티켓을 따르자면 다른 사람을 편안하게 해야 할 의무도 있지만 마찬가지로 여러분도 편안할 권리가 있는 것이다.

식사를 겸한 회의에서는 약간의 잡담이 필요하지만 회의실에서 만날 때는 철저히 실무적인 분위기가 조성된다. 사업 상대의 식사 예절이 그리 좋지 못하다면 회의실에서 만나거나 다른 곳에서 만나도록 한다.

제4장
비언어적 의사 소통 방식

☆다른 사람의 보디 랭귀지 읽기

경찰관이 범행 현장에 도착하자 군중 속의 두 명이 여러분을 손가락질한다. 여러분은 부상당한 피해자의 손목을 놓고 뛰기 시작한다. 경찰관이 당신을 쫓아와 따라잡은 후 팔을 꽉 움켜쥔다.

손가락질, 달리기, 움켜쥐기. 한 마디 말도 없이 이 모든 일이 일어났다. 그러나 주변 사람들에게는 신고, 탈출 시도, 체포라는 메시지가 분명하게 전달된다. 이는 매우 강렬한 메시지이며 한 마디의 말도 없이 그 의미가 완전히 전달되었다.

여러분은 주머니에서 지갑을 꺼내어 경찰관에게 신분증을 제시한다. 경찰관이 여러분의 팔을 놓아 주고 악수를 한다. 서로 미소를 주고받는다. 그는 범행 현장으로 돌아가고 여러분은 또 뛰기 시작한다.

여러분이 의사라서 피해자를 돕기 위해 응급 기구를 가지러 차로 뛰어가는 것임을 구경꾼들은 전혀 알 수 없었다. 그러나 이제 여러분이 더 이상 용의자가 아님은 분명해졌다.

늘 이렇게 많은 단어를 써서 묘사할 수 있는 상황은 아니겠지만 연극을 할 때나 직장에 있을 때라도 분명 여러분은 중요한 정보 교환의 수단으로 보디 랭귀지를 사용한다.

- 팀원들 앞에서 여러분이 설명을 하는데 상사가 하품을 한다.
- 여러분이 부하 직원의 책상에 다가갈 때마다 그는 자리에서 일어나며 가슴께로 팔짱을 낀다.
- 면접을 보고 있는데 면접관이 여러분과 눈을 마주치려 하지 않는다.
- 회의실에서 회의가 있을 때마다 동료가 출입문 가까이 자리를 잡는다.

상사는 여러분의 설명이 지루했던 것일까?

부하 직원이 반항적인가?

면접관은 여러분이 마음에 들지 않는 것일까?

동료는 빨리 회의를 끝내고 나가고 싶어하는가?

만약에

상사는 피곤하다.

부하 직원은 여러분을 맞으려고 자리에서 일어선 것이다.

면접관은 다른 사람들과도 거의 눈을 마주치지 않는다.

동료는 수줍어하는 성격이라 회의가 끝나면 사람들과 잡담하는 것보다는 빨리 나가고 싶어한다.

이런 해석도 충분히 가능하다.

그러나 소문을 들으니 상사가 다른 회사의 스카웃 제의를 받았다 한다. 지금껏 상사는 대체로 여러분에게 늘 관심을 기울였고 최근에는 여러분의 업무 실적을 높이 평가한 일도 있다. 이런 상황에 비추어 상사가 지루했다거나 피곤했을지 모른다는 생각은 접어두고 여러분의 설명에 무슨 흠이라도 있었는가를 걱정하지 않아도 된다.

마찬가지로 위의 나머지 세 경우에도 특별한 원인이 있을지 모를 일이다.

여러분은 상황의 원인에 대해 알고 싶은 것이므로 가능한 모든 메시지를 이용하도록 한다.

☆몸짓으로 의사 표현하기

누군가가 메시지를 보내면 누군가가 그것을 받는다.

누군가 보디 랭귀지로 여러분에게 메시지를 보내면 여러분 또한 보디 랭귀지를 사용해 메시지를 전달할 수 있다. 자신이 알지도 못하는 사이에 신체의 움직임을 통해 남이 나에 대해 많은 것을 파악할 수 있다는 사실이 꺼림칙할 수도 있겠다.

예를 들어 의뢰인의 말이 너무 지루해 여러분의 시선이 자꾸 그 사람을 보지 않고 열린 창문으로 향한다면 그는 틀림없이 자신의 말에 여러분이 흥미를 보이지 않는다고 생각할 것이다.

제품가가 얼마나 좋든, 약속된 배달 일자를 얼마나 잘 지키든 간에 의뢰인을 앞에 두고 시선을 이리저리 돌리면 판매 기회는 날아가는 셈이다.

다른 경우로, 마감 시한이 가까운데 한 공급 업자가 여러분의 책상 앞으로 다가온다고 가정해 보자. 여러분은 정중하게 자리에서 일어나 악수를 한 후 곧 다시 앉는다.

전처럼 의자에 앉으라는 손짓도 하지 않는다. 그래도 그가 자리에 앉으면 여러분은 책상에서 서류 뭉치를 집어들며 전화기로 손을 뻗는다. 여러분은 말 한 마디 않고 그에게 떠나라고 부탁하는 것이다.

서브텍스트(subtext)의 의미

대부분의 사람들이 보디 랭귀지를 이해한다. 잘 모르는 사람도 있기는 하지만 어떤 사람들은 보디 랭귀지를 아주 능숙하게 사용한다.

앞에 나온 몇 문단으로 보디 랭귀지에 대한 개요를 파악했다면 이제부터는 좌석 벨트를 단단히 매고 새로운 영역을 탐색해 보자.

<성공하는 사람들의 비즈니스 예절>은 좋은 매너, 최상의 행동, 그 밖의 비즈니스 세계에서 성공하는 데 도움이 될 만한 규칙의 숙달에 초점을 두고 있다. 최고의 비즈니스 에티켓을 실천하고 싶다면 줄리어스 패스트가 그의 책 <직장에서의 보디 랭귀지(Body Language in the Workplace, NY:Penguin Books, 1991)>에서 말하는 보디 랭귀지의 텍스트(text)와 서브텍스트(subtext)를 필수적으로 이해해야 한다.

일단 보디 랭귀지를 마스터하면 여러분은 자신의 의사 소통 기술이 눈에 띄게 향상된 것과 그렇게 얻은 노하우로 원하는 결과를 얻을 수 있다는 것에 놀랄 것이다.

"의사 소통을 할 때의 서브텍스트는 각기 다른 많은 요소의 혼합이다. 부분적으로는 각 사람의 보디 랭귀지, 자세, 손의 움직임, 시선 접촉, 공간을 사용하는 법, 적당한 때에 약간의 신체 접촉을 할 수 있는 능력 등으로 구성된다. 목소리도 단어가 어떤 식으로 해석될지에 영향을 준다. 똑같은 문장이라도 무관심에서 강한 감정까지 여러 다른 방법으로 해석될 수 있다. 어떻게 전달하느냐에 따라 각기 다른 서브텍스트를 의미한다."

-<직장에서의 보디 랭귀지> 중에서

여기서 텍스트란 겉으로 드러나는 말인 반면 서브텍스트는 관련 있는 모든 것을 포괄한다.

따라서 보디 랭귀지의 요소에는 하품, 팔짱, 출입구 쪽에 잡은 자리, 딴 곳으로 향하는 시선 등 모든 것이 해당된다. 이 밖에도 수도 없이 많기 때문에 알아보려면 끝이 없다. 더불어 각 보디 랭귀지의 정확한 의미를 수록한 사전은 없기 때문에 여러분 스스로가 해석하는 수밖에 없다.

캔디스 맥키니스와 아더 나텔라 2세가 함께 쓴 책 <멕시코에서의 비즈니스-경영인들의 행동, 의례, 에티켓(Business in Mexico: Managerial Behavior, Protocol, and Etiquette, NY:Haworth, 1994)>을 보면 멕시코의 비즈니스맨들이 만났을 때 포옹하는 것은 신뢰의 표현이지 애정 표현이 아니라고 한다. 또한 미국인들은 상대방과 18인치에서 6피트의 거리를 둘 때 가장 편하게 느끼는 반면 멕시코 인들은 18인치에서 21인치 사이의 거리를 가장 편하게 느낀다.

그러므로 분명 여러분은 자신이 자라고, 공부하고, 살며, 일하는 곳의 보디 랭귀지뿐만 아니라 외국의 비즈니스맨들이 편하거나 불편하게 느끼는 보디 랭귀지도 이해할 수 있어야 하겠다.

☆미소, 악수, 끄덕임 - 좋을 때와 나쁠 때

미소

남에게 소개 될 때는 미소를 짓는다. 미소는 여러분이 상대방과의 만남을 꺼려하지 않고 기꺼이 받아들임을 나타낸다. 사람을 처음 만날 때는 미소를 짓는 것이 예의이다.

불편하거나 분위기가 어색하게 느껴질 때도 미소를 짓는다

불안감을 감추는 데 도움이 되기 때문이다. 미소는 보는 이들로 하여금 긍정적인 반응을 하게 하므로 그에 따라 여러분의 기분도 나아져 자신감이 생긴다. 비즈니스를 수행할 때는 자신을 잘 조절하는 사람으로 보여야 한다. 이럴 때 바른 자세에 미소를 곁들이면 좋은 결과를 낳을 수 있다.

칭찬을 하거나 받을 때 미소를 짓는다

칭찬을 주고받을 때 곁들이는 미소는 매우 적절하며 여러분이 보내는 찬사를 강조하는 데 도움이 된다. 칭찬을 받는 입장이라면 이를 품위 있게 받아들여 여러분에 대한 호감을 증대시킬 수 있다. 그런데 상당히 많은 사람들이 칭찬을 받을 때 당황하거나 그럴 만한 자격이 없다고 생각한다. 그렇다고 이런 감정을 그대로 털어놓으면 다른 사람들의 위신을 격하시키는 것밖에 되지 않는다. 이럴 때 곁들이는 미소는 다른 사람의 위신도 지키면서 겸손한 표현을 할 수 있도록 한다.

박수를 칠 때 미소를 짓는다

훌륭하게 업무를 수행한 한 동료가 사람들의 박수를 받는다. 비록 여러분이 실망을 하거나 자신이 그 위치에 설 것으로 기대했다 하더라도 박수를 치면서 미소 지으면 그런 감정은 밖으로 드러나지 않을 것이다. 여러분은 품위 있고 성격 좋은 사람으로 보일 것이다. 이는 일할 때나 쉴 때도 환영받을 만한 좋은 이미지이다.

기분이 상했거나 당황했음을 나타내기 위한 보디 랭귀지를 쓰려는 것이 아니라면 웃고 싶지 않다고 해서 얼굴을 찡그리는 일이 없도록 한다.

억지 웃음은 보기에 좋지 않다

억지 웃음은 대개 입술 부위만 움직일 뿐 눈이나 다른 얼굴 근육이 전혀 움직이지 않는다. 자주 억지 웃음을 지으면 곧 위선자라는 불명예를 얻게 된다. 앞에서 말했듯이 다소 억지로 웃는 웃음이라도 좀더 편안하고 좋은 마음가짐을 하는 데 도움이 되지만, 너무 자주 억지 웃음을 지으면 사람들이 피하게 된다. 이는 분명 여러분이 원하지 않는 결과일 것이다.

너무 오래 웃어도 의심을 받는다

여러분이 누군가의 스승이다. 그 사람이 대중 앞에서 연설하는 40분 동안 여러분이 계속해서 웃고 있다면 청중들은 여러분이 연사의 발언에 흡족해 하며 자랑스러워한다고 생각할 것이다. 그러나 대부분의 경우 너무 오래 웃으면 보는 사람이 불편해 할 수도 있다. 여러분이 현재의 상황에 집중하지 않는 것으로 여겨지기 때문이다. 이는 좋은 행동이라도 지나치면 의도했던 것과 반대의 반응을 일으킬 수 있음을 보여 주는 또 하나의 예이다.

악수

한동안 만나지 못한 사업 상대와 인사할 때는 힘있게 악수하는 것이 일반적 관례이다. 여성의 사회 진출도 꽤 늘었지만 아직까지도 여성이 먼저 청하지 않으면 손 내밀기를 주저하는 남성들이 있다. 상대가 특별히 악수하기를 거부하는 여성이 아니라면 여성이 먼저 청해야 한다는 고정 관념은 버리도록 한다. 사업 상대, 고객, 공급 업자 등 누구를 만나더라도 남녀를 가리지 말고 먼저 손을 내밀어 인사를 하도록 한다.

신체 장애로 인한 것이 아니라면 악수를 할 때는 자리에서 일어서는 것이 예의이다.

손끝만 쥐었다가 금방 놓지 않도록 한다

자신감의 결여를 의미하기 때문이다. 상대의 손바닥과 자신의 손바닥이 밀착되도록 쥐고 한두 번 정도 흔든다. 상대의 손가락

끝만 잡거나 자신의 손을 너무 조금만 잡히면 서로간의 인사가 어색해져 버린다. 그러면 굳은 악수 한 번이면 될 것을 몇 분이나 걸려야 서로 친밀감을 형성할 수 있다.

상대를 향해 다가선다

악수하는 사람끼리 쭈뼛거리며 뒷걸음치는 것은 잘못된 인사법이다. 서로 웃으며 굳은 악수를 하더라고 몸을 뒤로 빼려고 하면 무언가 잘못되었음을 의미한다. 이런 일이 한두 번 이상 일어나면 자기 몸에서 불쾌한 냄새가 나서 상대방이 뒷걸음치는 것이 아닌지 점검해야 한다. 지나치게 강한 향수나 입에서 나는 담배 냄새가 원인일 수도 있다.

악수를 할 때는 웃거나 고개를 끄덕이며 상대의 눈을 응시한다 이로써 서로의 인사가 더욱 완전해지며 어색함을 누그러뜨릴 수 있다. 더욱 중요한 것은 웃음과 시선 접촉이 여러분이 상대에게 주의를 기울이고 있음을 알린다는 점이다. 상대방에게 주의를 기울여야 정중한 인사법이 되기 때문이다.

다른 사람과 말하는 채로 여러분과 악수하는 상대를 본 적이 있는가? 이는 여러분을 무시하는 것이라고 밖에 생각할 수 없다. 여러분은 절대 그런 일이 없도록 하자.

끄덕임

뻣뻣하게 있는 것보다는 고개를 아래위로 몇 번 끄덕이는 것이 좋다. 고개를 끄덕인다고 해서 반드시 동의한다는 의미는 아니다. 단지 이해했음을 나타내는 것일 수도 있는 것이다. 고개를 살짝 끄덕이는 것이 아무것도 아닌 것 같지만 이 역시 말하는 이에게 관심을 갖고 있음을 나타내는 행동이며 예의에 맞는 것이기도 하다.

여러분의 생각을 연사와 참석한 모든 이에게 알리고 싶은 것이 아니라면 좌우로 고개를 저어 부정적인 생각을 노출시키지 않도록 한다.

연사의 말에 동의하지 않을 경우 연설이 끝난 다음에 의사 표현을 하거나 사적으로 만났을 때 하면 연사도 괘념치 않을 것이다. 그러나 청중의 숫자가 많지도 않은데 연설 도중에 세차게 고개를 저으면 청중의 시선이 연사에게서 여러분에게로 옮겨진다. 이는 무례한 행동이며 연사의 기분을 상하게 할 뿐 아니라 다른 청중들이 여러분을 몰상식한 사람으로 보게 만든다. 다른 사람들이 여러분 의견에 찬성해 주기를 바란다면 예의를 모르는 사람으로 보여서는 안될 것이다.

반대로 누군가 말도 안 되는 소리를 떠들어 댈 때 세차게 고개를 저으면 소기의 효과를 볼 수도 있다.

누군가 여러분을 보고 인상을 찡그리며 고개를 가로 저으면 주의한다

여러분의 행동에 뭔가 잘못되었기 때문이다.

한 간부가 연단에 올라가 그날의 연사를 소개한다. 그런데 무대 옆 통로에 서 있던 부하 직원이 세차게 고개를 가로 저으며 양팔을 흔들어 댄다. 간부는 이를 무시하고 소개를 마쳤다. 그런데 연사가 무대로 올라오자 청중들이 웃어대기 시작했다. 간부는 무대 뒤의 연사를 미스터 E. G. 그래헌으로 소개했는데 등장하는 인물을 보니 여성이었던 것이다. 그 간부가 부하 직원이 보내는 보디 랭귀지에 조금만 더 신경을 썼더라도 여성을 남성으로 소개하는 실수는 없었을 것이다.

너무 자주 고개를 끄덕이면 '예스맨'이라는 오명을 얻을 수 있다

상사나 고위 간부의 말에 진정으로 동의한다고 해도 지나치게 고개를 끄덕이지 않도록 자중할 필요가 있다.

☆어디에 앉을까?

수업 첫날 맨 앞자리에 앉았던 학생이 학기 중간쯤 되니 뒷자리에 앉기 시작했다. 왜일까?

수업에 대한 열의가 식었다.

뒷자리를 좋아하는 다른 여학생과 친해져 서로 가까이 앉으려고 했다.

자신의 이름이 너무 자주 불리는 것이 싫어서 뒷줄로 옮겨앉으면 교수의 주의를 덜 끌 것이라 생각했다.

대답은 위의 것 다일 수도, 다 아닐 수도 있다. 그러나 중요한 점은 어느 날 갑자기 즐겨 앉던 자리에 앉지 않으면 남의 이목을 끌게 된다는 사실이다. 왜 자리를 바꾸었는지 사람들이 의아해 한다는 것이다. 이렇게 이목을 끌고 싶지 않다면 매번 모임이 있을 때마다 다른 자리에 앉는 것이 좋다. 직원 식당에 갈 때도 매번 같은 자리에 앉지 않도록 하며 스위트 롤이 나오자마자 커피가 있는 곳으로 달려가지 않도록 한다.

특정한 자리에 앉는 습관을 들이지 않으면 쓸데없는 소문도 나지 않는다. 오히려 늘 자리를 옮겨앉으면 늘 새로움을 추구하는 융통성 있는 사람이란 인상을 줄 것이다.

일어서서 악수하려 할 때 상대방이 움직여야 할 거리가 더 길면 여러분이 더 중요한 인물로 보인다

따라서 인사를 나누는데 여러분이 움직이지 않고 상대를 다가오게 한다면 그는 여러분의 보디 랭귀지를 '내가 당신보다 낫다'로 해석해 기분 나빠 할 것이다. 더군다나 그 상대가 상사라면 여러분을 버릇없는 직원으로 생각할 수 있다.

또 한편으로 여러분이 리더의 자리를 차지하기 위해 경쟁을 하고 있다면 인사를 할 때 경쟁자를 다가오게 함으로써 그가 2등이라

는 인상을 줄 수 있을 것이다.

회사가 주최하는 연회에서 VIP나 사장의 옆자리에 앉으면 여러분 역시 중요한 인물로 보인다. 그것이 여러분의 목적이라면 그 자리를 차지하기 위해 애써야 한다. 일단 원하는 자리에 앉으면 가까이 앉은 손님들과 재치 있게 대화를 나눌 수 있어야 한다.

손님이 사무실로 찾아왔을 때 자리에서 일어나 손님과 함께 응접 소파에 앉으면 더 편안하고 친근한 분위기에서 대화를 나눌 수 있다. 책상 너머로 손님과 얘기하는 것은 공적인 분위기를 만들며 여러분이 주도권을 쥐고 있음을 의미한다. 고객에게 여러분의 권위와 노하우를 보여 주고 싶다면 책상을 사이에 두고 앉도록 한다. 뭔가 민감한 사안을 두고 여러분과 면담을 청한 직원과 마주하게 된다면 자리에서 일어나 소파에 앉도록 한다.

전문가들은 키가 큰 사람이 작은 사람보다 더 인정을 받는다고 한다. 적어도 키 작은 사람이 그런 선입견을 깨기 전까지는 그렇다는 것이다. 어쨌거나 대체로 키 큰 사람이 더 우월해 보인다. 누군가에게 깊은 인상을 남기고 싶다면 매번 상대보다 더 높은 위치를 차지하도록 한다. 예를 들면 책상 모퉁이에 걸터앉아 의자에 앉아 있는 방문객을 내려다보거나 탁자에 둘러앉아 있는 동료 직원들에게 말할 때 자리에서 일어서는 식이다. 더 높은 위치를 차지하면 문자 그대로 남들이 올려다보게 되므로 필요할 때마다 이를 적절히 이용하도록 한다. 주도권을 쥐고 싶지 않다면 반대로 낮은 위치를 차지하는 것이 바람직하다. 그런 경우라면 방문객에게 여러분의 자리와 같은 높이의 의자에 앉도록 권해 시선의 높이를 맞추도록 한다.

다른 사람의 개인적 공간을 침범하지 않는다. 문제는 개인적 공간의 경계가 어딘가 하는 것이다. 사람마다 선호하는 개인적 공간에는 차이가 있다. 개인적 공간이 얼마나 되느냐는 지역적 습관과 어느 정도 관련이 있다. 실제로 어떤 사람들은 코가 맞닿을 만큼 가까이 서서 얘기하지만 또 다른 사람들은 팔 하나 정도의 길이를 두고 선다. 잘 판단이 서지 않으면 가까이 있는 사람들이 어느 정도의 공간을 두고 서는지 살펴본다. 상대가 너무 가까이 서거나 너무 멀리 떨어져 선다고 해서 지레 불손한 사람이라 판단하지 않도록 한다.

☆문 여닫기 및 기타 요령 있는 행동

문 잡아 주기

문을 그냥 놓고 가 버려 뒤따라 나오는 사람이 문에 부딪치도록 하면 상식에 어긋난다. 한 마디로 생각이 모자라는 행동인 것이다. 그러나 다른 사람을 생각해서 문을 잡아 주는 것이 그 사람을 불편하게 하는 경우도 있다. 일부 젊은 남성들은 나이 많은 여성이 문을 열고 잡아 주면 기분 나빠한다. 왜 그럴까?

나이 많은 여성이 더 힘이 세다는 것을 과시한다고 생각해서 그런 것일까? 부모님이 가르쳐 주신 좋은 매너를 선보일 기회를 놓쳐서 그런 것일까? 선의로 한 행동이 왜 오해를 사는지 꼬집어 말하기는 어렵다. 정확한 답이 없기 때문이다.

일반적으로 뒤따라오는 사람이나 통과하는 사람을 위해 문을 잡아 주는 것은 당연하다. 그러나 상대가 자주 기분 나쁜 반응을 보인다면 다음부터 삼가도록 한다. 결국 비즈니스 에티켓의 핵심은 상대를 편하게 하는 것이기 때문이다.

여러 사람이 문을 통과할 때는 어느 한 사람이 문을 잡아 주는 것이 보통이다. 비즈니스맨들은 대개 여성을 위해 문을 열고 잡아 준다. 여성은 이를 너그럽고 품위 있게 받아들이도록 한다. 꽤 높은 직위에 있지 않는 한 여성이 남성 동료를 위해 문을 잡아 주는 일은 체면을 구길 수 있으므로 삼가도록 한다.

열어야 하나, 닫아야 하나?

문을 닫아 놓으면 프라이버시를 지킬 수 있고 외부의 방해를 차단할 수 있다. 고객의 사무실을 방문했는데 계속 문을 열어둔다면 그는 여러분에게 자신이 더 유리한 위치에 있음을 암시하고 있는지도 모른다.

호텔 방에서 문을 닫고 하는 회의는 좀 다른 경우다. 문을 열어 놓고 할 회의라면 호텔에서 하지 않아야 한다. 따라서 호텔처럼 프라이버시나 친밀감이 보장되어 나중에 불이익이 생길 수 있는 곳이라면 비공개 회의 장소로 정하지 않도록 신중을 기한다.

예를 들어 남녀가 호텔 방에서 회의를 하면 남들의 오해를 받기 마련이다. 그래도 불가피하다면 제3자를 동석케 한다. 호텔 측에 부탁하면 비서를 보내 주기도 한다. 호텔에서 만나야 한다면 사람이 많이 모이는 라운지나 레스토랑을 회의 장소로 잡는 것이 좋다.

누구에게나 개방된 태도를 보이려면 사무실 방문을 열어두도록 한다. 마감 시한이 임박했다거나 다른 일이 있을 경우에는 문을 닫는다. 문을 열고 닫아두는 데 신중을 기하면 일관성 있는 메시지를 전달할 수 있으므로 주변 사람들도 여러분의 의사를 존중하게 된다. 찾아온 사람에게 변명을 늘어놓으며 돌려보내는 것은 불필요한 행동이다. 문 하나로도 충분히 의사를 전달할 수 있으므로 여러분의 좋은 이미지와 비즈니스 에티켓이 의심받는 일은 없을 것이다.

기타 요령 있는 행동

어떻게 해야 상황에 따라 남들을 편안하게 할 수 있는지 생각해 보자.

예를 들어 새로운 장비 조작 훈련 세미나에 고객 한 명이 늦게 도착해서 시작할 때 여러분이 나누어 준 인쇄물을 받지 못했다. 이럴 경우 계속해서 발표를 진행하면서 늦게 온 고객의 곁으로 다가가 인쇄물을 주도록 한다.

지금 설명 중인 쪽을 찾아 주어 조금이라도 정보를 놓치지 않도록 배려한다.

여러분이 아무 조치도 취하지 않으면 그 고객은 쉬는 시간이 될 때까지 어정쩡하니 빈손으로 앉아 있어야 했을 것이다.

여러분이 기지를 발휘해 그를 편안하게 만든 것이다. 물론 고객은 여러분에게 감사할 것이다.

또는 저녁 식사에 초대받은 고객들 모두가 혼자 참석했는데 유독 한 사람이 배우자를 동반하고 나타났다. 이럴 때는 웨이터에게 손짓해 두 사람을 여러분 곁에 앉도록 한다. 이렇게 하면 두 사람 모두에 대한 환영을 표시하는 것이 된다. 여러분이 먼저 너그럽게 고객의 배우자를 반기면 다른 사람들도 어색함을 떨치고 그를 반가이 맞아 줄 것이다.

주주총회가 열리는 곳에 상사가 들어왔다. 다른 참석자들은 모두 정장 차림인데 상사만 셔츠 바람이다. 이때 여러분이 웃옷을 벗어 의자 등받이에 걸어둔다.

다른 두 명의 동료가 이를 보고 자신들의 웃옷도 벗는다. 여러분이 취한 행동 덕분에 상사의 적절하지 못한 옷차림에 쏟아질 시선이 분산되었다.

여러분의 재빠르고 기지 넘치는 대응으로 상사는 주주들에게 불쾌감을 줄 수 있는 당황스러운 상황을 모면할 수 있었던 것이다.

☆귀를 기울이자

경청하는 자세가 왜 '비언어적 의사 소통 방식의 범주'에 해당하는지 궁금한가?

주의 깊게 들으면서 동시에 말하기란 불가능하다. 예의를 지켜 경청하기 위해서는 연사에게 방해가 될 만한 보디 랭귀지를 삼가야 한다.

다음은 연사의 주의를 분산시키거나 방해하는 비언어적 메시지다. 찡그린 얼굴, 뒷자리로 옮기거나 연사에게서 먼 곳으로 옮겨앉기, 의자에 앉은 채로 몸 비비꼬기, 방을 둘러보거나 연사에게서 자주 눈을 떼는 것, 먼 곳을 뚫어지게 응시하기, 서류를 들추어 보거나 방안에 들어서는 사람에게 손짓하기 등이 모두 그러한 것에 해당된다.

이밖에도 청중의 관심이 집중된 속에 정보를 전달하고자 하는 연사를 방해할 만한 보디 랭귀지는 또 있을 것이다. 다리를 꼬고 앉아 발을 흔들거나 멍한 표정도 물론 이에 해당한다.

무슨 뜻일까?

좋은 청중이 되고 싶다면 뛰어난 포커 선수의 태도를 한 번쯤 시도해 보는 것도 좋겠다. 상사나 고객, 동료, 친구, 가족이 여러분에게 애기할 때는 잠시 다른 일은 젖혀두고 주의를 기울여 듣도록 한다. 상대의 말을 적을 수 있는 빈 칠판이 된 듯한 자세로 듣는 것이다. 경청을 하면 다른 무엇보다 여러분의 전문가적인 이미지가 향상된다.

말하는 상대방은 여러분을 명석한 사람이라 여길 것이다(사실 관심을 집중한다는 것은 상대가 중요한 사람임을 의미하며 이에 대해서는 상대도 분명 동의할 것이다). 그 밖에도 여러분은 믿을 만하고 동정적이며, 이해심 많은 사람이라는 인상을 준다.

작가 테리 워드는 그의 저서 <일 잘하는 여성-성공을 위한 12단계(Smart Women at Work:12Steps to Career Breakthrough, Chicago: Contemporary Books, 1987)>에서 문서 작성 능력과 화술 외에도 경청하는 능력을 비즈니스 성공의 12가지 비법 중 하나로 꼽고 있다.

마이클 톰셋은 그의 저서 <비즈니스 에티켓의 블랙리스트(The Little Black Book of Business Etiquette, NY:American Management Association, 1991)>를 통해 전화를 할 때 비판적 청취의 중요성을 논하고 있다.

그는 독자들에게 전화를 할 때는 보디 랭귀지와 같은 비언어적 수단을 쓰지 않고 메시지를 전달해야 하므로 상대의 말에 주의를 기울여 듣도록 충고하고 있다. 또한 톰셋은 통화할 때 상대방이 하는 실수도 귀기울여 들을 것을 권한다.

보이지 않는 상대방이 어떻게 무례할 수 있을까? 우선 끊지 말라고 하고서는 계속해서 기다리게 하는 경우를 들 수 있다. 또는 서랍 여닫는 소리나 책상 위의 서류가 넘어가는 소리, 음료수를 홀짝거리는 소리, 껌 씹는 소리, 분명 통화 상대가 허락해서 방에 들어온 누군가가 말하는 소리 등이 다 그러한 예다.

한마디로 말해, 얼굴을 마주할 때처럼 보이는 보디 랭귀지이건 전화에서처럼 보이지 않는 것이건 간에 똑같이 좋은 매너로 임하고 말하는 이에게 관심을 집중하는 것은 필수이다. 이는 훌륭한 청중이 되기 위한 첫걸음이기도 하다.

그 외 다음과 같은 사항이 있다.

1. 상대방의 말이 다 끝나기 전에 어떤 말을 할까 미리 생각하지 않는다. 미리부터 할 말을 생각하면 주의가 분산되고 상대의 말을 다 들을 수가 없다. 더불어 모든 내용을 다 듣고 나면 여러분의 반응이 달라질지도 모를 일이다.

2. 자꾸 딴 생각이 나면 말하는 사람의 얼굴에 시선을 고정시키고 전화를 할 경우에는 눈을 들어 천장을 바라보거나 밋밋한 벽을 쳐다보아 상대의 말에 귀를 기울일 수 있도록 한다.

3. 방이나 주위가 시끄러우면 잠시 말을 중단시키고 빠짐없이 말을 들을 수 있도록 조용한 곳으로 옮기자고 청한다.

4. 다른 일이 있어서 불안하다거나 부담이 되면 상황을 보아 다음에 다시 얘기하도록 한다. 주의 깊게 들을 수 있는 때를 잡아 만날 약속을 하도록 한다. 상대가 더 기다려야 한다는 사실에 실망할 수도 있겠지만 특별히 시간과 장소를 정해 자신의 중요한 용건을 들으려 하는 여러분의 의사를 존중할 것이다.

모든 이의 말에 귀를 기울일 것

업무를 하면서 마주치게 되는 사람들에 대해 생각해 보자.
• 배우자나 중요한 사람들.
• 아이의 보모 또는 교사.
• 상사.
• 고객.
• 동료 직원.
• 사무 용품 조달인.

- 교통편 제공자 또는 자동차 정비공.
- 교환원.
- 비서나 업무 보조 직원.
- 즐겨 가는 식당의 점원.
- 세탁소 주인.
- 이/미용사.

여러분은 이런 사람들과 자주 접촉하면서 그들의 말을 들어야만 한다. 여러분이 정중히 주의 깊게 그들의 말을 들으면 귀중한 정보를 얻을 수도 있으며 그들도 여러분을 더욱 친절히 대해 줄 것이다.

일을 할 때 필요한 모든 사람들을 만족시키면 여러분은 거의 자동적으로 성공의 문턱에 다가가는 것이나 마찬가지다. 이들이 모두 여러분에게 호의를 가지면 여러분의 성공에 얼마나 큰 도움이 될지는 두말할 필요가 없을 것이다.

제5장
이성에 대한 예의

☆비즈니스 에티켓을 지켜 오해의 소지를 없앤다.

성희롱은 범죄다.

직장에서 남녀의 서로에 대한 행동이 그저 예의에 어긋난 것인지 범죄에 해당하는지를 가늠하기 위해서는 성희롱의 정의를 먼저 알아야 하겠다.

직장 내 성희롱이란 무엇인가?

• 달갑지 않거나 원치 않는 성적 접근.
• 성적 행위를 부탁하거나 요구하는 것.
• 다음과 관련한 성적인 발언 또는 신체적 행위.
-(명백한 또는 암묵적인) 고용의 조건.
-고용 여부를 결정하는 근거.
-불합리한 업무 방해 또는 위협적이고 적대적이며 불쾌한 업무 분위기 조성.

위의 정의는 아리조나 주 턱슨에 위치한 고용 기회 평등 사무소(Equal Employment Opportunity Office)에서 1994년 발간한 <직장

내 성희롱>이라는 훈련 책자에 수록된 것이다.

스넬&월머 법률회사에서도 <성희롱(Sexual Harassment, 1994)>이라는 소책자를 고용주들에게 무료로 배포하고 있다. 스넬&월머 법률회사는 현재 아리조나 주의 피닉스와 턱슨, 캘리포니아의 오렌지 카운티, 유타 주의 솔트레이크 시티에 지사를 두고 있다.

작가 윌리엄 R. 하이든과 윌리엄 P. 알렌은 다음과 같이 쓰고 있다. "성희롱은 성차별의 한 형태로서 각 연방법과 주법, 자치 시민권법으로 금지되어 있다. 법원과 고용기회평등위원회(Equal Empl-oyment Opportunity Commission, EEOC)는 일반적으로 성희롱을 피고용인의 업무 환경에 영향을 주거나 해를 끼치는, 원치 않는 성적 행위로 정의하고 있다."

하이든과 알렌은 또한 "성희롱은 상황에 따른 것이며 당자사의 인지, 의도, 상황과 밀접한 연관이 있으므로 성희롱을 당했다는 주장을 방지하기 위한 행동 지침을 구체화하기란 불가능하다."고 말한다.

마찬가지로 <성공하는 사람들의 비즈니스 예절>도 성희롱 방지를 위한 기본 지침이나 구체적으로 어떤 행동이 범죄에 해당하는지 <성공하는 사람들의 비즈니스 예절>은 법률적 조언을 제공하는 책이 아니다. 성희롱에 대한 구체적인 질문이나 의문 사항은 변호사나 자격 있는 전문가와 상의하도록 한다.

가까운 고용기회평등위원회(EEOC) 사무소에 대해 문의하려면 (800)669-4000으로 전화하여 적당한 곳을 찾도록 한다. EEOC의 절차와 규정에 대한 정보를 원한다면 (800)669-EEOC로 전화한다. 영어와 스페인어로 된 정보를 들을 수 있다.

이 책에서는 일상적으로 일어나는 사건들을 관찰하여 여러분에게 이성 직원간에 해도 되는 것과 안 되는 것에 대한 정보를 제공할 수 있을 뿐이다. 읽으면서 알게 되겠지만 이 책에서 언급하는 '해도 되는 것과 안되는 것'은 대체로 상식에 의거한 것으로서 여러분이 조심스런 행동을 하는 데 도움이 될 것이다.

대부분의 성희롱 고발이 여성에 의해 취해지지만 남성도 여성을 상대로 한 성희롱 고발을 하며, 동성간의 성희롱 고발도 가끔씩 취해지고 있다. 와이오밍 주의 연방 법원에서는 남성 직원들이 그들의 아내에 대한 불쾌한 성적 발언을 일삼는 남성 상사를 고소한 일이 있었다.

최근 몇 년 동안 성희롱 문제는 라디오나 TV 토크쇼, 신문, 잡지, 책, 영화 등의 소재가 되면서 큰 관심을 불러 일으켰다.

1994년 3월 20일자 퍼레이드 매거진은 '남성과 여성이 같이 일할 수 있나?'라는 제목의 기사를 실었다. 기사를 작성한 다이엔 헤일즈와 로버트 헤일즈 박사는 1991년 아니타 힐이 당시의 대법원장 클라렌스 토머스 판사를 성희롱 혐의로 고발하여 열린 확인 청문회에서 증언을 한 이후 성희롱 고발 건수가 폭발적으로 치솟았다고 적었다. 또한 기사는 '너무 늦기보다는 그래도 좀 나은 지금' 남성과 여성 모두가 이행할 만한 '10가지 황금률'을 대략적으로 제시하고 있다.

성희롱이라고 해서 반드시 성에 관련한 문제만이 아님을 명심한다. 전문가들은 성희롱이 권위와 결부된 것이라고 한다. 성희롱의 목적은 지배이자 모욕을 주는 것이지 아끼는 마음이나 애정과는 전혀 상관이 없다. 남성과 여성 모두 '피고발인'이나 '피해자'가 될지 모른다는 두려움에서 벗어나 함께 일을 하려면 오늘날의 이상적인 직장은 남성과 여성이 서로를 존중하는 곳이어야 한다는 것을 인정해야만 한다.

지킬 것을 지키자

비즈니스 에티켓의 목적은 사람들이 서로를 편하게 대함으로써 사업을 활성화하는 것이다. 다음의 지침은 오해를 방지하면서 목표를 달성하기 위한 실무적 매너를 제시하고 있다.

신체 접촉은 포옹이나 쓰다듬기보다는 악수에 국한하도록 한다

비록 상대를 잘 안다고 해도 비즈니스를 할 때는 지나치게 오래 껴안거나 기타 애정을 표현하는 신체 접촉은 삼가야 한다. 친절한 말이면 족하며 그 외에는 별로 필요치 않다.

칭찬을 할 때는 상대의 외모가 아니라 업무 수완에 대해 한다

한 여성 직원이 중요한 방문객 앞에서 보고를 하는 남성 동료의 푸른 색 정장을 보고 멋있다고 생각했다. 그렇더라도 청중이 그의 말에 좋은 반응을 보였다는 말로만 칭찬하는 것이 좋다.

남성도 여성의 아름다운 머리, 예쁜 옷, 기타 신체적 특징에 대한 언급은 피하도록 한다. 여성끼리 외모에 대한 칭찬을 하는 것은 상관없지만 남성 직원은 여성 직원의 업무 수완이나 성과에 대한 칭찬만 하도록 한다.

일부 직장인 관계 전문가들은 남성과 여성 모두에게 같은 기준을 권장한다. 상대의 외모가 아닌 업무 성과에 대해서만 칭찬을 하라는 것이다. 여러분이 이에 동의한다면 그렇게 실천하도록 한다.

여성 동료가 60파운드를 감량하는 데 성공했고 체중 감량을 위해 그 여성이 열심이었던 것을 알고 있다면 어떤 말을 해야 할까? 이럴 때는 외모에 대한 말이 불가피하지 않을까?

여기서도 여러분의 칭찬이 상대의 자제력과 인내에 대한 것이라면 상대도 기뻐할 것이다. 또는 아주 일반적으로 "좋아 보이는군." 이라는 말을 해도 괜찮다. 이 말 한 마디로 여러분이 그녀의 노력

에 주목했다는 것을 알릴 수 있을 것이다.

잘못된 행동을 탓하고 사람은 탓하지 말 것

성공적인 경영자를 위한 금언 중의 하나가 부하 직원의 행동을 탓하되 사람 자체를 탓하지 말라는 것이다. 상대의 위신도 지켜주면서 원하는 결과를 얻을 수 있기 때문이다. 다음의 예를 보자.

- "샘, 사무실에서 애정 어린 호칭을 부르면 격이 떨어지네. 비서를 '자기 또는 귀염둥이'라고 부르면 이를 듣는 고객이나 다른 동료들이 자네 비서를 능력 있는 직원으로 보지 않거든. 업무상 대화도 꺼리게 되어서 자네 비서는 자기 잘못도 아닌데 제대로 능력 발휘를 할 수 없게 되는 거지. 게다가 자네 비서는 분명 '귀염둥이'보다는 앤이라는 자기 이름으로 불리는 것을 더 좋아할 거야."

- "상스러운 농담을 들으면 기분이 상할 수도 있어. 자네가 명청한 금발 미녀 농담을 할 때마다 고객들이 따라 웃기는 해도 어떤 사람들은 불편해 하지. 비록 한 명의 고객이라도 농담 한 마디 때문에 잃어서야 되겠나."

단체로 하는 선물이 아니라면 사업 상대의 집으로 선물을 보내지 않는다

한 젊은 여성 간부가 상사를 위한 조그만 선물을 집으로 보내자 상사의 아내는 불같이 화를 냈다. 그 여성 간부는 최근에 상사가 중요한 고객을 확보한 것을 핑계삼아 선물을 보낸 것인데, 평소에 잘 보여서 회사 내에서 좀더 높은 위치를 차지하고자 한 것이었다.

사업상의 선물은 공적인 자리에서 주고받아야 한다

더불어 선물은 고상한 것을 골라야 하지만 절대 연애 감정 따위를 내포해서는 안 되는 것이다. 의류를 선물하는 것은 절대 안 되며 꽃이나 사탕 종류도 피해야 한다. 고르기에 편하기 때문에 사업 상대에게 보내는 수도 있겠지만 한 번 더 생각을 해보아야 할 일이다. 특히 혼자 선물을 할 때는 더 신중해야 한다. 단체로 하는 선물은 그 성격상 연애 감정을 의미하지 않는다.

기분이 상했다면 말로 표현한다

상스런 농담이나 유혹하는 말을 듣고 기분이 상했다면 솔직하게 말로 표현해야 한다. 비즈니스를 할 때 대부분 좋은 말을 못해 줄 것이라면 아예 아무 말 않는 것이 낫다고 하지만 이런 경우는 예외이다. 사람 자체보다는 기분을 상하게 하는 행동에 대해 언급하도록 한다. 그 사람의 반응을 이끌어 낼 수 있는 질문을 덧붙이면 더 좋다.

자극과 반응은 변화의 촉진제이다. 여러분이 반응을 보이지 않으면 상대는 자신의 행동을 바꿀 이유를 못 느끼게 된다. 여러분이 상대를 자극하여 반응을 하게 만들면 긍정적인 결과를 이끌어 낼 수 있을 것이다.

"행크, 눈에 보이는 여자마다 점수 매기는 짓 좀 그만 해! 정말 못 들어주겠다!"라는 말도 신속하게 핵심을 전달하기는 한다. 그렇지만 그보다는 "행크, 이성에게 추파를 던지는 것은 비즈니스맨으로서 성숙하고 전문가적인 태도는 못되지. 그렇지 않나?"라고 말하는 편이 훨씬 유연하게 들린다.

업무 시간이 끝나고 단 둘이 남는 일이 없도록 한다

직원들이 다 퇴근한 시간 이후 남녀 사원이 단 둘이 남아 일하는 경우가 잦다면 자연 남들의 입방아에 오르내리기 마련이다. 이성의 직원과 단 둘이 남아 일을 해야 할 경우 신중히 생각해 판단하도록 한다. 늦게까지 사무실에 남아 일해야 한다면 제삼자에게 부탁해 같이 일하도록 한다. 또한 동료가 외딴 곳에서 만나자고 하면 장소를 바꾸도록 부탁한다. 남들의 눈에 어떻게 비칠지 생각해 본다. 근거 없는 소문을 부인한다는 건 상당히 기분 상하는 일이다. 소문이 될 만한 일은 아예 하지 말도록 한다.

☆이성을 대할 때 조심해야 할 것들

종종 남의 기분을 상하게 하는 이들이 자신들의 농담에 남들이 기분 나빠 하는 것을 알고 놀라곤 한다. 이런 사람들은 남들이 지적하면 상대의 불평을 심각하게 받아들이지 않거나 오히려 좀 여유 있게 생각하라고 타이르기까지 한다. 사실 친구나 가족들은 별로 화를 내지 않는다. 다 재미로 하는 소리인 것을 알기 때문에 같이 웃고 마는 것이다.

한 남성 간부가 여직원에게 "패드가 들어간 브래지어를 하고 있군." 하고 농담을 했다. 근사하다면서 어디 '남자를 낚으러' 가는 것이냐고 물었다. 그는 그 여직원이 있는 자리에서 다른 남자 직원에게 "둘 사이에 무슨 일 생기면 나한테 제일 먼저 말해 줘."라고 하며 자기가 그 여직원과 같이 자고 싶다고 말했다.

우습게 들리는가?

법정에서는 천만의 말씀이다. 실제로 위의 여직원은 '적대적인 업무 환경'에 처한 것으로 판결이 났다(1991년 가이든 대 버지니아 주 남동부 공공 사업소 사건 판례).

잡지, 오려낸 기사, 달력, 액자 등에 신체를 노출하거나 아예 누드인 여성 사진이 실린 채 사무실과 조선소의 벽에 널려 있었다. 법원은 이를 지나치게 만연한 '여성 노동자의 감수성에 대한 시각적 공격'에 해당한다고 판결을 내렸다(1991년 로빈슨 대 잭슨빌 조선회사 사건 판례).

앞의 판례들에 놀랐는가?

이런 행위를 묵인할 것인가?

조치를 취하면 관련인들 모두에게 득이 될까?

<성희롱 혐의로 고소당하지 않으려면(Sexual Harassment, How to Keep Your Company Out of Court, Panel Publishers, NY, 1992)>의 저자 케네쓰 L. 로이드 박사는 대부분의 희생자가 처음 보이는 반응은 희롱을 무시하고 나중에는 부인하는 것이라 한다. 그런 일이 자신에게 일어났다는 것을 믿을 수가 없기 때문이다.

혼자서든 동료의 도움을 받아서든 일찍 조치를 취하면 불쾌한 행동이 도를 넘기 전에 막을 수 있을 것이다.

케네쓰 로이드 박사의 간부를 위한 특별 보고서에는 회사의 정책 수립과 시행하는 법에 대한 내용이 담겨 있다. 최고 경영진이 직장 내에서 상호 존중의 분위기를 조성하려는 진지한 노력을 펼 때라야 성희롱은 발붙일 곳이 없게 된다.

여러분은 회사가 불쾌한 행동에 대비하기 위해 마련한 절차를 이용하여 적절한 대응을 할 수 있을 것이다.

로이드 박사는 성희롱 방지를 위한 프로그램의 일환으로 직원을 대상으로 한 정식 교육을 추천한다.

여러분이 경영진의 한 사람이거나 상호 존중을 형성하기 위해 업무 환경을 개선할 필요가 있다고 생각되면 전직원이 훈련 프로그램에 참여하도록 권장하는 방법도 있다.

감수성 훈련을 위한 영화를 보여 주거나 성희롱 방지 전문가가 이끄는 토론을 실시하면 전직원이 서로 존중하고 맡은 바 일에 충실할 수 있는 분위기 형성에 도움이 될 것이다.

☆지각없는 행동에 대한 정중한 대응

무례함, 몰지각, 무신경—이런 말로 수식되는 행동은 언제나 사람을 화나게 한다.

그러나 응수하기 전에 먼저 냉정을 되찾아야 말에 실수가 없다. 화가 날 때는 나중에 후회할 말을 하기가 쉽다.

더불어 상대의 기분 나쁜 언동을 그냥 흘려 보내는 것이 낫지 않을까에 대해서도 판단을 내려야 한다. 때에 따라 아무것도 안하는 것이 최선일 수도 있다.

다음은 몰지각한 언동에 대해 정중하게 대응하는 예이다. 필요할 때마다 여러분도 활용해 보기 바란다.

한 동료가 말한다. "저렇게 꼭 맞는 치마를 입는 여자는 자기가 먼저 꼬리를 치는 거라구. 남자를 밝히는 것이 분명해. 저런 너저분한 여자들은 좀 건드려도 억울할 것이 없지."

대응은 어떻게 할까? "빌, 자네도 야하게 옷을 입은 여자는 혼나도 당연하다는 고정 관념을 믿는 건 아니겠지? 그건 말도 안 된다구. 자네 여동생이나 아내 아니면 딸도 요즘 저런 치마를 입지 않던가? 그게 다 유행이라니까."

한 물품 공급 업자가 비서에게 말한다. "댁의 상사는 남편 감을 물색하느라 일하는 여자야."

대응은? "당신 상사는 아내 감을 물색하느라 일하는가요? 전 여태까지 그 분들이 생계 때문에 일하는 줄 알았는데요."

한 여성이 점심 식사 초대를 거절한다. 거절당한 상사가 다른 동료에게 말한다. "저 여자 되게 튕기는군."

대응은? "잭, '싫다'는 그냥 '싫다'야. 달리 생각하지 말아. 내가 자네라면 다신 청하지 않겠어. 아마도 나중에 저 여자가 먼저 청할지도 모르지. 그것도 아니라면 아예 생각 말게."

한 남성 간부는 자주 여직원들의 등뒤로 다가가 목과 어깨를 안마해 준다. 여직원들이 그만두라고 말도 해보았지만 듣지 않는다. 이 간부에게 가까운 스포츠 센터나 온천장의 청구서를 감사의 쪽지와 함께 보내면 어떨까?

☆불쾌한 언동에 대한 판단

평소에 간부의 안마 때문에 화가 많이 났던 여성들의 이름으로 쪽지를 쓰도록 한다. 그리고 한두 줄 정도 말을 덧붙인다.

"평소에 안마의 중요성을 강조하시기에 ABC 온천에서 전문가의 안마를 받았습니다. 안마가 좋다는 것을 누누이 말씀하셨으니 온천 비용도 지불해 주실 줄 믿습니다. 감사합니다."

솔직하게 말하거나, 놀려 주거나, 놀라게 하는 방법도 있다. 앞의 예에서 보았듯이 매너를 지키면서 남을 놀려 주는 일도 얼마든지 가능하다!

"견해란 지성이 아니라 결국 감정에 의해 결정되는 것이다."
　　　　　　　　－허버트 스펜서(<사회 통계> 중에서, 1851)

다시 말해 다른 사람의 지성뿐만 아니라 감정(수치심, 어리석음 따위의)에도 호소하면 상대도 바람직하지 못한 행동을 자제할 것이다. 깔끔한 매너를 지키면서 긍정적인 변화의 촉매가 된다면 성공의 맛도 훨씬 달콤할 것이다.

어떤 사람들은 상대의 말을 잘 듣는다. 그러나 그렇지 않은 사람도 있다.

늘 "미안해."라고 말하지만 그 무신경한 언동을 절대 바꾸지 않는 남자 동료가 있다. 그는 여러분의 항의를 심각하지 않게 여기거나 약속의 의미를 전혀 모르는 사람일 수도 있다.

문제의 핵심은?

그 무신경한 동료의 주의를 끌려면 좀 야단스럽고 약간 상식을 초월하는 방법이 필요할지도 모르겠다.

한편 어떤 동료가 이성을 비하하는 말을 한두 번 썼다면, 평소 그의 행동이 나무랄 데 없었으므로 이번에는 그냥 지나칠까도 판단을 내려야 한다.

일단 상대의 행동에 대한 판단을 내렸다면 다음과 같은 행동을 취할 수 있다.

- 아무 말 않고 그냥 지나친다.
- 남들이 듣지 않는 곳에서 지적한다.
- 다른 동료와 합세해 지적한다.
- 다른 사람을 통해 대신 말하도록 한다.
- 직속 상사나 임원에게 도움을 청한다.
- 회사 외부의 성희롱 전문가에게 조언을 구한다.

☆4건의 실제 성희롱 고소 사건

성희롱 여부를 판단하는 데 도움을 주고자 다음의 실제 판례를 검토하여 수록하였다. 이 책에서는 법률적 지식을 제공하려는 것이 아니라 일반적인 정보를 주는 것이 목적이므로 인용문이나 세부 설명은 수록하지 않았다.

판례 1

한 여성이 상사의 데이트 신청을 거절한 직후 해고되었다. 그 여성은 결근이 잦았고 전에 비슷한 횟수로 결근한 다른 직원들도 해고되었다. 그럼에도 불구하고 그 여성은 상사의 데이트 신청을 거절하기 전까지 해고되지 않았으므로 자신이 성희롱의 피해자라고 주장했다.

어떻게 생각하시는가? 다음에서 맞다고 생각되는 한 가지를 골라 보자.

1. 데이트 신청은 육체적 관계의 요구를 의미하는 것이 아니다. 그 여성은 상사의 데이트 신청을 거절해서 해고된 것이 아니다. 결근이 잦다는 것은 해고의 정당한 사유가 된다.

2. 해고의 시점이 여성의 데이트 신청 거절 직후였으므로 분명 상사의 청을 거절했기 때문에 해고된 것이다.

전문가의 결정은 다음과 같다.

법원은 그 여성의 잦은 결근이 해고의 사유가 아님을 증명하지 못했다고 판결했다. 그 여성은 데이트 신청을 거설한 것이 해고의 직접적 사유임을 증명하지도 못했고 할 수도 없었다. 결과적으로 여성이 패소했다.

만일 여러분이 자주 결근을 해서 금방이라도 해고될 수 있음을 알고 있다면 상사의 데이트 신청이 부담이 될까? 그렇다면 어떻게 대처할까? 두 부분으로 나누어 최선의 대답을 생각할 수 있다.

<성공하는 사람들의 비즈니스 예절>에 비추어 생각하면 여러분의 잦은 결근을 무시하고 넘어갈 수는 없다. 상사와 그 문제를 논의해야 한다.

- 고용주에게 잦은 결근 이유를 설명한다.
- 회사에서 잦은 결근을 일삼는 직원을 해고한다는 것을 알고 있으므로 가능한 한 빨리 상의하도록 한다.
- 상황을 수습하려는 계획이 있음을 알리고 정상 출근이 가능한 구체적인 시기를 제시하도록 한다. 예를 들어 탁아 문제가 원인이었고 6주만 있으면 친척이 와서 봐줄 수 있다면 고용주에게 계획을 알리도록 한다.
- 탁아 문제가 해결되는 대로 결근한 시간만큼 보충 근무를 하겠다고 밝힌다.

여러분 자신의 걱정거리가 있음에도 예의를 지키는 것은 다른 사람들의 필요까지도 함께 고려하는 것이다. 회사에서 직원의 잦은 결근을 용납하지 않는 것은 회사의 고객 서비스 능력에 지장을 주기 때문이다.

<성공하는 사람들의 비즈니스 예절>에 따르면 여러분은 남의 기분을 상하지 않고도 "노우."라고 말할 수 있다. 이는 상대의 부탁이 탐탁치 않거나 다시는 그런 청을 안 했으면 하고 바랄 때도 마찬가지다.

- "고마워요. 그렇지만 저는 데이트 안 해요. 별거 중인 남편하고 화해하려고 노력 중이에요. 어쨌거나 청해 준 것은 정말 고마워요."
- "사무실에서 제가 얘기한 적이 없는 것 같은데, 사실 저는 결혼하기로 한 여자가 있어요. 데이트 신청은 고맙지만 거절해야만 해요. 고마웠어요."
- "청해 준 것은 고맙지만 받아들일 수가 없군요. 고마워요."

데이트 신청에는 위험이 따른다. 자신의 감정을 노출시켜야 하기 때문이다. 거절당하면 실망할 뿐만 아니라 상처를 받기도 한다. 그래서 지각 있는 사람들은 이런 사실을 염두에 두고 가능한 한 정중하게 "노우."라고 말하려 한다.

<성공하는 사람들의 비즈니스 예절>을 실천하면 판례 1에서보다는 좀더 나은 결과를 볼 수 있을 것이다.

판례 2

한 여성 주(州)경찰관이 동료들이 재미로 하는 거칠고 유치한 행동을 견딜 수 없다며 사직했다. 그녀는 자신이 어쩔 수 없이 사직한 것이므로 해고된 것으로 간주되어야 하며 그에 걸맞은 수당과 배려를 받아야 한다고 주장했다.

어떻게 생각하는가? 다음에서 하나를 골라 보자.

1. 거칠고 유치한 행동이 신경에 거슬리기는 하겠으나 분명 범죄(성희롱)는 아니다. 동료들의 행동에 기분이 많이 상했다면 상황을 변화시킬 수 있도록 노력했을 수도 있다. 사직은 너무 극단적인 결정이었으므로 그 여성은 그 결과를 감내해야 한다.

2. 주경찰관은 위험한 직업이다. 평소 동료들의 행동이 불쾌하다고 생각되었다면 임무 수행 시에도 책임 있는 태도로 임하지 않을 것이라 느꼈을 수도 있다.

사직에는 타당한 이유가 있으며 그 여성은 자신도 어쩔 수 없는 상황이었음을 보여 주고자 하는 것이다.

전문가의 결정은 다음과 같다.

동료 주경찰관들의 거칠고 유치한 행동은 성희롱의 단계까지 이르지 않는다. 법원도 이성적인 사람이라면 무턱대고 사직을 하지는 않을 것이라 판결했다. 구조적인 해직이었다는 여성측의 주장은 기각되었다.

여러분이 만약 법 집행 기관이나 병원, 또는 순간의 결단과 성숙한 판단력이 생사를 결정짓는 곳에서 일하는 사람이라면 동료들의 불쾌하고 유치한 언동에 신경이 쓰일 때 어떻게 대응해야 할까?

<성공하는 사람들의 비즈니스 예절>의 논리에 따르면 다른 사람의 의견을 구하는 것이 좋을 듯하다.

어리석을 정도의 거친 장난은 동료들이 힘든 업무를 제대로 수행하기 위해 스트레스를 풀고 준비 상태를 유지하기 위한 것으로 볼 수 있다. 남을 판단하는 것은 매우 어려운 문제이므로 객관적인 시각이 결여되면 타당성에 의심이 가는 결과에 이를 수도 있다.

제대로 된 결정을 내리려면 다른 사람들과 그들의 행동의 원인이 무엇인지에 대한 생각은 필수적이다.

- 거친 장난이 불쾌하고 문제의 소지가 많다고 계속 판단될 경우 상급자의 도움을 얻어 문제 해결을 하도록 한다.
- 이런 사람들과 도저히 일할 수 없다라는 생각이 들면 자신이 취할 수 있는 대안을 생각해 본다. 다른 부서로 옮길 수 있는가? 교대 시간을 바꿀 수 있는가? 열심히 일해 진급하여 상황을 벗어날 수 있는가?

대안을 살펴보고 더 나은 선택은 하는 것은 종종 비즈니스를 성공적으로 수행하기 위한 기술의 핵심이 되기도 한다.

내가 취할 수 있는 대안은 무엇인가?

해야 하나, 하지 말아야 하나?

다음의 인용문은 정치를 논한 책에서 발췌한 것이긴 하지만 성공적인 비즈니스와 관련한 비판적 사고와 계획에도 적용되는 내용이다.

"우리는 '생각할 수 없는' 것도 생각할 수 있어야 한다. 복잡하고 급변하는 세계에서 우리 앞에 놓인 모든 대안과 가능성을 탐색하는 법을 알아야 한다. 반대의 목소리를 반기며 두려워하지 않는 법을 알아야 한다.

우리는 '생각할 수 없는 것들'에 대해 생각할 수 있는 용기가 있어야 한다. 상황이 생각지 못한 단계에 이르면 정상적 사고는 중단되며 행동은 부주의해지기 때문이다."

-제임스 윌리엄 풀브라이트(<오만한 권력> 중에서)

판례 3

한 간부가 해고되었다. 계속 거절하는 여직원들에게 술을 마시러 가자고 끊임없이 요구했고, 불쾌한 신체 접촉을 일삼았으며, 여성 신입 사원들에게는 입사한 후 3개월간의 수습 기간 동안 '그를 즐겁게' 하지 않으면 정식 직원이 못될 것이라고 위협했다는 몇몇 여직원의 불만 건의가 이유였다.

해고된 간부는 여직원들이 친근하게 대하려는 그의 의도를 오해한 것으로서 회사는 그를 해고할 권리가 없다고 주장했다. 그는 복직을 원한다. 어떻게 생각하는가? 다음 중 하나를 골라 보자.

1. 몇 사람이 똑같은 불만을 건의했다면 이 간부가 성희롱을 했다는 데에 의심의 여지가 없다. 회사측의 해고 조치는 정당했다.
2. 회사측은 이 간부에게 감수성 훈련을 시켜야 했다. 해고는 너무 극단적인 조치였다.

전문가의 결정은 다음과 같다.

법원은 부하 여직원을 성희롱 한 것으로 밝혀진 간부에 대한 회사의 해고 조치를 타당하다고 판결했다.

상대가 불쾌한 행동을 일삼으며 여러분을 존중하지 않는다면 최선의 방법은 그런 사람에게서 멀어지는 것이다. 신속한 조치를 취하여 변화를 일으키도록 한다!

판례 4

한 여성 트럭 운전사가 터미널 관리자에게 보조 운전사가 자신을 성적으로 괴롭혔다고 불만을 건의했다. 그 여성은 다른 운전사와 짝이 되어 다른 코스로 배정해 줄 것을 요청했다.

터미널 관리자는 문제의 보조 운전사에게 여성 운전사를 괴롭혔는지 물었더니 "그렇지 않다."라는 대답을 들었다고 했다.

관리자는 여성 운전사의 요청을 들어줄 수 없다고 말했다. 여성 운전사는 직장을 그만두었다. 그녀는 억울한 생각이 들어 회사를 상대로 고소했다.

어떻게 생각하는가? 다음 중 하나를 골라 보자.

1. 터미널 관리자의 입장에서 두 사람 중 어느 쪽이 진실을 말하는 것인지 판가름하기는 어렵다. 여성 운전사를 다른 코스로 배정하거나 다른 운전사와 짝을 이루어 주는 것이 여의치 않았다면 도리가 없지 않은가? 그의 행동은 타당했다.

2. 여성 운전사는 남성 운전사에 대해 심각한 비난을 가했다. 비록 두 사람의 주장이 엇갈리기는 하지만 터미널 관리자가 비교적 쉬운 해결 방안인 여성 운전사의 요청을 거절하지 않았어야 했다.

전문가의 결정은 다음과 같다.

법원은 고용주가 언제나 성희롱 주장을 믿어야 하거나 시정 조처를 취할 필요는 없다고 선언했다. 그러나 여성 트럭 운전사로 하여금 문제의 운전사와 또 다시 업무에 임하는 것과 사직하는 것 중 택일토록 한 것이 타당한 일인가? 법원은 그렇지 않다고 판결을 내렸다.

법원은 여성 피고용인에 대해 터미널 관리자와 회사측이 책임을 다했다고 보지 않았다. 여성 운전사가 승소했다.

서로의 주장이 상반되는 상황에 놓여 있고 즉각적인 구제 방법이 취해지지 않는다면 여러분은 어떻게 하겠는가?

<성공하는 사람들의 비즈니스 예절>이 제시하는 바는 즉각적인 구제 방법과 사직하는 것 사이에 중간적 단계가 있지 않겠는가이다.

조사가 완료되기까지 문제의 상대방과 근무하기를 거부하는 방법도 있다. 여러분의 주장이 사실이라 해도 감독자의 입장에서는 판단의 근거가 될 충분한 정보가 없기 때문이다.

상대방 또한 이성에 대한 적절한 행동의 경계를 넘어서려는 의도는 없었으므로 자신도 피해자라 생각할지도 모를 일이다. 또는 만일 자신이 잘못했다는 것을 안다고 해도 순순히 털어놓지는 않을 것이다.

그 사람이 여러분의 주장을 부인하거나 침묵할 경우 관리자는 매우 어려운 입장에 처하게 된다.

이때 관리자는 여러분이 짓궂게 괴롭히기를 잘하는 동료와 단둘이만 있지 않도록 제삼자를 팀에 합류시키겠다는 제안을 할 수도 있다.

이 정도면 관련인 모두가 수긍할 만한 타협안이라 하겠다.

타협을 맺을 때는 주고받기(give-and-take) 원칙을 요령 있게 적용한다. 요령이라는 것도 비즈니스 에티켓의 중요한 요소이다.

☆ 사내 연애의 위험

일을 하다 장래의 배우자를 만나는 사람도 많다. 그러나 직원끼리의 연애는 남녀 모두에게 위험할 수 있다. 또한 주요 고객이나 물품 공급 업자와의 데이트도 문제가 될 수 있다.

둘 사이가 소원해지면 어떻게 될까?

한 사람은 끝내고 싶어하는데 다른 한 사람은 그렇지 않다면?

두 사람이 사귀는 것을 안 임원이 둘의 관계가 업무에 방해가 된다고 보면?

사귀는 사람끼리 한 자리를 놓고 승진 경합을 벌이면?

상관과 사귀기 때문에 특혜를 받는다고 다른 직원들이 생각하면?

대답은?

앞의 질문들에 대해 한 가지로 대답할 수 있다. 여러분의 업무 효율성이 위험에 처한다는 것!

자신의 일을 진지하게 추구하는 사람이라면 이는 보통 문제가 아니다.

그렇기는 해도 남녀간의 이끌림이란 것이 규칙으로 통제할 수 있는 것은 아니다. 대개는 자신들도 모르는 사이에 그냥 일어나고야 마는 일이다.

신중을 기할 것

현재 여러분의 마음을 끄는 상대가 백년해로할 사람인지는 아무도 모른다. 이 또한 보통 문제라고 치부할 수 없는 일이다.

매사에 신중을 기하자. 사무실에서의 관계와 사무실 밖에서의 관계를 잘 조절하도록 최선을 다한다. 처음의 흥분된 감정이 사그라지고 둘이 헤어진다고 해서 두 사람의 자리가 위험에 처하는 일은 없어야 하며 업무상의 판단력이 흐려져서도 안 된다.

상사와 부하 직원이 사귀는 것을 회사에서 달가워하지 않는다는 것도 염두에 두도록 한다.

회사 내의 사귐은 문제가 많을 뿐 아니라 적지 않은 경우에 있어 회사의 친 인척 등용 금지 정책에 해당되어 두 사람 중 하나가 어쩔 수 없이 사직해야 한다.

"신중함은 미덕의 큰 부분을 차지한다.

유권자들이 알지 못하는 공약 때문에 해를 입을 일은 없다."

오그덴 내쉬(<늙은 개는 뒤를 보고 짖는다> 중에서, 1972)

유권자라는 말을 동료라고 바꾸면 사내 연애에 대한 좋은 충고가 될 것이다.

직원들끼리 사귀고 있음을 여러분이 알게 되었고 두 사람이 자신들의 관계를 비밀로 하고 싶다면 여러분도 이에 대해 신중을 기하는 것이 예의다. 다른 사람에게 절대 알려서는 안 된다.

침묵은 금! 소문내지 말 것! 말이 많으면 일을 그르치는 법!

신중하게 행동하면 사려 깊고 다른 사람의 프라이버시를 존중하는 사람이 될 뿐만 아니라 여러분 자신도 보호하게 된다.

여러분만 아는 두 사람의 관계를 누설하면 상사가 여러분을 불러 둘에 대해 슬쩍 이것저것 물어 볼지도 모른다.

그럼 뭐라고 대답하겠는가? 또는 연애 중인 동료가 여러분에게 특별한 부탁을 해온다고 하자.

"자네 휴가 기간을 매리와 바꿀 수 없을까? 칼라나 존한테는 얘기할 수가 없어. 이해 못할 테니까. 매리하고 함께 시간을 보내고 싶어서 그래."

자신만이 알고 있는 것에 대해 조심하면 여러분은 쓸데없이 끼여들 필요도 없고 관찰자의 입장에만 머무를 수 있을 것이다.
 사내 연애의 위험성을 생각해 보면 여러분은 나중에라도 이득을 볼 수 있는 위치를 차지하는 셈이다.

제6장
행사 의례

☆좋은 연설을 하기 위한 필수 요건

청중 앞에 설 사람이라면 누구나 말의 내용이 중요하다는 것쯤은 안다. 그러나 연설의 내용과 함께 다음의 조건이 제대로 충족되어야 한다.

- 내 모습이 어떤가?
- 목소리는 어떤가?
- 방안의 온도는 적당한가?
- 조명은 괜찮은가? 너무 밝거나 어둡지 않은가?
- 청중이 앉을 의자가 편하고 배치는 잘 되어 있는가?
- 의자만 놓는 것보다 의자와 책상을 함께 배열하는 것이 좋지 않은가?
- 청중에게 배포할 종이와 펜, 기타 유인물은 제대로 준비되어 있는가?
- 참석자 모두가 나를 볼 수 있고 내 말을 들을 수 있는가?
- 슬라이드 프로그램의 상태는 어떤가? 시각 자료는? 깨끗하고 화질은 좋은가? 모두가 볼 수 있는가?
- 청중이 지겹거나 지쳐서 몸을 꼬기 전에 연설을 마칠 수 있는가?

세부 사항을 점검해놓으면 좋은 연설을 할 수 있을 뿐 아니라 청중도 편안한 분위기에서 여러분의 발표 내용을 최대한 흡수할 수 있다. 주의를 분산시키는 요인은 없애고 모든 조건을 쾌적하게 완비한다.

완벽한 점검 및 준비

전미 지역을 돌며 세미나를 개최하는 한 여성 강연가는 하루의 강연으로도 막대한 돈을 벌며 세미나 참석자들에게 판매하는 책과 오디오 테이프 등의 수익금 일부를 받는다. 판매 자료는 강연 내용과도 관련이 있는 것이며 그녀가 직접 청중에게 선전을 하기도 한다.

전문 강연가로 나선 지 6개월이 될 무렵 그녀는 강연마다 자료의 판매 수익이 대단히 불규칙함을 발견했다.

그녀는 강연에 필요한 모든 요소를 재점검했다. 그 결과 청중의 수, 제품의 가격, 현장에서 구매자의 선택을 돕기 위한 유능한 보조원 등 다른 조건이 비슷할 때 수입의 차이를 가져오는 가장 큰 요인이 회의가 열리는 장소의 여건임을 알아냈다.

그녀는 주의를 분산시키는 요소를 최소화하는 것이 성공의 열쇠라고 판단했다. 너무 높거나 낮은 방안 온도, 갈증, 딱딱한 의자 등 그 외 요인들 때문에 청중들은 강연 내용에 집중할 수가 없었던 것이다. 강연 내용에 집중할 수 있는 환경을 만들어 주면 참석자들은 계속하여 열의를 보였고 결과적으로 자료의 판매 수익도 올라갔다.

이러한 분석을 한 후 여성 강연가는 강연이 있을 때마다 모든 사항을 미리 꼼꼼히 점검했다. 지난 6개월간의 경험 분석이 절대적인 것은 아님을 알고 있었지만 그녀는 청중들이 강연 내용을 더 잘 이해할 때 자신에게도 더 큰 소득이 있음을 확신했다.

이는 모든 연사들에게도 마찬가지일 것이다. 특정 제품을 홍보하는 것이 아니라 단지 의견을 개진하기 위한 강연이라 해도 청중을 편안하게 하려면 다음과 같이 해야 한다.

- 일찍 도착한다.
- 내가 참석자라면 어떤 것에 만족할지 생각해 보고 그런 점을 충족시키기 위해 재량권 내에 있는 모든 사항을 점검하고 완비한다.

☆ 연사를 소개할 때

일을 할 때의 방법에도 '좋은, 매우 좋은, 최고의'라는 단계가 있다. 연사를 소개할 때는 좋은 방법만으론 충분치 않다. 최고의 방법을 동원해 연사를 소개하자. 시작부터 최상의 분위기를 조성하면 청중에게도 활력을 불어넣고 연사의 기분도 즐겁게 할 수 있다.

- 청중에게 강연 주제와 관련하여 연사에 대한 배경 지식을 제공한다.
- 연사가 자화자찬할 수 없다는 점을 감안하여 사회자로서 찬사의 말을 몇 마디 할 수 있어야 한다. 사회자라는 위치를 이용해 청중들이 다른 곳에서 접하지 못할 관련 지식을 들려주도록 한다. 예를 들어 청중이 평생 교육에 대한 강연을 듣기 위해 모인 비즈니스맨들이라면 다음과 같은 소개가 적당하다.

—"오늘 강연을 하실 마지 벡 여사는 14세에 고등학교를 졸업했고 17세에 대학을 졸업했으며 20세에 첫 박사 학위를 받으셨습니

다. 그 이후 2개의 박사 학위를 더 받았습니다.

BCA 창고업 회사의 소유주이자 경영자이신 벡 여사는 직원들의 대학 진학을 권장하기 위한 프로그램을 실시하셨습니다. 현재 벡 여사의 회사 직원 수는 34명으로서 그 중 29명이 학사 학위 소지자입니다. 29명 모두의 학비를 회사에서 지원하였습니다. 벡 여사는 말을 행동으로 실천하는 고용주입니다. 마지 벡 여사를 박수로 맞아주십시오."

—"윌리엄 트루벡 씨의 편안한 태도와 미소는 보는 사람의 마음도 흐뭇하게 합니다. 이 신사 분의 유연한 말솜씨에 여러분 모두가 편안함을 느끼실 겁니다.

이렇게 소박하고 겸손한 분이 전세계 지도자의 고문 역할을 하시고 백악관의 대통령 자문위원에게도 조언을 하신다는 것이 믿어지지 않으실 줄 압니다.

신사 숙녀 여러분, 개인 이미지 및 기업 이미지 고문이신 윌리엄 트루벡 씨는 이 분야의 독보적인 존재입니다. 윌리엄 트루벡 씨를 소개하게 되어 제 개인적으로도 영광이며 기쁨입니다."

- 연사의 경력을 파악하는 것 외에도 청중에게 알려 주고 싶은 것이 있는지 연사에게 미리 물어 본다. "직접 소개를 하신다면 어떤 것을 청중에게 들려주고 싶은신가요?"
- 시간이 많더라도 소개는 간략하고 요점만 전달하도록 한다.
- 소질이 없다면 억지로 청중을 웃기려고 하지 않는다. 사회자의 임무는 청중과 연사를 모두 준비시키는 것이다. 무분별한 농담으로 분위기를 어색하게 만들면 사회자로서의 임무를 완수하지 못하는 것이다.
- 사실 여부를 확인한다. 참조하는 자료가 오래된 것이면 내용

이 정확하지 않을 수 있다. 이름의 정확한 발음도 익혀둔다. 필요하다면 연사의 사무소에 연락을 하여 비서에게 발음을 확인 받도록 한다. 자신이 알아볼 수 있는 발음 기호를 적어 둔다(Major가 '매이호르'로 소리날 때처럼).

연사가 한두 명뿐이라면 소개의 준비를 하는 시간도 많이 필요치 않을 것이다. 그러나 긴 시간 동안 행사의 사회를 보게 되었다면 각 연설이 끝나고 다음 연사를 소개하기 전 감사의 말 몇 마디는 준비해두어야 한다.

연단의 크기, 연단에서 청중까지의 거리, 자신이 대기할 위치 등을 미리 확인한다. 진행 리듬을 잘 조절하여 연사가 바뀌는 동안 '침묵의 시간'이 너무 길어지지 않도록 하고 시간이 없을 때는 중간에 끼여들지 않고 연달아 연설을 진행시키도록 한다.

☆국기, 국가, 좌석 배정 등에 대해

바른 국기 배치 법은 국가, 주, 회사에 대한 존경을 표하는 데 필수적이며 외국 국기일 경우 그 나라에 대한 존경을 표하는 법이기도 하다.

이는 절대 가볍게 취급할 수 없는 행사 진행자의 책임이다. 국기를 잘못 전시하면 의전(儀典)에 밝은 청중이나 여러분의 실책을 애국심에 대한 공격이나 용서할 수 없는 무식함으로 간주하는 청중들의 분노를 살 것이다.

국기 배치

펑크와 와그널스가 발행한 <1996년 세계 연감 및 사건 수록서 (The World Almanac and Book of Facts 1996, Funk and Wagnalls, Mahwah, NJ, 1995)>에 의하면 1942년 6월 22일 상하

양원 공동 결의문에 의해 미합중국 국기에 대한 의례가 제정되었다고 한다.

국기 사용과 전시에 대한 정보는 펑크와 와그널스의 책에 수록된 의례를 참고하도록 한다. 또는 국기 의례에 대한 자세한 정보를 원하면 전미 국기 재단(The National Flag Foundation)으로 문의하도록 한다(주소:Flag Plaza, Pittsburgh, PA 15219).

이 책에서도 행사 의례를 다루고는 있으나 더 자세한 사항을 알고자 하는 분을 위해 구체적 정보원을 수록한 것이다.

국기 의례에 준하면 큰 행사장에서 '국기는 평평하고 좀 높은 곳에, 연사의 뒤에 전시하도록' 한다. 교회나 대중 강당에서 깃대를 사용해 전시할 경우 국기는 청중 앞에, 청중을 보고 선 성직자나 연사의 오른쪽 등 가장 잘 보이는 곳에 놓여야 한다. 기타 깃발이나 국기는 성직자나 연사의 왼쪽 또는 청중이 보아 오른 쪽에 놓는다. 수평이나 수직으로 벽에 전시할 경우 성조기의 별이 위로, 사람들이 보아서 왼쪽으로 가도록 해야 한다.

회의나 회사의 행사에서 깃발을 여럿 배치할 경우 성조기는 늘 연사의 오른쪽(청중이 보아 왼쪽)에 놓여야 한다. 연사의 오른쪽이 국기를 배치하는 가장 상석이다. 주기(州旗)는 성조기의 반대편, 다시 말해 연사의 왼쪽에 놓이도록 한다.

외국 국기와 성조기를 함께 전시할 경우 성조기가 연사의 오른쪽(국기의 상석)에 배치되어야 한다. 성조기가 외국 국기와 함께 연단에 배치된다면 무대의 중앙에 와야 하며 다른 국기보다 약간 높은 위치를 차지해야 한다. 다른 국기는 똑같은 크기로 하여 깃대에 달고 일렬로 전시한다.

전문가들은 평화시에 특정 국가의 국기를 다른 국기에 비해 높이 다는 것은 허용되지 않는다고 한다. 그러나 미국 내에서 열리는 비즈니스 행사에서는 성조기가 국기 중에 상석을 차지해야 한다.

국가(國歌)

미국 국가(The Star-Spangled Banner)가 연주되면 모두들 자리에서 일어나 차려 자세를 하고 선다. 오른손을 가슴 위에 놓는 것이 바른 의례이다. 다른 나라의 국가가 연주되면 모두 일어서지만 그 나라의 국민들만 국기에 대한 경례를 한다.

그러므로 외국 방문객이 미국 국가가 나올 때 자리에서 일어서면 미국에 대한 존경을 표하고 좋은 매너를 보이는 것이다. 그러나 방문객이 가슴에 손을 얹지 않는다고 해서 당황하면 안 된다. 가슴에 손을 얹는 것은 자기 나라 국기에 대해서만 지키는 의례이기 때문이다.

특별한 좌석 배정

여러분은 다양한 직함의 내빈들이 무대 위에 배석하는 회의를 주관하는 역할을 맡을 수 있다. 자리 배정에 대한 의례를 미리 확인해 두어 본의 아니게 공무원이나 판사, 교수, 군인, 기타 직함의 참석자를 모욕하는 일이 없도록 한다.

누군가를 모욕하면 여러분만 욕을 먹는 것이 아니다. 여러분이 속한 회사와 사업 관계자도 비난의 대상이 되며 부적절한 행동에 대한 조롱을 받게 된다.

내빈들의 공식 직함을 미리 알아둘 필요가 있다. 내빈의 사무실 외에도 문의할 만한 의전(儀典) 전문 시설은 많다.

- 워싱턴 소재 국무부 의전국(행사부), 전화 (202)647-1735.
- 뉴욕 시 소재 국제연합 의전국, 전화 (212)963-1234.

좌석 배정 책임을 맡았을 때

여러 명의 고위급 인사를 무대 위에 배석시키는 일을 맡았다면 행사가 있기 전 해당 내빈들의 대표와 계획을 상의해야 할 것이다.

시(市) 관리나 컨벤션 센터에서 이런 일을 처리하는 전문가들은 자리 배정에는 딱히 정해진 규칙이 없다고 한다. 대신 진행자나 수행인들끼리 의논하여 적당한 자리를 정하는 것이 대부분이라 한다. 이때 다음과 같은 요인을 고려한다.

- 주최자가 누구인가?
- 행사의 목적은 무엇인가?

예를 들어 시장이 시에 진출한 대기업을 환영하는 행사를 주최한다. 이 회사는 8백 명의 지역민을 고용할 것이다.

만일 회사가 군수 업체라면 시장과 주지사, 의원, 회사의 최고 경영진과 더불어 군(軍)의 대표가 참석할 것이다. 시장이 다른 내빈보다 직위가 낮기는 하지만 그가 행사를 주최하는 입장이므로 가장 상석에 앉아야 할 것이다. 이러한 목적에 비추어 회사의 총수가 시장 다음의 서열이 될 것이다. 나머지 내빈은 구분이 명확한 경우 그들의 서열에 따라 자리를 할 것이다.

내빈이 신뢰하는 담당자와의 협의를 거치면 대개는 만족할 만한 자리와 연설 순서를 정하는 것이 가능하다. 참석하는 관리가 자리를 배치한 과정에 대한 보고를 듣고 자신의 담당자가 결정 과정에 참여했음을 알게 되면 배정 받은 자리에 대한 불만은 없을 것이다.

여러분이 할 수 있는 최선은 모든 사항을 사전 협의와 치밀한 계획을 통해 정함으로써 내빈 모두가 상석(上席)에 앉을 수 없어도 모두 환영받고 중요한 인물로 대우받는다는 느낌을 주도록 한다.

그렇다면 연단에서 상석은 어디인가?

의전 전문가인 레티샤 볼드릿지의 말에 따르면 주최자의 오른쪽이 상석이라 한다. 제2 서열의 내빈은 회사의 제2 임원의 오른쪽에 앉는다.

그렇지만 연단에 자리한다는 자체만으로도 대단한 영광이다. 그러므로 연단에 자리하는 영광을 누리는 사람들이 그 사실을 인식할 수 있도록 해야겠다.

☆귀빈을 위한 행사 전후 계획

회사가 주최하는 행사에 참석하는 특별한 내빈은 여러분의 집에 들른 손님처럼 정성껏 대접하도록 한다. 시간이 되면 직접 집으로 청하거나 행사 전후에 레스토랑, 클럽 등에서 식사를 대접하는 방법도 있다.

사장이 직접 대접하고 싶어할 경우 내빈의 일정과 시간을 낼 수 있는지를 알아보고 사장에게 미리 알려야 한다.

일단 다음의 사항을 체크해 보자.

⑴행사에 참석하기 전에 미리 내빈에게 연락을 취해 계획을 확인시키고 최종 변경된 사항이 있으면 알려 준다.

예를 들어 숙소가 변경되었다면 이를 알리도록 한다. 물론 공항에 도착하면 마중 나간 사람이 변경된 호텔로 안내하겠지만 내빈이 배우자나 부하 직원, 동료, 연락을 취해야 할 사람들에게 미리 변경 사항을 알릴 수 있도록 배려해야 하기 때문이다.

지나치게 까다로운 것이 아니냐고 반문하는 분도 있을 것이다. 그렇다면 국제적으로 유명한 한 연사가 겪었던 낭패를 들어 보자. 그는 파리의 단골 양복점에 새 턱시도 한 벌을 플라자 호텔로 우송하도록 예약을 해두었다. 그러나 그의 숙소가 리츠 칼튼 호텔로 바뀌었고 양복점에서는 이를 알지 못했다.

옷이 제때에 도착하지 않았음은 물론이고 연사는 만찬회의 전까지 대신 입을 만한 턱시도를 구하지 못했다. 모두가 나비 넥타이에 턱시도를 입고 있는 모임에 자기 혼자만 평상시 양복을 입고 간 연사의 기분은 굳이 설명할 필요가 없을 것이다.

귀한 손님에 대한 꼼꼼한 배려는 적절할 뿐만 아니라 형식적으로도 꼭 필요하다.

(2)오랜 시간 여행한 끝에 도착한 내빈을 위해 내가 만약 그 사람이라면 무엇을 바랄까 하고 생각해 본다.

다리를 쭉 뻗을 만한 곳? 간단한 식사? 음료수? 기분 전환?

가능하다면 모든 선택 안을 참석자에게 제시해 의견을 타진한다.

(3)일부 고위 인사는 비서나 수행원을 대동한다.

먼저 문의하도록 한다. 일행이 있다면 그들을 위해 적절한 대비를 해야 한다. 행사가 임박해서 허둥대는 것은 보기에도 좋지 않고 다른 중요한 일을 처리해야 할 시간을 빼앗기게 된다.

(4)내빈에게 꽃을 전달할 것이라면 조용히 비서에게 문의해 어떤 종류를 좋아하는지 미리 확인하도록 한다.

장미라는 이름만 들어도 재채기를 하는 사람이라면 다른 꽃을 대신 준비해야 할 것이다. 가슴에 다는 코사지를 준비한다면 어떤 색상의 꽃이 내빈의 옷에 어울릴까도 고려한다. 이 또한 그의 비서에게 문의하면 알 수 있을 것이다. 조금만 신경을 쓰면 금상첨화의 효과를 볼 수 있는 것이다.

(5)내빈이 특정 음식을 가린다면 눈에 띄지 않게 미리 조처를 취한다.

철저한 채식주의자를 만찬 석상에 앉혀두고 구운 쇠고기 요리를 대접하면 안 될 일이다. 음식을 준비하는 담당자에게 내빈을 위한 특별 요리를 준비시킬 때도 쓸데없이 부산떠는 일은 없어야 한다. 참석자가 종교나 건강을 이유로 기피하는 음식이 있다면 접시 옆에 손으로 쓴 간단한 쪽지를 놓아두면 좋다. 요리에 동물성 지방을 전혀 쓰지 않았다거나 야채를 특별히 조리하거나 버터, 기름으로 향을 가하지 않고 쪘다는 등등의 설명이면 된다.

이런 배려에는 특별한 노력이 필요한 것도 아니지만 대접을 받는 당사자에게는 상당히 큰 차이를 만든다. 내빈은 좋은 인상을 받고 여러분의 회사가 사려 깊고 능력 있는 사람을 고용한다고 기억하게 될 것이다.

⑹참석자가 행사가 열리는 곳과 다른 호텔에 묵는다면 회의 장소나 기타 장소로 어떻게 이동할지 고려한다.

여러분이나 다른 간부가 차를 갖고 호텔에 들러 참석자를 행사장으로 데려가면 어떨까? 이는 특별 대우이며 이런 대접은 참석자에게 여러분과 다른 이들이 매우 정중하고 품위 있는 사람임을 보여 준다.

⑺행사가 끝나도 귀빈은 귀빈이다.

교통편이나 기타 여흥이 필요한지에 주의한다. 예를 들어 참석자의 비행기편이 다음날 저녁으로 예약되어 있어 그때까지 어쩔 수 없이 머물러야 한다면 아침 식사를 같이 하거나 시내 관광을 하자고 청해야 하지 않을까?

행사를 마감할 때까지 모든 것이 제대로 진행되었다면 행사 후 몇 시간만에 좋은 인상을 구기는 우를 범해서는 안 된다. 물론 참석자가 혼자 시간을 보내고 싶어하거나, 따로 할 일이 있거나, 다른 활동을 할 여유가 없을지 모른다. 그래도 어쨌거나 물어 봐야 할 일이다!

☆강연료 및 사례금 협상

강연료는 대개 연사와 계약을 맺을 때 결정된다. 연사의 스케줄을 담당하는 매니저가 있을 경우 강연료 협상도 그가 맡아 강연료의 수준과 지불 시기 등을 먼저 제시할 것이다.

예상했던 것보다 강연료가 높다면 좀 낮춰 달라고 요청해도 괜찮을까를 판단해야 한다.

강연료를 낮출 만한 이유를 납득시킬 수도 있으니 우물쭈물할 필요는 없다. 여러분은 회사의 이익을 도모해야 하는 입장임을 잊어서는 안 된다!

예를 들어 회사의 연례 야유회로 얻는 수익금 전액을 식량 구호 단체에 기부한다면 이를 연사 측에 설명하도록 한다. 강연료가 적게 나가면 기부금은 그만큼 늘어나는 것이다. 강연료의 조정이 불가능하다면 길게 얘기할 필요가 없다.

필요하다면 연사의 매니저에게 회사와 상의해야 한다고 말하도록 한다. 가능한 한 빨리 진행시켜 관련자들 모두가 동의 여부를 명확히 할 수 있도록 한다.

강연료가 선불이라면 제반 사항을 반드시 서면으로 작성하도록 한다.

- 연사가 불참하면 강연료를 회수할 수 있는가?
- 그렇다면 회수 기한은?
- 연사가 불참할 경우 다른 사람을 보낼 것인가?

대답을 얻기 위한 최상의 방편은 질문이다. 상대방이 '원래 그렇다'는 식으로 제시하는 조건을 얼떨결에 무조건 받아들여서는 안 된다. 다른 연사가 참석하는 것이 옳지 않다 싶으면 그 점을 명백히 해야 한다.

처음부터 모든 세부 사항을 철저히 점검하면 연사와의 계약이나 세부 조건의 타결이 훨씬 순조로울 것이다.

강연을 할 사람이 성직자나 지역의 유명 인사라 정해진 강연료가 없어서 사례금을 주어야 한다면 상대방이 먼저 여러분에게 기대 수준을 말할 수도 있다.

그렇지 않다면 초빙하려는 강연자의 주변인에게 전화를 걸어 어느 정도가 관례인지 문의하도록 한다.

행사 참석 자체에 큰 의의를 두는 사람이라면 돈을 논하는 것에 대해 불쾌하게 여길 수도 있다. 이런 사람들은 대개 중개인을 통해 사례금을 정할 것이다.

연사가 금전적 보상을 바라지 않는다 해도 여러분은 어떤 식으로든 사례금을 전달해야 할 것이다. 적정 금액이 어느 정도인지 조용히 문의해 너무 적은 액수로 연사에게 모욕을 주는 일이 없어야 하겠다.

연사가 자신이 후원하는 자선 단체에 사례금을 기부해 주기 바란다면 넉넉한 금액을 준비하도록 신경 써야 한다. 경험 많은 동료에게 물어 보면 적정한 금액을 알려 줄 것이다. 여러 사람에게 알아보는 것이 낫다고 생각되면 둘 이상의 사람에게 문의해 조언을 구한다.

봉투를 준비할 것

행사가 끝나고 연사에게 수표나 현금을 전달할 경우 깨끗한 흰 봉투에 넣어 준비해 두도록 한다. 봉투에 넣어 두어야 눈에 띄지 않게 건네기도 좋다.

남들이 보는 데서 지폐를 세거나 주머니에서 돈 뭉치를 꺼내 세어 주는 것은 몰상식한 일이다. 봉투를 건네주면서 연사와 악수를 하고 연설 내용에 대한 긍정적 평가와 함께 감사의 인사를 하도록 한다.

연사가 예의를 아는 사람이라면 봉투를 받으면 남들이 보는 앞에서 열어 보거나 금액을 세어 보는 일 없이 서류 가방이나 호주머니에 넣을 것이다.

☆연사가 늦거나 오지 않을 때

연사가 늦는다고 해서 이미 자리한 청중을 무작정 기다리게 하는 것은 좋지 않다. 몇 분 이상 청중을 기다리게 하지 않도록 한다. 이런 상황에 어찌 대처할 것인지 미리 계획을 세워둔다.

- 연사의 순서를 바꿀 수 있는가? 늦게 온 연사의 순서를 마지막으로 돌릴 수도 있을 것이다.
- 연사가 늦는다는 것을 알리려 연단에 서면 무엇이라 말할까? 정확한 사실을 모른다면 단정적으로 말하지 않는다. 예를 들어 여러분이 연사가 늦는다고 말했는데 곧 아예 오지 못한다는 사실을 알았다면 불필요하게 곤혹스러운 처지를 자초하는 격이 된다.
- 간단한 다과가 준비되어 있다면 지체 없이 제공한다. 모두들 연사를 기다리는 동안 회의 참석자들에게 음료나 커피를 마시며 몇 분간 휴식을 취하도록 권한다.
- 연사가 오지 않으면 두 가지 대안이 있다. 행사 자체를 연기하거나 대체 연사를 구하는 것이다. 회사의 고위 임원 중 청중 앞에 나설 만한 사람이 있을 것이다. 사무실로 연락해 상황을 설명한다. 적당한 연사를 찾을 수 없다면 기다리는 이들의 시간을 빼앗지 않도록 한다. 모인 이들에게 먼저 사과하고 돌려보내는 것이 예의다.

헛걸음을 한 참석자들에게 나중에 사과의 서한을 보내는 것도

고려할 만하다. 그때쯤이면 연사가 오지 않은 까닭을 알 수 있을
것이다.

서한에 이유를 언급하면 사람들도 이해할 것이다. 시간은 누구
에게나 소중한 것이므로 남들의 시간을 존중하는 것은 중요하다.
일을 그르쳤음을 크게 부각시킬 필요는 없으나 여러분도 실망한
이들 중의 하나임을 밝히도록 한다.

제7장
옷으로 말한다

☆직장에서의 옷차림-몸을 가리는 이상의 것

역할에 맞는 옷을 입어야 한다는 점에서 직장과 연극 무대는 별 차이가 없다.

턱수염을 붙이고 나무 의족을 한 배우가 칼을 휘두르며 무대에 등장한다. 그는 성큼성큼 걸어 금화가 넘치는 보물 상자 옆에 선다. 땀에 절은 수건을 이마에 동여매고 한쪽 눈은 안대로 가리고 있다. 그의 옷차림은 대체로 난잡하다. 줄거리가 무엇인지는 몰라도 이 사람은 해적이 아닐까?

만세. 정답을 맞추었다.

자신의 역할이 해적임을 알리고 싶다면 해적같이 옷을 입으면 된다. 일단 해적처럼 꾸미고 나면 "나는 해적이다. 나는 사납다." 라고 떠들 필요 없이 곧장 다음 연기로 돌입할 수 있는 것이다. 관객은 다른 설명이 없어도 눈앞의 배우가 해적이라는 것을 알 수가 있다.

만일 해적이 이 책을 읽는다면 자신이 보물 상자를 들고 은행에 가서 계좌를 개설할 수 없음을 깨달을 수 있을 것이다. 적어도 해적 같은 겉모습을 바꾸지 않는 이상은 계좌를 열기가 쉽지 않을 것이기 때문이다.

해적을 비롯한 여러분, 이 점을 명심하자. 일을 처리할 때는 그 주변의 환경에 어울려야 순조롭게 진행할 수 있다는 것!

은행 거래를 못하는 이유가 칼 때문일까? 아니면 안대나 수건 때문일까? 아니면 둘 다?

해적이 합법적으로 해적선을 팔아 생긴 수익으로 은행 계좌를 연다 해도 여전히 쉽지만은 않을 것이다.

이 이야기에 웃을지도 모르겠다. 그러나 잘 생각해 보면 자신의 역할에 맞는 옷을 고르기란 웃고 넘길 만큼 손쉬운 문제가 아니다.

비즈니스 에티켓을 익혀두면 다른 사람들을 편안하게 할 수 있어 더욱 순조롭게 비즈니스를 진행할 수 있다. 여러분의 겉 모양새가 총체적인 파급 효과를 발휘하는 것이다.

이제 옷으로 말하자.

- 잘 정돈된 옷차림은 조용하고 냉정하며 침착한 인상을 준다. 또한 능력 있고 호감을 불러일으키는 사람임을 나타낸다. 이런 메시지를 보내는 데 다음의 특성을 살려 옷을 입으면 도움이 될 것이다.
- 잘 재단되어 몸에 맞는 옷, 제대로 손질한 단추, 지퍼, 옷단. 광을 낸 깨끗한 구두.
- 깨끗하고 다림질이 잘 되어 잘 구겨지지 않는 천.
- 신장, 체중, 피부색, 개성에 맞는 색상. 예를 들어 직업이 회계사라면 여러분이 좋아하는 TV 출연자가 밝은 색의 옷을 입더라도 여러분이 입을 옷을 고를 때는 어두운 색상을 고수하도록 한다. 남의 위치가 아니라 자신의 위치에 맞는 스타일을 고르도록 한다.
- 우아하고 세련된 옷차림은 힘있는 인상을 준다. 또한 자신감 있고 능력 있는 사람임을 나타낸다.

이런 메시지를 보내는 데 다음의 특성을 살려 옷을 입으면 도움이 될 것이다.

　—정돈된 옷차림의 특징에 더하여 부드럽고 흐느적거리는 천이나 프릴, 요란한 장식보다는 몸에 꼭 맞는 옷을 고르도록 한다.

　—가라앉은 색상이나 부드러운 색상 또는 어두운 청색과 같은 클래식 색상, 기본형인 검은 드레스.

　—진주 목걸이나 다이아몬드 커프스 링크 등 지위를 나타내는 보석류. 현대적인 이미지의 보석류나 스타일을 선택할 때는 각별히 주의를 하고 자신이 없으면 아예 선택하지 말 것.

　• 다소 뻣뻣한 감의 옷은 '철저히 실무적'이라는 인상을 준다. 또한 남을 실망시키지 않으며 목표를 설정하고 달성하는 데 능한 사람임을 암시한다. 이런 메시지를 보내는 데 다음의 특성을 살려 옷을 입으면 도움이 될 것이다.

　—위의 것에 더해 풀을 먹인 블라우스나 셔츠 또는 풀먹인 듯한 느낌의 옷, 다 잠근 톱-버튼(top-button) 셔츠 또는 버튼-다운(button-down) 셔츠 칼라, 목까지 올라오는 블라우스, 프렌치 커프스와 커프스 링크를 사용한 긴 팔 등등.

　—절대 구부정하게 걷거나 서지 않도록 하고 바지 주름이나 셔츠의 소매 단이 단정하게 보이도록 한다. 허리를 쭉 펴고 서서 가슴 아래쪽으로 옷에 구김이 가지 않도록 한다. 짧은 스커트는 피한다.

　—잘 어울리는 재킷은 형식미를 더한다. 체형을 보완할 수 있는 길이의 재킷을 고르고 세 가지 이상의 색상이 섞인 것은 피한다. 단색이 가장 바람직하다. 재킷의 가슴 포켓에는 늘 조그만 손수건을 꽂아 약간 위로 빼도록 한다.

　• 유행을 따른 옷차림은 새로운 아이디어에 개방적이며 변화를 수용할 수 있는 사람이란 인상을 준다. 열성적으로 활동하며

역동적인 사람임을 암시한다.

이런 메시지를 보내는 데는 다음의 특성을 살려 옷을 입으면 도움이 될 것이다.

—유행에 맞는 아이템을 자주 구매하도록 한다.

—다른 사람들이 피하는 색상을 입는다. 대담한 색상이 좋다. 너무 지나치지 않도록 하고 야하다는 느낌을 주지 않도록 한다.

—유행에 맞는 보석류나 머리 모양, 활기 찬 태도.

원하는 이미지 만들기

앞에서 말한 내용은 보는 사람의 눈에 따라 다소 주관적일 수밖에 없는 이미지를 구체적으로 설정하는 데 도움이 된다. 오래 전 데이빗 흄은 다음과 같은 글을 남겼다.

"사물의 미(美)란 그것을 감상하는 마음에 존재한다."

자신이 원하는 모습을 남에게 보이기 위해 무엇이 필요한지에 대해서는 각자의 생각이 다를 것이고 최종 결정 또한 각 개인에 달려 있다. 앞에 열거한 추천 항목들은 대략적인 방향만 제시할 뿐이다.

패션 기사를 싣는 간행물이나 책을 읽지 않던 사람도 지금부터는 가끔씩 신경 써서 보도록 하자. 이미 틈틈이 보고 있다면 새로운 시각으로 읽도록 하자. 책에 실린 옷이 자신에게 어울릴지도 한 번 생각해 본다.

더불어 직장에서 자신의 목표를 성취하는 데도 도움이 될지 같이 고려해 본다.

　완벽하게 변신을 시도할 만한 경제력이 있다 해도 절대 서두르지 않는다.　신중을 기해 새 옷을 구입하고 주변 사람들의 반응이 어떤지도 기다려 본다.

- 동료들이 알아보는가?
- 더 나아 보인다고 하는가?
- 새 옷이 편한가?

　수년 전에 한 아동화 회사에서 자사가 내놓은 새 운동화를 신는 어린이는 '날아갈 듯한' 기분을 느낄 것이라 선전했다.　분명 어떤 어린이들은 새 신발을 신자마자 '날 듯이' 기뻐했다.　여러분도 새 옷을 구매할 때 똑같은 가격이면 '날아갈 듯한' 기분을 느낄 수 있는 것으로 선택하도록 한다.

　이미지의 기본이 되는 것들.
　앞에 나온 것 외에 살펴야 할 것으로 무엇이 있을까?

- 머리 모양과 모발 상태, 손톱 청결 상태.
- 선택한 화장품, 향수, 애프터셰이브 로션 또는 오데코롱.
- 세면 용품, 구강 세정제, 방향제.
- 낡고 지저분한 옷 제때 없애기.
- 옷의 세탁 및 다림질.
- 직장 생활에 어울리는 액세서리 선택.
- 핸드백, 지갑, 서류 가방, 벨트 등의 손질.

　이상의 것은 여러분의 외양을 돋보이게 하고 남들에게 주려는 여러분의 메시지를 강화시키는 기본이 되는 항목들이다. 언뜻 보기에 너무 기초적이고 분명한 것이라 굳이 지적할 필요가 있나 싶을 것이다. 하지만 그렇지가 않다. 긍정적인 변화를 정말 원한다면 이런 범주에 대한 여러분의 개인적 기준을 점검해 한 차원 높은 수준으로 끌어올리도록 하자.

☆무엇을 입을까?

넥타이를 매야 하나? 반소매 셔츠를 입어도 될까? 반바지는? 굽이 없는 구두를 신어야 하나 하이힐을 신어야 하나?

궁금한 것이 있을 때마다 마술봉을 휘둘러 컴퓨터 프린터로 답을 척척 뽑아 볼 수 있다면 얼마나 좋을까?

여기 간단한 해답이 있다. 정전이 되어 컴퓨터는 꺼질지라도 다음의 정보는 늘 유용할 것이다.

선택에 자신감을 갖는다

여러분은 지금까지 때와 장소에 따라 허용되는 것, 적절한 것이 무엇인지를 열심히 공부했으니 이전보다 훨씬 많은 지식을 쌓았을 것이다. 그래도 열심히 물어 보자. 여러분보다 경험이 풍부하거나 색다른 경험이 있는 사람들, 여러분이 믿을 만한 사람들의 조언을 귀담아 듣자. 그런 다음 결정을 내리고 한번 내린 결정에 대해서는 다시 고민하지 않도록 한다(“너무 차려 입었나?” “네이비 블루 색상을 입어야 하는 것 아닌가?” 등의 고민은 접어 두자). 자신의 판단력에 자신감을 갖자.

목적지에 도착하면 자신 있는 태도로 할 일에 임하자. 겉에 걸친 것이 무엇이든 중요한 것은 여러분 내면의 자신감이다. 긍정적인 자아상을 지니면 자신감 있는 행동이 나오고 목표를 향해 매진할 수 있게 된다. 이번에는 정말 옷을 잘못 입었구나 라고 생각이 들면 한 수 배웠다고 생각하자. 사실 그 자리에서 아무도 여러분의 옷이나 겉모습이 부적절하다고 여기지 않았을지도 모를 일이다. 큰 실수만 하지 않으면 사람들은 오히려 여러분의 행동에 주목한다. 물론 여러분의 행동은 손색이 없겠지만……

☆액세서리 - 작은 것이 큰 차이를 만든다

어깨까지 늘어뜨린 번쩍이는 귀걸이나 어울리지 않는 넥타이 하나 때문에 완벽할 수도 있었던 이미지를 망쳐 버리는 수가 있다. 이런 이유 때문에 액세서리 하나를 고를 때도 신경을 써야 하는 것이다.

다른 한편 액세서리는 옷에 생기를 불어넣고 옷의 가짓수가 많지 않아도 다양한 멋을 더해 준다.

한 여성 대중 연설가는 단골 보석상에 부탁해 숟가락처럼 생긴 큰 황금 옷핀을 만들어 재킷에 달고 다녔다. 늘 오른쪽 가슴에 숟가락 옷핀을 다는 이 연설가는 다음과 같이 설명했다.

"사람을 만나 악수를 하려고 오른 손을 뻗으면 이 핀에 상대의 시선이 쏠리게 됩니다. 모두들 왜 하필 숟가락 모양인지 물어요. 이 질문으로 금방 자연스러운 대화가 시작되는 거지요. 그럼 전 이렇게 대답합니다. '식사를 동반하는 비즈니스 모임에서 참석자들의 편의를 살펴주는 것이 제 일입니다. 전 그 일이 무척 좋아요. 그래서 식기 모양에도 마음이 끌려요.'"

이런 대답에 대부분의 사람들이 미소를 짓게 되어 날씨나 교통 체증 따위의 진부한 소재로 말을 꺼내는 것보다 훨씬 재미난 대화를 할 수 있다고 한다.

이 일화는 액세서리도 독특한 목적을 위해 쓰일 수 있음을 상기

시켜 준다.   자신이 발산하고자 하는 메시지에 도움이 될 것이라 생각되면 각자의 창의력을 발휘해 자신의 '트레이드마크'를 하나쯤 가져 보는 것도 좋을 것이다.

옷차림을 장식하거나 보완하기 위해 착용하는 것은 거의 다 액세서리로 분류된다.   다음의 패션 소품들이 자신의 이미지를 더욱 효과적으로 발산하고 또 하나의 목표를 설정하는 데 도움이 될지 살펴보자.

- 평소 구입하는 것과 완전히 다른 색상의 스카프나 넥타이.
- 넥타이 핀이나 스카프 핀.
- 포켓 행커치프.
- 남성용 멜빵(서스펜더).
- 조끼와 스웨터.
- 단품 재킷(정장에 딸린 재킷이 아닌).
- 모자, 장갑.
- 보석류, 손목 시계 및 시계 줄 포함.
- 벨트.
- 핸드백, 서류 가방, 지갑.
- 양말, 스타킹.
- 버튼 커버.
- 여성용 머리 빗과 기타 머리 장신구.

다음에 옷을 사러 갈 때는 평소에 관심을 갖지 않던 액세서리도 살펴보도록 한다.   판매원에게서 유용한 조언이나 정보를 구할 수도 있다.   완전한 평가와 전문가의 도움이 필요하다면 이미지 컨설턴트에게 문의할 수도 있다.

이미지 컨설턴트에 대해서는 전화 번호부의 광고란을 찾아보거나 이 책의 14장에서 여러분이 원하는 상품이나 서비스에 대한 정보를 찾도록 한다.

준비

"얼굴을 씻고 이를 깨끗이 닦도록 하라." 이 말은 셰익스피어의 작품에 나오는 대사 중의 한 부분이다. "청결함은 진정으로 경건함의 다음 가는 것이다." 이 말은 설교의 일부분이다. 놀랐는가?

극장이나 교회, 기타 어느 장소에서도 청결함은 필수이다. 비즈니스를 위한 옷차림을 준비할 때는 청결한가에도 주의해야 한다.

- 좋은 세탁소를 정하여 필요할 때마다 자주 옷을 세탁하여 늘 산뜻한 상태를 유지한다.
- 자신이 사용하는 제품의 향내를 점검한다. 향수 비누, 오데코롱, 샴푸, 애프터 셰이브 로션과 기타 유사 제품들이 다 해당된다. 일부 제품은 처음에 좋았던 냄새가 시간이 감에 따라 '불쾌한' 냄새로 바뀌기도 한다. 여러분의 체질도 변한다. 임신, 새로운 식단, 또는 습한 환경으로 이동하면 평소의 위생 용품이나 향수가 제 효과를 발휘하지 못한다. 때에 따라 쓰던 향수를 버리고 더 효과적인 방향제를 사용하도록 한다.
- 건강에 문제가 있으면 생각지 못한 불쾌한 체취가 날 수도 있다. 예를 들어 충치를 치료하지 않으면 종종 구취가 유발된다. 건강을 위해서도 문제가 있으면 빨리 손을 쓰도록 한다. 치료를 기다릴 때도 구취를 내뿜어 남의 기분을 상하게 하지 않도록 한다.
- 단정한 모양새를 유지하려면 자주 머리를 감고, 정기적으로 머리 모양을 손질하고, 손톱을 잘 정돈하며, 매니큐어가 벗겨졌

을 경우 얼른 새로 칠하도록 한다.

청결함과 단정한 모양새는 직장에서 여러분이 발산하는 긍정적인 메시지를 강조하는 데 도움이 된다. 위와 같은 핵심적인 기초를 잊지 않도록 한다.

제2부

각 상황에 따른 규칙들

제8장
초대

초대장은 여러 형태, 크기 또는 여러 수단을 통해 전달한다. 그러나 어떠한 형태의 초대장이든 한 가지 공통점이 있다. 초대하는 이의 진심이 담겨 있어야 한다는 것이다.

누군가를 행사에 초대하면서 단지 해야 하니까 하는 것이라는 생각이 들었다면 그런 생각이 드는 순간 얼른 자신의 태도를 재점검하자.

스스로의 열의를 북돋우고 진심을 담아 초대를 하도록 하자. 일단 이런 마음을 갖게 되면 그 이후의 일은 품위 있고 정중한 매너로 처리할 수 있을 것이다.

☆ 초대하기

여러분이 초대를 받을 때도 초대하는 이의 진심을 믿도록 하자. "정말 내가 참석해 주길 바래서 초대한 건가, 해야 하니까 한 건가?"라는 생각으로 시간을 낭비하지 말자.

여러분을 초대하는 이는 언제나 진심으로 여러분이 와주기를 바라는 것이라 생각하도록 한다. 마찬가지로 이런 생각을 하면 그 이후의 일도 품위 있고 정중한 매너로 임할 수 있을 것이다.

우편으로 보낼까?

우편으로 보낸다면 글귀를 인쇄해야 하나, 직접 손으로 써야 하나? 전화로 초대를 할까, 그냥 다음에 만날 때 말로 할까?

결론: 초대해야 할 사람의 수가 많으면(12명~15명 이상) 초대장을 보내는 것이 낫다. 사람 수가 적어도 공식적인 성격의 행사이거나 그에 준하는 행사라면 초대장을 보내야 한다.

예를 들어 회사에서 사업 성공에 대한 감사를 표하기 위해 조찬 모임을 열고 몇몇 물품 공급 업자의 이름도 초청 인사 명단에 들어 있다면 초대장을 우송하는 것이 좋다.

그러나 동료 몇 명을 레스토랑으로 청해 점심을 내는 경우라면 전화를 걸어 청해도 무방하다.

모임의 성격이 공식적인가 비공식적인가? 초대할 사람들과 잘 아는 사이인가? 전화로 연락이 안 되는 사람이 있는가? 이상은 어떤 방법으로 초대를 할 것인가를 결정하는 데 고려해야 할 사항이다.

손으로 쓸까, 인쇄를 할까?

전자 우편이나 자동 응답기, 팩시밀리 등 문명의 이기를 통한 통신은 흥미로울 뿐만 아니라 이미 여러분 중에도 많은 이들이 의사 소통의 주요한 매체로 사용하고 있을 것이다. 그렇지만 초대를 할 때는 이런 수단은 절대 사용하지 않도록 한다. 전자 통신 기기의 편리성이라는 것이 온정과 친밀감이 있어야 할 초대의 목적과 맞지 않기 때문이다.

손으로 쓰거나 인쇄를 할 편지지 및 종이 류는 신경을 써서 선택한다. 요란한 색상이나 무늬가 있는 종이는 공식적인 성격의 초대장 재료로는 맞지 않는다.

조그만 꽃무늬가 있는 종이나 장식 서체(書體)도 보기에 좋기는 하지만 주주들에게 보낼 초대장에는 적당치 않다. 전문 인쇄소에 비치된 견본들을 살펴보고 필요에 따라 적당한 것을 고르도록 한다. 받아 보는 사람의 기분을 고려하여 신중하게 선택한다.

초청장을 인쇄할 때는 인쇄소의 견본에 실린 글귀에만 의존하지 않도록 한다. 여러분도 그런 판에 박힌 초청장을 받아 보고 보낸 사람의 개성과 너무 틀리다고 느낀 경우가 많았을 것이다.

여러분이 보내는 초대장이 회사를 대신한 것이든 전문 기관이나 여러분 자신을 위한 것이든 간에 행사를 주최하는 사람의 진심과 개성이 담겨 있어야 한다.

얼마나 일찍 보내야 할까?

늘 행사보다 8주 또는 10주씩 먼저 초대장을 보낼 여유가 있지는 않을 것이다. 그러나 그렇게 일찍 초대를 하면 초대받는 사람이 다른 약속을 잡지 않고 행사일을 비워두거나 참석할 수 있도록 스케줄을 조정하기가 훨씬 쉬워진다.

결론: 초대한 사람의 수가 많고 음식을 준비하는 업체나 호텔에 참석자 수를 미리 알려야 한다면 얼마나 일찍 알려야 할지를 준비하는 측에 문의하도록 한다.

여러분의 협조가 있으면 준비하는 측에서 더 완벽한 서비스를 제공할 수 있기 때문이다. 이런 상황이라면 행사일을 10주 정도 앞두고 초대장을 보내는 것이 좋다.

다른 경우라면 모임을 1주일 남긴 때에 초청하는 일도 있다. 어떤 경우라 해도 행사가 있기 최소 1주 전에서 최장 10주 전 사이에 초대를 하도록 한다. 친지나 가까운 친구를 초대할 때 갑자기 알리는 것이 습관이 된 경우가 아니라면 언제든 이런 원칙을 따르는 것이 바람직하다.

회답은 언제까지 할까?

대부분 초대를 받으면 스케줄을 미리 살핀 후에야 회답을 줄 수 있다. 그러므로 초대를 하자마자 회답을 바라는 것은 무리이다. 먼 곳에 사는 사람들은 행사에 참석하기 위한 여행 정보를 알아보고 참석 여부가 가능한지 생각할 시간이 필요하다.

결론: 9월 3일까지 음식을 준비하는 업체와 협의를 끝내야 한다면 초대받은 사람들에게 8월 28일까지 회답을 주도록 요청한다. 전체 참석자 수를 확인하고 회답이 없는 사람들에게 다시 연락을 취할 시간이 있어야 하기 때문이다.

초대장이 제대로 배달되지 않는 경우도 있으므로 전화로 다시 확인하는 것도 무방하다. 직접 초대를 하는 경우라면 특정일까지 회답을 요청하여 혼란을 피하는 것이 현명하다.

☆초대에 응하기

초대를 받으면 가능한 한 빨리 회답을 주는 것이 바람직하다. 물론 그 전에 예정된 일정을 살펴 참석이 가능한지를 확인해야 한다. 가겠다고 하고 나중에 취소하는 것은 좋지 못하다.

일단 초대를 받으면 어떻게든 참석하는 것이 <성공하는 사람들의 비즈니스 예절>에 부합하는 일이다. 나중에 다른 초대를 받아 먼저의 약속을 취소하고 싶겠지만 신중하지 못한 행동이다. 우리가 사는 세상은 생각보다 좁기 때문에 초대를 한 사람이 나중에 어디서 사실을 듣고 기분을 상할지 모르기 때문이다.

초대에 대한 회답

구두로 초청을 받았다면 마찬가지로 회답하면 된다. 우편으로 초대장을 받았다면 초대장에 전화로 RSVP(Répondez s'il vous plaît. '회답을 바란다'는 프랑스어의 축약)라고 쓰여 있지 않은 이상 회답도 우편으로 한다. 대체적으로 초대한 방법과 마찬가지 방법으로 회답을 하면 된다.

받는 이의 편의를 위해 보내는 이의 주소가 인쇄된 편지 봉투를 동봉하는 경우가 많다. 이를 사용하여 회답을 하면 된다. 참석하지 못할 이유를 장황하게 쓰는 것은 좋지 못하다.

단순히 "유감입니다." 또는 "초대해 주서서 감사합니다."면 충분하다. 이름을 써 넣는 것을 잊지 말 것! 초대하는 쪽에서 "참석하지 못해 유감입니다."라는 회답만 반송하도록 청한 경우 날짜를 살펴보고 참석이 가능하다면 회답을 하지 않는다.

비즈니스와 관계없는 초대에 회답을 보낼 때는 불참하는 사유를 간단히 적어보내는 것이 좋고 친밀감을 더할 수 있다. 편지지는 격식을 차리지 말고 평소에 쓰던 것을 보내도 된다.

공식적인 성격의 초대라면 전통적인 글귀를 쓰도록 한다.

초청장에 "부디 참석하시길 바랍니다."라고 쓰여 있으면 회답에도 "친절한 초대에 기꺼이 응합니다." 또는 "친절한 초대를 받아들이지 못해 유감입니다."라는 글귀를 쓰도록 한다.

회답을 쓸 때는 문단의 가운데가 길고 위와 아래가 짧아지도록 하는 마름모꼴로 하는 것이 요령이다(이는 영문 초대의 형식임-역자 주).

다음의 예를 보자.

예1)

Miss 랜디 레이

친절하신 초대에 기꺼이 응하겠습니다.

라팔로마 챕터의 전문 엔지니어 주최 월요일 오후 모임.

일자:9월 11일

Mr. 로버트 포터
친절하신 초대에 응할 수 없어 유감입니다.
Mr. 그레그 톤과 Ms. 베트 로쓰 주최 5월 4일 월요일 모임.
시간:1시 30분

제9장

선물

☆선물을 해도 될까?

비즈니스맨들에게는 선물 주고받는 것이 쉽지만은 않은 문제다.

물품 공급 업자나 협력 업체가 제공하는 선물을 받으면 어떻게 해야 하는지 분명 회사의 규정에 명시되어 있을 것이다. 절대 받으면 안 된다거나 선물의 액수가 너무 과할 경우 받으면 안 된다는 등의 사항이 있을 것이다. 사원 요람에 실린 회사 규정을 잘 살펴보고 여러분의 선물을 받을 사람이 똑같은 문제로 골치 아프지는 않을까도 생각해 본다.

받을 수도 없는 선물을 해서 상대를 곤경에 빠뜨리는 일은 없어야 한다. 동시에 선물을 보내야 할 때 보내지 않아서 무신경한 사람으로 비치는 일도 없어야 한다.

그럼 어떻게 할까?

물론 조심스럽게 한다. '선물을 해도 되나'라는 질문에는 정확한 해답이 없다.

선물을 보내야겠다는 생각이 들면 보내도 무방할 것이다.

피에르 코네이유의 연극 <Le Menteur>에 나오는 한 인물의 대사 중에 "선물 자체보다는 전하는 태도가 중요한 것……"이라는 말이 있다. 테오그리투스는 "선물이 작아도 담긴 마음은 크고 친구에게서 오는 모든 것은 소중하다."라고 썼다.

지혜로운 이들의 말을 마음에 새기면서 다음의 사항을 실천해 보자.

- 비싸지는 않더라도 신중하게 선물을 고르면 받는 사람이 여러분의 정성을 느낄 수 있을 것이다.
- 가격에 상관없이 품격 있는 선물을 하도록 하자. 물론 더 비싼 선물을 해도 괜찮으면 돈을 더 써도 무방하다.

더불어 상대가 선물을 받지 않더라도 섭섭해 하지 않도록 한다. 이해심을 발휘해 상대의 마음을 편안하게 해준다. 물질적인 선물이 아니라도 이해의 선물을 하는 셈이니까.

☆입맛에 맞는 선물 고르기

선물을 하고 싶어서 한다면 그것 자체로 좋은 이유가 된다. 그렇다면 선물을 고를 때도 여러분이 해주고 싶은 것을 선택하면 된다. 예를 들어 새 컴퓨터 소프트웨어 시스템을 배우는 데 애를 먹다가 점심 시간 내내 전화로 전문가의 도움을 받아 간신히 해결했다. 여러분을 도와 주느라 그 전문가는 점심도 못 먹었다. 그렇다면 다음에 그에게 점심을 대접하는 게 어떨까?

먼저 그의 비서에게 연락을 해서 그가 점심 약속이 없는지 확인을 한다. 그런 다음 음식 맛이 좋은 식당에 근사한 점심을 주문하여 보기 좋게 바구니에 담아 점심 시간에 맞춰 도움을 준 전문가의 사무실에 배달하도록 한다. 여러분의 메시지를 적은 쪽지도 같이 넣도록 식당 담당자에게 부탁한다.

"정말 고마웠습니다, 진. 오늘 점심은 제가 사겠습니다. 이번에는 방해하지 않을 테니 맘놓고 드십시오. 약속합니다."

비서에게 미리 알려 전문가가 예기치 않게 자리를 뜨는 일이 없도록 해야 한다. 자, 이만하면 문자 그대로 입맛에 꼭 맞는 선물이 아닐까?

너무 사적이지 않은 것으로

상대의 취향을 생각해 고른 선물은 좋은 것이다. 그러나 너무 사적인 부분에 관련한 선물을 고르지 않도록 한다. 그런 종류의 선물은 비즈니스 관계의 사람끼리 주고받기에 좋지 않은 것으로서 에티켓에 어긋난다.

고급 의상실의 상품권을 주는 것은 괜찮지만 그 의상실에서 속옷을 사다 주는 것은 문제가 있다. 반면 동료에게 그가 좋아할 만한 파이프 담배 1파운드를 사서 우송하면 개인의 사적인 부분에 관련한 것이기는 하지만 상식적 수준을 넘지 않으므로 무방하다.

여러분의 상사가 새로 산 밝은 핑크빛 레인코트를 입고 출근했다. 평소에 안 입던 색깔이지만 괜찮은 것 같아 상사에게 잘 어울린다고 말해 주었다. 며칠이 지나 쇼핑을 하다가 그 코트와 어울릴 만한 우산이 눈에 띄었다. 그 우산을 사두었다가 다음 비오는 날 사무실에 들고 가 상사에게 선물이라며 건네주었다.

특별한 일이 없어도 가끔씩 선물을 주면 남들이 다 선물을 줄 때 여러분은 간단한 축하 카드나 악수 또는 몇 마디 인사말로 선물을 대신할 수 있다. 이는 여러분이나 선물을 받는 상대에게도 훨씬 신선하고 기분 좋은 방법일 것이다.

여러분도 보다시피 앞에 나온 인용문들을 선물을 주고받는 지침으로 삼아 따르는 것이 별로 어렵지는 않을 것이다.

여러 사람이 돈을 모아 선물을 할 때는 혼자서 선물을 고를 때만큼 세심하게 앞의 지침을 따르기가 수월치 않을 것이다. 다 같이 성의를 모으는 것이므로 선물의 액수는 훨씬 커질 것이다. 그렇다고 해도 선물이 너무 평범한 것은 아닌지, 품위와 격식을 지켜 전달되는지도 반드시 살펴야 한다.

잘 모르는 사람을 위한 선물

가끔 동료의 아들 결혼식이나 회사 사장의 집들이에 초대받는 일도 있을 것이다. 이럴 때 반드시 선물을 들고 가기는 해야겠지만 선물을 받는 사람을 여러분이 잘 모르니만큼 평소 선물을 고르던 기준을 적용할 수 없는 일이다.

한가지 대안은 먼저 모임에 참석하고 나중에 선물을 골라 우송하는 방법이다. 집들이의 경우 먼저 집을 둘러보고 집주인들을 만나 본 후 나중에 선물을 고르면 된다. 선물은 모임이 있은 지 적어도 2, 3일 내로 보낼 수 있어야 한다. 전할 때는 집주인의 환대에 감사하는 메시지도 같이 넣어 보내도록 한다.

결혼식의 경우라면 신랑 신부가 결혼 선물 목록(bridal registry)을 작성해 놓았는지 물어보도록 한다. 결혼 선물 목록은 신랑 신부가 잘 아는 가게에 자신들이 원하는 품목들을 미리 알려 갖추어 놓도록 한 것으로서 하객이 이곳에서 물건을 사서 선물을 하면 된다. 결혼 선물 목록에 대해 물어 보기가 꺼려진다면 두 사람의 특성에 대해 이것저것 물어 본다. 살 집이 단독 주택인가, 아파트인가? 평소 생활에 격식이 없는 편인가? 신랑 신부에 대해 좀 알아두면 선물을 고르는 데도 도움이 된다. 물론 전통적인 결혼 선물(크리스털 꽃병이나 촛대 같은)을 고를 때도 있다. 때로는 이 방법 외에는 적당한 대안이 없기도 하다. 이런 경우 신랑 신부에게 똑같은 종류의 선물이 들어올 경우를 대비해 교환이 가능하도록 해주는 것이 좋다. 그러기 위해서는 선물 상자에 물건을 구입한 상점 이름과 주소를 넣도록 한다. 필요하다면 판매원에게 상자 안에 상점 명함을 넣어달라고 부탁한다.

☆직접 전해 줄까, 우송할까?

전할 방법이 마땅치 않아 직접 선물을 전하지 못할 때도 있다. 참석을 못할 수도 있으니까. 그렇지만 행사에 직접 참석을 한 경우나 선물 받을 당사자와 함께 있을 때 선물을 배달시키는 방법도 있다. 저녁 식탁을 장식할 꽃을 보낸다면 손님들이 도착하기 직전에 배달이 되도록 해야 한다. 사실 꽃 선물은 화원에서 배달하는 것이 제일 좋다. 꽃은 조심스럽게 취급해야 목적지에 도착했을 때 가장 아름다운 상태를 유지할 수 있기 때문이다. 좋은 치즈나 고급 과일, 신선한 초콜릿, 제과류 등 기타 상하기 쉬운 품목들도 주의해서 취급해야 할 것들이다. 가능하다면 판매 업자가 배달하도록 한다.

세밀한 부분까지 신경 쓰자

'선물 자체보다는 전하는 태도가 중요한 것'이라는 말을 기억하자. 예를 들어 저녁 식사를 초대받은 집에 식탁용 꽃을 보내면서 안주인에게 알리지 않았다면 분명 따로 꽃을 준비해놓았을 것이다. 그러나 미리 안주인에게 연락하거나 화원에 예약을 하여 안주인에게 좋아하는 색상을 물어보도록 하면 여러분의 선물이 더욱 돋보일 것이다. 갓 구운 케이크나 잘 익은 과일, 그 외 비슷한 종류의 음식도 집주인에게 미리 알리지 않고 배달시키는 일이 없도록 한다. 집주인은 대개 디저트를 마련하는 데 시간과 노력, 돈을 들이기 마련이므로 갑작스럽게 음식 선물을 보내면 환영받기보다는 어색한 분위기를 만들기 십상이다.

언제든 미리 알리자. "오스카 제과에서 고급 치즈 케이크 세 개를 토요일 4시경에 배달할 겁니다. 미리 양해를 구하려구요. 케이크는 오후 늦게 배달되니까 냉장은 안 하셔도 될 겁니다. 내놓기 전에 몇 시간 정도는 방안에 그대로 놔둬도 되니까요."

선물을 받으면

로버트 브라우닝은 "위대한 것은 하찮은 것들로 이루어진다."라고 썼다. 선물을 전할 때 세밀한 부분까지 신경 쓰는 것은 비즈니스 에티켓의 중요한 부분이다.

미처 몰랐던 사실인가?

선물 하나 보내는 데 세밀한 부분까지 신경을 쓰는 것이 비즈니스 에티켓이라는 사실을 여러분의 동료들이 잘 모르고 있다면 여러분은 이제 한 발 앞서 나갈 위치에 선 셈이다! 고르는 것부터 배달까지 선물을 하는 모든 부분에 신경을 쓴다. 더불어 받는 사람이 선물을 교환할 수 있도록 하거나 즉시 사용해야 할 선물이라면 반드시 미리 알려 주도록 한다.

여러분은 생각이 깊을 뿐 아니라 남을 배려하는 멋진 사람이라는 평가를 얻을 수 있을 것이다. 사실 좋은 태도를 몸에 익혀두면 다른 사람들은 여러분을 편하게 느끼며 함께 일하고 싶어하고 여러분을 위해 일하고 싶어할 것이다.

사업상 아는 사람에게서 포장된 선물을 받으면 즉석에서 풀어보는 것이 예의다. 선물을 받으면 누구나 기분이 좋은 것이므로 선물을 주는 사람도 여러분이 내용물을 보고 기뻐하는 모습을 보고 싶을 것이다. 손님이 많고 선물도 많이 들어 왔다면 그 자리에서 풀어 볼 수 없다. 받은 선물을 잘 보관해두고 나중에 풀어 보도록 한다.

퇴직 파티나 신부 또는 아기에게 선물을 주기 위한 모임이라면 참석하는 사람 누구나 선물을 들고 갈 것이다. 선물을 풀어 보면서 몇 마디 말을 덧붙이면 분위기도 훨씬 좋아지고 보는 사람도 기분이 좋다.

그러나 결혼 피로연이나 졸업 축하 파티, 좀더 격식이 있거나 엄숙한 모임이라면 손님들이 다 떠난 후에 선물을 풀어 본다.

☆ 품위 있는 감사의 말

선물을 받고 감사를 표할 때도 상대의 기분을 먼저 생각하자. "저런, 이럴 필요 없는데……."라는 말은 하지 않는다. 항상 선물의 내용물에 대해 구체적으로 언급한다. 이는 여러 선물을 한꺼번에 받고 감사를 표할 때 특히 중요하다. 선물을 한 입장에서는 여러분이 자신의 선물을 기억해 주기를 바랄 것이기 때문이다. 다음은 감사를 표하는 말들의 예이다.

"항상 갖고 싶어도 살 엄두가 안 났었는데, 정말 세심하시군요. 감사합니다."

"이런 좋은 물건을 어디서 발견하셨어요? 정말 눈썰미가 좋으시네요. 이것만 있으면 앞으로 우편물 확인하는 일이 정말 수월하겠는데요. 고마워요."

"식탁 장식용으로 보낸 꽃 잘 받았어요. 참 예쁘기도 했지만 제가 할 일이 하나 줄어서 여간 고마운 게 아니에요. 정말 생각도 깊으세요. 고마워요."

감사의 서한을 보낼 때도 직접 말하듯이 써야 한다. 서한은 간단하게 요점만 쓰고 선물을 받은 후 가능한 한 빨리 보내도록 한다. 선물을 많이 받았다면 일부러 시간을 내서라도 빨리 감사를 전해야만 한다. 각 사람마다 다른 개인적 메시지를 보내는 것이 좋다. 결혼식 축하 선물을 받았다면 선물을 준 사람들도 피로연을 마치고 신랑 신부가 신혼 여행을 갈 것이라 생각하므로 신혼 여행을 마치고 돌아와 감사의 말을 전해도 된다.

조의(弔意) 표하기

동료의 부모님이 돌아가셔서 장례에 꽃을 보냈다면 장례식 후 동료의 가족에게서 인쇄된 감사의 메시지를 받을 것이다. 조의에 대한 감사의 서한은 개인적인 메시지를 생략해도 좋은 유일한 경우이다. 그렇지만 손으로 쓴 문장 한둘을 덧붙이면 더욱 따뜻한 감사의 마음을 전할 수 있을 것이다.

"이렇게 힘들 때 당신이 보여 준 친절은 제게 정말 특별한 의미를 갖습니다."

"이런 때에 저희 가족과 함께 시간을 보내 주신 것 정말 감사드립니다."

"슬플 때 친구와 동료들의 도움은 고통을 덜어 줍니다. 제게 힘이 되어 주셔서 감사합니다."

너무 바쁘거나 정신이 없어서 선물을 준 사람이나 친절을 베풀어 준 사람에게 감사하는 일을 잊어서는 안 된다.

시간이 쏜살같이 흐르는 비즈니스 세계에서 조그만 친절과 품위 있는 행동은 대개 깊은 인상을 남기며 오래 지속된다.

다른 사람들이 여러분의 배려에 대해 전혀 감사하지 않는 듯이

느껴질 때도 있을 것이다. 이럴 때 예의를 모르는 사람은 여러분
이 아니라 상대방이다. '이길 수 없다면 차라리 똑같이 행동하자'
는 식의 태도는 취하지 말자. 언제나 '옳은 일'을 하자. 여러분은
절대 경우에 어긋나는 일을 할 사람들이 아니니까.

제10장
소개

여러분은 누구인가?

나는 누구인가?

누구나 자신을 드러내 보일 수 있는 기회를 가져야만 한다. 사실 여러분 모두가 비즈니스맨이니 만큼 누가 누군지를 확실히 알아둘 필요가 있다.

사람들의 이름을 기억할 수 있는 비법을 개발한다면 소개를 하는 일도 그다지 힘들지 않을 것이다. 물론 처음 만나는 사람들을 중간에서 소개하는 일을 맡았을 때 애를 썼는데도 불구하고 사람들의 이름을 잊어버릴 때가 있을 것이다. 괜한 걱정 때문에 소개자로서의 역할을 피하지 않도록 하자. 자신감과 미소, 좋은 매너로 사람들을 대하면 대개 소개하는 일도 잘 해낼 수 있다. 더불어 사람들이 서로를 잘 알도록 도와 주면 여러분은 훌륭한 비즈니스 에티켓을 실천하는 것이다. 회사가 주최하는 행사에서 대표 역할을 맡았을 때 누군가 외톨이로 있도록 하는 것은 명백한 결례이다. 환영을 표시하고 남들과 섞이도록 해준다. 여러분의 회사가 주최하는 모임이 아니더라도 참석자들을 편안하게 해주는 데 여러분이 적극적으로 나서는 것이 <성공하는 사람들의 비즈니스 예절>이다. 그렇다고 해서 여러분이 주최자를 무시하거나 그 역할을 떠맡으라는 것이 아니다. 그보다는 장래의 고객, 의뢰인 또는 협력자가 될지도 모를 사람들을 머쓱한 채 놔두지 말라는 것이다. 또한 참석자들의 주변을 서성이며 겉도는 사람이 여러분이라면 주저하지 말고 사람들에게 다가가 먼저 자신을 소개하도록 한다.

"저는 봅 랭글입니다. 이름표를 보니……필 위스크 씨군요. 만나서 반갑습니다, 필."

"저는 봅 랭글입니다. 블레이클리 세미나에 참석하셨나요? 저도 그렇습니다. 성함이……"

☆누구를 먼저 소개할까?

소개에도 일반적인 순서가 있다. 때에 따라 순서를 무시하는 경우도 있긴 하지만 대략적인 순서를 알아두면 도움이 될 것이다. 이를 지침으로 삼아 실천하면 실수를 할 가능성은 없지만, 남들이 이 순서를 따르지 않는다고 해서 예의를 모르는 사람이라 생각하지 않도록 한다. 사물은 변하기 마련이며 오늘날의 비즈니스 환경도 과거와 많이 다르다.

맞벌이 가정이 늘어나면서 어린 자녀들이 가정에서 예의 범절에 대해 배울 기회도 그만큼 줄고 말았다. 이런 자녀들이 성인이 되어 직장인이 되면 그때서야 어렸을 적 제대로 배우지 못한 것이 있음을 깨닫게 된다. 이들은 예의 범절 교육을 위한 워크샵이나 각종 프로그램에 등록해 배운다. 그 외 다른 사람들은 자신들이 할 수 있는 최선을 다하면서 생활한다. 그들은 이미 정해진 순서와 격식이 있음을 모르고 사는 것이다.

다른 문화와 배경을 지닌 사람들이 서로 섞여 살면서 어떤 사람들은 다른 이들의 규칙을 배우려 애쓰지만 또 다른 이들은 자기의 습관만을 고수하며 살아간다. 자신들을 둘러싼 곳의 관습이 영 편치 않기 때문이다.

다음은 소개를 할 때의 4가지 원칙이다.

- 남성을 여성에게 먼저 소개한다. “미스 샌즈, 이쪽은 미스터 에이버리입니다.” 또는 “바바라 샌즈, 이쪽은 샘 에이버리입니다.” 하고 말하면 된다. 두 사람을 잘 알지 못하거나, 서로 격식을 차리는 쪽을 원한다고 생각되거나, 아주 실무적인 일로 만난 경우라면 이름 앞에 “미스터(Mr.)” 또는 “미스(Ms.)”를 붙이도록 한다. 서로 이름을 부르는 것(“그냥 바바라라고 하세요.”처럼)은 두 사람이 알아서 할 일이다.

- 어린 사람을 연장자에게 먼저 소개한다. “미스터 칼라일, 이쪽은 제 조카 토드 라이트입니다.” 토드 라이트가 청소년기를 벗어난 성인이라면 미스터 토드 라이트라고 호칭할 수 있다. 미스터 칼라일이 토드보다 나이가 좀 많거나 칼라일이 간부인데 반해 토드가 입사한 지 얼마 되지 않았거나 직장이 없을 때는 미스터 칼라일의 성(姓)만을 언급하도록 한다. 여러분은 미리 토드에게 칼라일을 부를 때는 “미스터 칼라일.”로 호칭하라고 일러주면 된다. 또는 칼라일이 악수를 청하면서 “프랑커 칼라일이네. 만나서 반갑네.”라고 직접 이름을 밝힐 수도 있는 일이다. 연장자에게 어린 사람을 먼저 소개하는 것은 그의 연륜과 업적에 대한 존경의 표현이다. 하급 간부를 상급 간부에게 소개할 때도 마찬가지로 한다.

- 하급 간부를 상급 간부에게 먼저 소개한다. 같은 회사 사람끼리 소개시킬 때는 “미스터 (상급 간부 이름), 이쪽은 (하급 간부 이름)입니다.”라고 말한다. 상급 간부가 하급 간부보다 나이가 적은 경우도 있다. 그러나 소개의 순서(누구를 누구에게 소개하는가)는 개인의 나이가 아니라 연륜과 업적을 중시한다.

그러므로 상급자는 비즈니스 성취도가 더 낮은 하급자를 '소개받는' 것이다.

- 직위에 상관없이 주빈에게 먼저 소개한다. "(주빈)스미스 씨, 이쪽은 저희 회사 사장이신 카를로 콘티입니다." 비록 주빈이 회사의 사장을 '소개받는' 입장이지만 여러분은 소개하는 중에 직함을 밝힘으로써 사장에 대한 예우를 다한 셈이다.

형식의 조정이 필요할 때

앞에서 언급한 원칙은 사실상 모든 상황에 적용된다. 어느 쪽을 먼저 소개해야 할지 분명치 않은 경우에는 소개를 하는 장소에서 어떤 사람이 더 확고한 권위가 있느냐에 따르도록 한다. 여러분이 회사의 임원을 저녁에 집으로 초대했고 부모님이 계시다면 임원을 부모님께 먼저 소개하도록 한다.

여러분의 집에서는 부모님이 권위 있는 인물이므로 여러분의 회사 동료를 '소개해 올리는 것'이 예의다. "매리와 찰스 밸리, 우리 부모님, 이쪽은 타리샤 풀이에요."

기억하기 쉬운 방법이 있다. '가장 중요한' 사람의 이름을 먼저 사용하자.

- 여성(남성을 여성에게):"매리, 이쪽은……"
- 성인(어린 사람을 연장자에게):"미스터 칼라일, 이쪽은……"
- 주빈(다른 손님들을 주빈에게):"(주빈의 이름), 이쪽은……"
- 가장 권위 있는 사람(다른 사람을 가장 권위 있는 사람에게): "어머니 아버지, 이쪽은……"

☆소개 편지의 예

누군가를 소개할 목적으로 아는 사람과 서신 교환을 하는 것은 드문 일이 아니다. 편지는 소개받는 사람이 직접 전하거나 소개받는 사람이 도착하기 전에 우송한다. 우송하는 쪽이 더 빈번하다. 간단한 형식을 택하려면 명함에 "존 파이크를 소개합니다."와 같은 글귀를 적어 소개될 사람에게 주도록 한다.

소개 편지를 쓴다면 쉬운 문체를 택하도록 한다. 편지를 쓰는 의도는 진심에서 우러난 것이므로, 뜻하는 바를 분명하게만 쓰면 소개받는 사람에게는 편지가 매우 도움이 될 것이다. 소개 편지를 써 달라는 부탁을 받고 내키지는 않지만 거절할 수도 없는 상황이라면 명함을 쓰는 방법을 택하도록 한다.

통신 매체를 이용해 보내는 소개 편지도 상당히 유용하다. 팩스를 이용하거나 전자 우편으로 보내도 무방하니 염려하지 않도록 한다.

'짧고 간단히(Keep It Short and Simple., KISS)':이 규칙은 여러분의 편지 쓰는 능력을 가늠하는 기준이다. KISS의 원칙은 읽는 사람의 시간을 낭비하지 않겠다는 여러분의 배려를 보이는 것이다.

블레어 파스칼은 다음과 같이 썼다.

"이 편지는 평소보다 조금 길게 썼는데, 이는 더 간략하게 줄일 만한 시간이 없어서이다("Je n'ai fait celle-ci plus longue que parce que je n'ai pas eu le loisir de la faire plus courte.").

(<Lettres Provinciales> 중에서, 1657)

소개 편지를 쓸 때는 최대한 간략하게 쓴다!

다른 사람에게 여러분을 소개하는 편지를 써 달라고 부탁할 때도 할 수만 있다면 짧게 써 달라고 한다. 짧을수록 받는 사람이 끝까지 읽을 가능성이 많기 때문이다.

다음은 여러분에게 도움이 될 만한 소개 편지의 예이다.

클레어에게

일레인 클라크가 씨애틀로 간다기에 도착하면 지체하지 말고 당신을 만나 보라고 했어요. 일레인은 뛰어난 콘서트 피아니스트인데 시애틀 필하모닉 오케스트라 단원으로 뽑혀 시애틀로 가는 거예요. 9월 10일쯤 도착할 예정인데 제가 당신 사무실 전화 번호를 주었어요. 일레인은 오케스트라 단원으로 활동하는 외에도 따로 콘서트를 할 계획이라고 하더군요. 그래서 당신이 그녀의 일을 봐주면 훨씬 쉬울 거라고 말해 줬어요. 그렇지 못하면 적어도 어떻게 하면 될지 조언은 해줄 수 있을 거라고요.

일레인은 제가 사업상 잘 아는 분의 딸이에요. 일레인을 위해서 조금이라도 애를 써 주시면 여기 클리블랜드에서 일레인이 잘 되기를 기원하는 모든 이들이 고맙게 여길 거예요.

정말 고마워요.

벅에게

마크 세일러는 유능한 컴퓨터 시스템 분석가입니다. 평소의 조용한 겉모습과는 달리 뛰어난 기지에다 어떤 상황에서도 목표를 잃지 않는 성격의 소유자입니다. 그의 이런 점을 알고 있는 몇 안 되는 사람들은 종종 '또 다른 마크'의 모습을 발견하고 기분이 좋아지곤 합니다. 당신에게 연락을 취해 달라고 부탁할 때 저는 또 한 번 그의 뛰어난 판단력에 감탄하며 흔쾌히 펜을 들었습니다.

마크와 그의 아내 베씨 클라크는 5월말에 시카고로 이사를 할 것입니다. 베씨가 대학에서 교수직을 얻었기 때문이지요. 제가 벅에 대해 종종 얘기를 했기 때문에 마크도 당신과 회사가 시카고뿐만 아니라 일리노이 주 전역에서 명성을 얻고 있음을 잘 알고 있습니다.

마크는 시카고의 두 회사에서 좋은 조건으로 고용 제의를 받았다고 하는데 당신과 그 문제를 상의하고 싶다고 합니다. 당신이 매우 바쁜 것을 잘 알고 있기 때문에 간단히 요점만 논의할 것이라 합니다. 가능하다면 마크와 연락하여 수일 내로 약속을 정할 수 있으리라 생각합니다(마크의 집 전화 번호는 편지의 아래쪽에 적었습니다).

다음달 컨벤션에서 뵙도록 하겠습니다.

안녕히 계십시오.

매리에게

미스 돈 트위첸은 제 매형과 그의 사업 파트너 회사에서 14년간 근무했습니다. 그런데 회사에서 이 지역의 공장을 폐쇄할 예정입니다. 회사 내에서 다른 근무처로 발령을 내기가 불가능해 미스 트위첸을 포함하여 9명의 직원이 새 직장을 찾을 수 있도록 회사에서 노력중입니다.

미스 트위첸은 대단히 유능한 제조업 분야의 고급 관리자였을 뿐 아니라 훌륭한 인격의 소유자이기에 제가 펜을 들었습니다. 평소 당신이 훌륭한 인재 고용에 일가견이 있는 분이기에 이런 상황을 알려드려야겠다고 생각했습니다. 그래서 제가 미스 트위첸에게 당신에게 연락을 하겠다고 말했습니다. 미스 트위첸은 당신 회사의 인사 담당자가 그녀에게 연락해 면접일을 정할지도 모른다고 알고 있습니다.

이 소개 편지를 보내면서 저는 당신과 미스 트위첸에게 모두 좋은 일을 하는 것이라는 확신이 듭니다.

특히 이전에 당신에 제게 똑같은 친절을 베풀어 주셨기에 편지를 쓰면서 더 기분이 좋습니다.

안녕히 계십시오.

☆특별한 직함 익혀두기

여러분이 왕족이나 의회 의원, 판사, 시장들과 직접 접할 기회는 자주 없을 것이다. 그러나 가끔 그들에게 편지를 쓴다거나 남에게 소개를 한다거나 직접 대화를 할 때는 바른 호칭을 써야 할 것이다. 바른 호칭을 익혀두는 것은 좋은 매너와 그들의 직위에 대한 존경을 표하는 것일 뿐 아니라 주변 모든 사람을 편하게 해주는 데 도움이 된다.

바른 호칭을 하면 직함을 가진 사람도 기분이 좋아지며 그들에게 소개되는 사람도 그런 호칭을 잘 모를 경우 전문가(여러분)의 예를 따를 수 있으므로 좋다.

대부분의 비즈니스맨들은 개인 병원 원장이나 성직자, 지역 법집행 기관에 속한 이들 또는 소방서 근무자들과 자주 접할 기회가 있을 것이다. 여러분의 치과의가 여러분과 사업을 의논할 때는 그를 닥터(Dr.) 아무개라고 칭하며 이웃의 청소년 회관 기공식에 참석하는 유태교의 성직자를 랍비 아무개라고 칭하는 것쯤은 알고 있을 것이다.

별로 사용할 기회가 없거나 아예 사용할 일이 없는 직함이라고 해서 평소에 쓰던 호칭보다 익히기에 더 어렵다고 생각할 이유는 전혀 없다.

사전 참고하기

　좀 두꺼운 사전을 찾아보면 예상외로 많은 정보를 구할 수 있다. 올바른 호칭을 수록한 사전도 많다.　집에 있는 사전의 색인을 보면 직함과 그에 따른 호칭에 대해 알 수 있을 것이다.　예를 들어 여러분이 편지를 쓸 때, 상대가 의회 의원이라면 '아무개 의회 의원님'이라고 칭하며 편지 서두에는 '아무개 귀하'라고 쓴다.

　'의원님'은 여러분이 다른 사람을 칭할 때 존경을 담아 부르는 말이지만 당사자가 자기 자신을 지칭할 때는 적당치 않은 말이다.

　박사 학위(Ph.D.)가 있는 사람이라면 '박사(Dr.)'라는 호칭을 쓰거나 아예 쓰지 않는 경우도 있다.　이런 사람을 서면으로 칭할 때는 그의 이름 뒤에 Ph.D.를 쓰고(게일 샌더슨 Ph.D.와 같이) 글의 서두는 '샌더즈 박사께'라고 쓴다.

　상대와 잘 아는 사이이고 그가 직함을 잘 쓰지 않는 것도 안다면 직함을 쓰지 않아도 될 것이다. '미스 게일 샌더슨' 또는 '게일에게'라고 써도 무방하다.　그 사람이 직함을 쓰지 않는다는 말을 들었다 해도 잘 모르는 사이라면 어쨌거나 직함을 써 주도록 한다.　나중에 상대가 '미스'라고만 부르라고 하면 그때부터는 직함을 생략해도 된다.

　요즘은 부인은 사회적 직함이 있는데(지방 법원 판사처럼) 남편은 없는 경우도 많다.　이런 부부에게 편지를 보낼 때는 부인의 직함을 써 주도록 한다.　'낸시 E. 도스 판사와 미스터 제프리 B. 도스'라고 쓰는 것이다.

　두 사람 모두 직함이 있다면 둘 다 쓰도록 한다.　'낸시 E. 도스 판사와 제프리 B. 도스 판사'라고 쓰는 것이다.

　어찌 해야 할지 잘 모르면 미리 상대의 사무실에 연락을 해본다.

대부분 담당 직원이 필요한 정보를 제공할 것이다. 여러분은 다음 사항을 문의하도록 한다.

- 그 사람의 정확한 직함.
- 이름과 직함의 철자.
- 글로 쓸 때의 호칭.
- 부를 때의 호칭.
- 배우자를 포함할 경우 어떻게 칭하는가?

정확한 정보를 제공한 담당 직원에게 감사하는 일을 잊지 않도록 하고 여러분이 누구이며 왜 그런 정보를 원하는지도 꼭 밝히도록 한다. 정확성을 기하고 상대가 받아야 할 예우를 다하려는 여러분의 노력은 그들의 일을 돕는 사람에게는 상당히 반가운 일이다. 더불어 준비가 철저하면 여러분도 더욱 자신감을 갖게 된다.

제11장
팁

　어떤 사람들은 팁을 가리켜 "일을 잘해 주어 고맙다."는 조그만 사례라고 정의한다.　또 다른 사람들은 다음에 들렀을 때 좋은 서비스를 해달라거나 체류하는 동안 계속해서 좋은 서비스를 해달라는 의미라고 한다.

　대다수 서비스업 종사자들의 임금은 매우 낮기 때문에 수입의 상당 부분을 팁에 의존하는 편이다.　때문에 이들에게 팁은 매우 중요하며 후한 팁은 늘 반가운 것이다.　서비스를 제공하는 이들은 후한 팁을 주는 고객을 기억하며 기회가 있을 때마다 그런 손님들에게 최상의 서비스를 하려고 애를 쓴다.

　모든 것을 고려해 볼 때 여러분이 자주 대하게 되는 서비스업 종사자들을 잘 대해 주는 것은 좋은 비즈니스 감각이라 할 수 있다. 다시 대할 기회가 없는 사람에게는 계산액의 15퍼센트 정도 팁이면 충분하며, 자주 대하는 웨이터에게는 20퍼센트의 팁이 적당하다. 15퍼센트를 지불하든 20퍼센트를 지불하든 간에 서비스를 제공하는 이들을 항상 정중하게 대하고 말이나 행동으로 서비스에 대한 고마움을 표시하는 것이 현명한 일이다.

　누구를 대하더라도 늘 좋은 매너를 보이는 것이 <성공하는 사람들의 비즈니스 예절>이 권장하는 바이다.　따라서 이발사나 미용사, 골프 캐디, 택시 기사, 헬스 클럽의 탈의실 보조원 등 일반적으로 팁을 받게 되어 있는 이들을 대할 때는 팁을 주는 것 외에도 상황에 따라 늘 "부탁합니다." "감사합니다." "죄송합니다."라고 말해야 한다.

대부분의 서비스업 종사자들은 여러분의 정중한 태도에 호의적으로 반응한다. 따라서 이들을 무뚝뚝하기보다는 기분 좋은 매너로 대해야 기분 좋은 서비스를 받을 수 있을 것이다.

여러분이 좋은 매너를 보이면 주변에서 보는 이들도 여러분에게 호감을 가질 것이다. 예를 들면 여러분이 리셉션 장에 도착한 배달원과 나누는 대화를 행여나 여러분의 상사가 들을지도 모를 일이다. "그걸 여기 내려놓으면 안 되지!"라고 목청껏 내뱉으면 모든 사람의 시선이 여러분에게 쏠리게 된다.

"잠시만 기다리시겠습니까? 고객 서비스 과에 문의해서 이 짐을 어디다 두어야 할지 알아보도록 하지요. 잠시만 기다리세요."라고 하면 누가 듣더라도 좋은 말이다.

나중에 여러분이 승진 대상자 명단에 들어 있고 그 자리에는 차분한 성격의 소유자가 적임이라면 리셉션 장에서 여러분의 태도를 본 상사는 여러분에게 후한 점수를 줄 것이다.

서비스가 엉망일 때는 억지로 팁을 주지 않아도 되지만 그렇다고 시끄럽게 다투지 않도록 한다. 무례하고 요령 없는 종업원과 목청껏 다투어 봤자 여러분의 이미지만 손상되기 때문이다. 다툰다고 해서 종업원의 태도가 하루아침에 바뀔 리도 없고 여러분만 손해를 보게 되기 때문이다. 그래도 화를 내야겠다면 긍정적인 조처를 취해 해결하도록 한다. 다시는 오지 않겠다고 하거나 주인을 불러 불만을 직접 털어놓는 것이다. 그러나 이런 일조차 할 만한 가치가 없는 때도 있다.

☆팁은 누가 주어야 하나?

여러분이 호스트라면 팁도 여러분이 지불하도록 한다.

상사를 점심에 청했는데 팁을 상사가 내겠다고 하면 애초에 여러분이 모두 계산할 예정이었다 해도 상사의 제안을 받아들여 팁은 상사의 몫으로 남겨두도록 한다.

여러분이 서비스를 받는 입장이지만 호스트가 아닌 손님의 자격일 때는 호스트가 미리 다 처리했다고 귀띔하지 않는 이상 여러분의 팁을 지불하도록 한다. 예를 들어 고객의 컨트리 클럽으로 저녁 초대를 받았을 때 차를 대기시키는 주차원에게는 여러분이 팁을 주어야 할 것이다. 코트나 모자 보관소의 종업원에게도 마찬가지로 한다. 그러나 급사장이나 웨이터에게 무턱대고 팁을 주지 않도록 한다. 거절하는 사람에게 억지로 팁을 주어서는 안 된다. 업소 규정상 팁을 수령할 수 없거나 호스트가 미리 지불했을 수도 있기 때문이다.

여러분의 손님이 될 사람이 위와 같은 비용을 지불해야 할 경우 미리 종업원들에게 팁은 나중에 여러분이 계산할 것이라 약속을 해두고 손님에게는 다 알아서 했으니 팁을 줄 필요 없다고 일러주도록 한다. 손님의 주머니 사정이 빠듯하다면 고급 클럽에서 팁을 주는 일이 부담이 될 수도 있다. 손님이 외국인일 경우에도 여러분이 미리 팁에 대한 배려를 해주면 손님도 얼마나 주어야 할지 고민할 일이 없어져 마음을 놓을 것이다. 어떤 경우이든 간에 여러분의 후한 대접은 분위기를 부드럽게 하는 것이며 이는 모두에게 좋은 일이다.

보통 계산을 하는 사람이 팁도 함께 지불하는 것이 관례이다. 나누어서 계산을 하는 경우라면 팁도 같이 부담하도록 한다.

☆얼마나 주어야 하나?

팁을 주어야 할지, 얼마나 주어야 할지 잘 모른다면 준비가 덜 된 상태나 마찬가지며, 고객이나 좋은 인상을 심어 주어야 할 상대와 함께 다닐 때 다소 불안감을 느낄 수 있다. 팁을 줄 때도 일반적인 규칙에 따르는 게 좋지만 무엇보다 중요한 것은 여러분이 활동하는 곳에서 통용되는 팁의 수준이 어느 정도인지를 알아두는 것이다. 우물쭈물하지 말고 경험 많은 동료에게 물어 알아두도록 하자.

팁의 수준도 여러 가지다. 대도시나 특급 호텔, 휴양지에서는 일반적인 팁의 범위(지불액의 15퍼센트에서 20퍼센트)에서 높은 쪽을 선택하도록 한다. 계산할 때 자동적으로 15퍼센트의 팁이 포함된다면 따로 팁을 지불할 필요는 없다.

다음은 일반적으로 팁을 주어야 할 대상과 적정한 금액 수준이다.

- 지배인 또는 캡틴:특별 서비스에 대해 10달러.
- 웨이터 또는 웨이트리스:계산액의 15 내지 20퍼센트.
- 와인 스튜어드:와인 값의 10내지 15퍼센트.
- 화장실 보조원:50센트에서 1달러.
- 코트룸 보조원:코트 한 벌에 1달러, 코트나 모자가 하나씩 추가될 때마다 75센트씩 추가, 최소 1달러.
- 주차원:2달러.
- 택시 기사:요금의 15퍼센트, 최소 75센트.
- 배달원:1달러.
- 공항의 수화물 운반 보조인: 최소 1달러, 가방 하나씩 추가될 때마다 50센트.
- 구두닦이: 1달러.

• 도어맨: 문을 열어 주는 데는 팁이 필요 없으나 택시를 잡아
  주는 등 다른 서비스에 대해서는 최소 1달러.

캘리포니아 주 샌디에고에 위치한 국제 팁 산정회(Tip Compu-
ters International, TCI)[전화 (800)527-9493 또는 (619)488-7332)]
에서는 적절한 팁의 수준과 대략적 산정액 표를 트럼프 카드보다
조금 작은 크기의 카드로 제작하여 배포하고 있다. TCI의 상품은
주요 잡지나 신문에 자주 실리며, 이 회사는 팁이 관행화되어 있지
않은 곳을 포함해 국제 무대에서의 팁에 대한 정보를 제공하고 있
다.

좀더 자세한 정보가 필요하다면 가까운 도서관이나 서점을 찾아
최근 발간된 '팁 주기'에 대한 제목을 찾아보고 주제와 관련한 도서
를 꼼꼼히 훑어보도록 한다. 팁에 대한 책이 나와 있다는 사실만
봐도 팁 주기가 하찮은 문제가 아님을 알 수 있다. 보다 완벽한
비즈니스 에티켓을 익히려면 팁 주기에 대한 정보도 익히 알고 있
어야 할 것이다.

팁을 줄 때는 너무 으스대지 않도록 한다. 테이블에 두거나 종
업원의 손에, 또는 주머니에 살짝 넣어주도록 하고 보란 듯이 과시
하는 일은 없어야겠다.

☆특별히 팁을 주어야 할 때

(1)고객이 선택한 골프 코스에서 함께 골프를 치고 있다. 그가
비용을 부담할 것이라 했고 골프 캐디에게는 그가 팁을 준 것이 확
실하다. 그렇지만 우리를 보조하는 골프 프로에게도 팁을 주었는
지는 확실치 않다. 내가 골프 프로에게 20달러를 주었으면 한다.
혹시 고객이 얼굴을 붉히지는 않을까?

여러분이 조심만 하면 아무도 얼굴 붉히는 일은 없을 것이다. 또한 팁 에티켓에 어긋나지 않을까 하는 걱정 없이 다음에도 그 골프 프로의 도움을 받을 수 있을 것이다. 그러나 여러분의 고객이 프로에게도 팁을 주었는데 여러분이 눈치를 못 챘을 수도 있다. 그러면 "잭, 이렇게 대해 주셔서 감사합니다. 대신 골프 프로의 팁은 제가 주도록 하지요."라고 물어 보도록 하자. 그러면 이미 주었는지의 여부를 고객이 여러분에게 알려 줄 것이다.

⑵일 주일에 한 번씩 안마사가 회사를 방문해 서비스하며 그 비용은 회사가 부담한다. 안마를 받는다면 안마사에게 팁을 주어야 할까? 만약 그렇다면 얼마나 주어야 할까?

주어야 한다. 대개 25퍼센트 정도의 팁을 주지만 여러분이 원래 비용을 모르는 입장이므로 이전에 안마를 받아 본 동료에게 물어 보도록 한다.

⑶사업 파트너가 렌트한 리무진을 보내면서 나중에 한꺼번에 계산되므로 운전사에게 따로 팁을 줄 필요가 없다고 한다. 정말인가?

그렇지 않을 것이다. 운전사에게 렌트 비용의 15 내지 20퍼센트의 팁을 주는 것이 관례이다. 리무진을 사용할 때는 렌트 비용에 팁이 포함되어 있는지 렌트카 회사에 물어 보도록 한다.

⑷크레디트 카드로 웨이터에게 팁을 지불해도 될까? 레스토랑 측에서 카드 사에 일정액의 수수료를 물어야 하기 때문에 행여 웨이터에게 불이익이 가지 않을까 한다.

이런 질문을 하는 분은 팁의 실제 가치에 대해 특히 민감한 사람으로서 특히 권장할 만한 태도이다. 크레디트 카드로 팁을 계산한다고 해서 실례가 되지는 않지만 카드로 계산할 때 따로 현금을 준비해 팁을 지불하는 것이 훨씬 기분이 개운할 것이다(그렇지만 크레디트 카드로 계산해도 웨이터에게는 불이익이 없을 것으로 본다).

(5)오페라 애호가인 상사가 우리 부부에게 오페라 티켓을 주었다. 극장 안내인에게 팁을 주어야 하나?

주지 않는다.

(6)회사 빌딩에서 구두 닦는 사람에게 연말이면 후한 팁을 준다. 내 비서는 구두 한 켤레 닦을 때마다 1달러 50센트의 팁을 주어야 한다고 말한다. 너무 과한 것이 아닐까?

비서에게 왜 1달러는 안 되고 꼭 1달러 50센트여야 하는지 물어 보자. 잘 들어 보고 팁을 더 주는 것이 온당한가 판단하도록 한다.

(7)일 주일에 두 번 사무실 주방에서 쓸 식품을 구입한다. 차까지 짐을 날라다 주는 점원에게 늘 2달러의 팁을 주고 있다. 상사가 점원에게 팁을 주지 않아도 된다고 한다. 그럼 이제부터 팁을 주지 않아야 하나?

계속 주도록 한다. 그 점원에게 팁을 주는 것은 온당한 일이며 만일 갑자기 팁을 주지 않으면 그의 서비스에 불만이 있다는 의미를 전달하게 된다.

(8)머리 손질을 하는 데 돈을 많이 쓰는 편인데 내 머리를 만져 주는 사람이 미용실의 주인이다. 그래서 팁을 주지 않는다. 친구는 내가 쩨쩨한 사람이라고 한다. 정말 그런가?

그렇지 않다. 주인에게는 팁을 줄 필요가 없다. 그러나 다른 사람이 머리를 감겨 주었다면 그 사람에게 1달러 내지 2달러의 팁을 주는 것이 좋다.

(9)전철을 타고 직장을 다니는데 차장과 만나면 늘 인사를 주고 받는 사이이다. 그 사람에게 팁을 주면 내가 경우 없는 사람이 될까?

줄 필요 없다. 더군다나 한 번 팁을 주기 시작하면 그만두기가 어렵다. 연말을 핑계삼아 차장에게 팁을 주려 한다면 차라리 선물을 하는 쪽이 낫다.

⑽헬스 클럽 강사가 아주 성격이 좋은 사람인데 몇몇 회원이 그에게 팁을 주는 것을 보았다. 이런 것이 관행인가?

여러분이 다니는 헬스 클럽의 강사에게 팁을 주는 것이 이미 관행화 되어 있다면 대답은 "그렇다."이다. 다른 헬스 클럽에서는 그런 관행이 별로 없지만 그런 것은 중요하지 않다.

⑾주머니 사정이 빠듯해 레스토랑 종업원에게 20퍼센트나 팁을 줄 형편이 안 된다. 그럼 레스토랑에 가지 말아야 하는가?

레스토랑의 음식비를 부담할 수 있고 15퍼센트의 팁을 줄 수 있다면 즐겁게 식사를 할 수 있을 것이다. 종업원들이 일할 수 있는 것도 여러분이 그 레스토랑을 즐겨 이용하기 때문이다. 그러니 15퍼센트의 팁을 남겼다고 미안해 할 필요는 없다. 대신 칭찬의 말이나 미소, 감사의 말로써 훌륭한 서비스에 고마움을 표시하면 된다.

⑿주말이면 탁아소 보모에게 팁을 준다. 내가 퇴근하는 시간이 조금 늦어서 보모가 우리 아이와 좀더 시간을 보내야 하기 때문이다. 남편은 그게 보모의 할일이므로 팁을 줄 필요가 없다고 한다.

이미 팁을 주고 있으며 받는 쪽에서도 거절하지 않기 때문에 계속해서 주어야만 한다. 아이를 잘 돌봐 주어 흡족하다면 기본적으로 팁은 문제될 것이 없지 않은가. 특별한 서비스를 하는 사람에게 그것이 그의 일의 일부라 해도 특별한 선물이나 팁을 주는 것은 사려 깊은 일이다.

⒀레스토랑에 20퍼센트의 팁을 남기고 왔는데 나중에 알고 보니 계산서에 이미 15퍼센트의 팁이 포함되어 있었다. 팁을 다시 돌려 받고 싶은데, 경우에 어긋난 일일까?

그렇다. 배움의 기회로 여기고 잊어버리도록 한다.

⑭사무 용품을 차까지 날라주었더니 고객이 내게 팁을 주었다. 내가 가게의 운영주이기 때문에 받지 않겠다고 했지만 억지로 쥐어 주었다. 그런데 그 고객은 내가 자기가 주는 팁을 받았다고 불평을 했다고 동업자가 말한다. 어떻게 해야 하나?

그냥 잊어버리자. 또 그런 일이 생기면 감사하다고 말하고 자선 단체에 기부하겠다고 말하자.

⑮동료 대여섯 명과 식사를 할 때면 누가 계산할 것이냐를 두고 실랑이를 벌이고는 한다. 어떤 사람은 15퍼센트의 팁을 내자고 하지만 다른 사람들은 20퍼센트를 내자고 한다. 이런 상황에서는 어찌하는 것이 최선인가?

이런 상황에 처해 난감해 하는 사람이 많을 것이다. 미리 모두에게 누가 계산을 하고 15퍼센트의 팁을 지불할 것인지 묻도록 한다. 그런 후 한 사람을 정하도록 한다. 여건이 되면 식사 전에 모두들 10달러나 20달러 또는 적당한 금액을 이 사람에게 준다. 남은 돈은 나중에 각자에게 나누어준다. 이것도 만족스럽지 못한 대안이라면 동료들의 의견을 들어 보도록 하자.

제12장
편지

☆통신 기기를 이용한 편지 보내기

전자 통신 기기(팩시밀리, 전자 우편 등)를 이용해 연락을 할 경우 암호화를 시키지 않으면 원래 수신자 외의 사람들도 내용을 볼 수 있다. 따라서 통신 기기를 이용해 메시지를 보낼 때는 중요한 정보를 함부로 기재하지 않도록 조심해야 한다. 이밖에도 여러분의 품위를 지키고 남들에게도 여러분이 올바른 일 처리 방법을 잘 알고 있음을 보여 주기 위해 해야 할 것과 해서는 안될 일들이 있다. 최근 전자 통신을 할 때의 에티켓을 뜻하는 '네티켓'이라는 신조어가 생겼다. 이는 현대적인 통신 수단을 사용하는 비즈니스맨들이 통신에도 바른 방법과 잘못된 방법이 있음을 인식하고 있음을 보여 주는 것이다.

다음의 항목을 잘 보고 필요에 따라 적절히 이용하도록 하자.

해야 할 것

1. 수신자와 발신자를 정확히 기재해 둘 중 한 사람이라도 연락이 가능하도록 한다. 발신자의 팩스 번호 외에도 전화 번호나 주소 혹은 둘 다를 기재해야 한다.

존은 물품 공급 업자에게 팩스를 보내면서 번호를 잘못 눌렀다. 사실 그 번호는 공급 업자가 아닌 어느 회계사의 팩스 번호였다.

회계사의 비서가 이를 받아 보았지만 존에게 팩스가 잘못 들어왔다는 사실을 알릴 수가 없었다. 연락을 취할 만한 정보를 전혀 기재하지 않았기 때문이다. 또한 팩스의 수신인인 물품 공급 업자의 번호도 없었으므로 그에게도 연락을 취할 수 없었다. 애초부터 팩스에 아무런 정보를 기재하지 않았기 때문에 회계사의 사무실로 날아든 것이다.

2. 상대를 마주보고 얘기하듯 쓴다. 지나치게 암호를 많이 사용하거나 메시지를 줄여 쓰면 수신자가 내용을 잘못 이해할 수도 있기 때문이다.

마틴은 본사와 멀리 떨어진 회사의 물류 창고 담당자에게 가능한 한 빨리 자료를 보내 줄 것을 요청했으나 자료는 기대했던 것만큼 빨리 도착하지 않았다. 그 담당자는 평소 능력 있고 효율적인 일 처리로 정평이 나 있었으므로 마틴은 어리둥절했다. 일주일 후 마틴이 요청한 자료가 미 우정 공사(U.S. Postal Service) 편으로 도착했다.

마틴이 물류 창고 담당자에게 보낸 메시지가 과연 무엇이었을까?

"소형 도구 월중(月中) 새고 목록 필요. 반드시 기밀을 지켜 수송할 것. 정확성 필수. 가능한 한 빨리."

'가능한 한 빨리'는 다소 모호한 반면 정확성이 속도보다 더 중요한 것처럼 보이지 않는가? 또 '기밀을 지켜 수송'이란 표현은 해석하기 나름이다. 물류 창고 담당자는 수치를 암호화해 띄울 만한 전자 통신 기기가 없었으므로 다소 느리긴 해도 믿을 만한 우편 쪽을 선택한 것이다.

3. 메시지의 철자, 문법, 전체적인 외양은 어떤가도 잘 살피도록 한다. 현대적인 기술을 사용한다고 해서 전통적인 형식미를 무시

해도 좋다는 뜻은 아니다.

4. 글자 크기가 너무 작으면 깨끗이 전송되지 않을 수 있음을 염두에 두고 상대에게 잘 알아볼 수 없다면 연락을 달라고 해야 한다. 안심이 되지 않으면 메신저 서비스나 속달을 이용해 자료를 전달하도록 한다. 어느 경우이건 간에 잘 생각하고 선택하면 좋은 평가를 받을 것이다.

5. 편지의 머리 부분에 메시지의 주제를 표시하도록 한다. 수신인이 다 읽지 않아도 내용을 대략 짐작할 수도 있고 급한 것이라면 신속한 처리가 가능하기 때문이다. 바쁜 사무실에서는 모든 메시지를 받는 즉시 읽어 볼 수가 없다. 메시지를 보낼 때마다 늘 긴급한 것이라고 표기를 하면 중요한 메시지라도 나중에는 제대로 읽혀지지 않을 수 있으므로 주의한다.

해서는 안 될 것

1.여러분이 받는 모든 요청을 곧이곧대로 해석하지 말 것. 확실치 않을 경우 한 번 더 점검한다.

2.다른 사람의 기분을 상하게 하지 말 것. 저속한 농담을 전자 우편을 통해 전하지 않도록 한다. 수신자의 비서나 다른 사람들이 이런 메시지를 보고 기분이 상할 수도 있기 때문이다.

3.영어의 대문자만으로 메시지를 작성하지 말 것. 인터넷 사용자들 사이에 '고함 지르기(shouting)'라는 말로 통하는 대문자만으로 작성된 메시지는 읽기도 어렵고 받아보는 사람도 짜증이 난다.

4.전자 우편 상에 통용되는 약어가 있음을 잊지 말 것. 예를 들어 '미리 감사를 드립니다(Thanks in advance)'는 간단히 TIA로 쓴다. '그런데(By the way)'는 BTW로 쓴다. 전자 우편의 초심자라서 이런 용어에 익숙지 않다면 상대가 이런 용어를 쓴다 해도 없

는 사람이라 생각지 않도록 한다.

5.팩스가 여러 장일 때 쪽수 매기는 것을 잊지 말 것. 쪽수를 매기면 수신자가 읽고 파일로 만들기에 편하도록 잘라 묶을 때 편하다.

☆알맞은 용지 고르기

"각자가 선택하는 외양은 격식을 차린 것이나 평범한 것, 또는 그 중간의 것일 수 있다. 아침에 출근해 보니 보라색 바탕에 흰 물방울이 찍힌 편지 봉투가 놓여 있다면 그 안에 중요한 사업 정보가 들어 있을 것으로 기대하지는 않는다. 사실 다른 중요해 보이는 봉투와 함께 놓여 있다면 이 편지 봉투는 가장 나중에 개봉될 것이다."

-매릴린 핀커스, <긍정적인 이미지 발산(Projecting a Positive Image, Barron's, Hauppauge, NY, 1993)> 중에서)

편지를 보낼 때 그 내용에 걸맞는 용지와 봉투를 선택한다면 수신자가 메시지를 짐작하기가 훨씬 쉽다. 이는 상대에 대한 배려를 보인다는 점에서 <성공하는 사람들의 비즈니스 예절>의 취지에 부합한다.

여러분의 책상에 있는 용지들을 눈여겨보고 사무 용품 공급 업자나 가까운 문방구에서 물품을 주문할 때 종이의 색, 두께, 디자인, 크기 등을 고려해 선택하도록 한다.

여러분이 쓸 용품은 어차피 여러분이 선택해야 하는 것이므로 충분히 시간을 갖고 생각해 적당하다고 생각되는 용지를 고르도록 한다.

☆ 펜으로 쓴 메시지를 보낼 때

'하이테크, 하이터치(hi-tech, hi-touch:기술이 발전할수록 인간 관계에 대한 욕구도 강해짐을 이르는 말-역자 주)'라는 말을 기억하시는가?

전자식 전화, 개인용 컴퓨터, 팩시밀리 등이 사무실에 모습을 드러냈을 때 사람들은 신 기술의 효율성에 경탄하면서도 너무나 비인간적인 수단이라는 데는 의견을 같이 했다. 사람들은 인간적 교류를 필요로 하며 아무것도 이를 대신할 수 없음은 이미 주지의 사실이다.

펜으로 쓴 편지는 고속 전자 통신 기기를 이용한 것보다는 '하이테크' 면에서 떨어지지만 반면 훨씬 '하이터치'의 성격이 강하다. 글씨를 멋있게 잘 쓴다면 펜으로 작성된 메시지는 훨씬 보기도 좋고 읽기에도 쉬우며, 특별한 정감이 느껴지기도 한다. 글씨가 볼품이 없다 해도 알아볼 수만 있다면 메시지에서 인간적인 감정이 느껴지도록 펜을 써서 편지를 쓰도록 권한다.

"아, 그렇기는 해도 타자기나 컴퓨터를 쓰는 게 훨씬 빠르고 간편하잖아요"라고 반문하는 분도 있을 것이다. 물론 그렇다. 그렇지만 빠르고 간편한 것만이 능사가 아닌 경우도 있는 것이다.

동료나 아는 사람이 상을 당했거나 힘든 일을 겪을 때(가족의 죽음이나, 해고, 중병이나 사고 등)는 기계가 아닌 펜으로 걱정이나 위로의 말, 도움을 주겠다는 말 등을 적어 보내는 것이 좋다.

일반 노트 크기의 종이를 쓰면 간략하면서도 목적에 맞는 글을 작성할 수 있을 것이다.

편지를 써야 할 때 인간미를 불어넣고 싶다면 펜으로 글을 쓰도록 한다. 다음과 같은 내용은 펜으로 쓰도록 하자.

- 축하 .
- 감사.
- 격식 없는 초대.
- 선물을 거절할 때(회사의 규정상 금지되어 있으므로).

문방구에서 산 카드에 직원 여러 명이 서명할 때는 여러분의 이름만 적을 것이 아니라 간단한 말 몇 마디를 더해 보자. 카드에 인쇄된 문구가 근사하다 해도 여러분이 직접 쓴 몇 마디 말은 여러분이 전하려는 메시지에 따뜻함을 더하기 때문이다.

☆빠른 시일 안에 회답하기

늦게 한 답례는 아예 답례를 하지 않는 것과 마찬가지다. 이는 여러분의 답장을 기다리는 사람에게 너무 늦게 소식을 전할 경우 빚어지는 결과를 빗댄 말이라 할 수 있다.

2,000마일 밖에 사는 오랜 대학 친구와 편지로 연락을 한다. 가끔 그 친구의 편지를 며칠씩이나 읽지 않고 두어 답장을 늦게 보내는 경우가 있어도 그 친구는 여러분을 용서할 것이다. 최근에 참석한 세미나가 좋았으며 새 차를 구입했고 안경 대신 콘택트 렌즈를 쓰기 시작했다는 등의 얘기를 적어 늦게나마 답장을 보내면 친구는 기쁜 마음으로 읽어 볼 것이다.

전문 기관에서 특별 위원회의 위원으로 활동해 달라는 청을 받았거나 회사의 상사 내외로부터 자신들의 해변 별장에서 주말을 보내자는 초대를 받았다. 또는 동료가 전자 우편을 보내 수요일 오후에 만나 회사의 실적을 검토하고 새 마케팅 계획을 세우자고 한다. 이런 요청이 들어오면 언제나 빨리 답을 해야 한다. 만일 그렇게 하지 않으면 사람들의 분노를 사고 말 테니까. 처지를 바

꿔놓고 생각해서 여러분이 기다리는데 상대가 늦게까지 답을 하지 않으면 화를 낼 것은 당연하지 않은가?

어떤 경우든 일단 초청을 받았다면 받은 지 24시간 안에 대답을 하도록 한다. 청을 받아들일 수 있을지 확실치 않거나 대답하기 전에 알아볼 일(비행기편을 알아보거나 아이를 맡기는 일, 자리를 비우는 데 상사가 동의할지 여부 등)이 있다면, 상대에게 좀 기다려 달라고 말을 하는 것이 예의다. 늦게 답을 해서 상대에게 불편을 끼칠지 스스로 물어 보고 그렇다고 판단되면 거절하도록 한다.

특정한 날짜까지 답을 해달라는 청을 받으면 어떻게든 날짜를 지키도록 한다. 이를 무시하면 엄청난 실례가 되므로 주의한다.

☆편지의 머리말

'담당자 귀하'는 정중하기는 하지만 다소 차갑고 으스스한 느낌을 준다. 편지를 쓸 때는 받아 볼 사람이 정확히 누구인가를 고려하여 적절한 말로 '호칭'을 하도록 한다. 예를 들면 다음과 같다.

- Mr. 채프먼 귀하.
- 필립에게.
- 편집자 귀하.
- 이사님 귀하.
- 회장님 귀하.

머리말은 보는 이의 '시선을 붙들 수 있도록' 써야 한다. 머리말을 제대로 쓰면 받는 사람도 끝까지 읽어 보게 되어 모든 것이 순조롭게 진행될 수 있다.

정확한 문법과 구두법(句讀法)을 사용하도록 한다. 실무적인 편지나 격식을 차린 글에서는 호칭 뒤에 쌍점(:)(Dear Mr. Chapman: 처럼)을 쓰고 개인적인 내용의 편지에서의 호칭 뒤에는 쉼표

(,)(Dear Philip, 처럼)를 찍는다. 정확한 문법은 편지를 쓸 때 좋은 매너의 기본이 된다. 철자를 잘못 쓴 말이나 기타 실수로 읽는 사람의 주의가 분산되면 편지의 내용도 흐려지게 된다. 더불어 보기에 지저분한 편지는 상대에 대한 모욕이 될 수도 있다. "왜 이런 너저분한 편지로 내 시간을 낭비하는 거지?"란 말을 들을지도 모른다.

영어는 마스터하기에 쉬운 언어는 아니지만 어쨌거나 열심히 노력하면 여러분의 의사 소통 능력을 한 차원 높일 수 있을 것이다.

다음은 읽는 사람의 '시선을 붙드는' 머리말들이다. 잘 보고 그 이유를 생각해 보자.

"당신과 샐리처럼 바쁜 사람들이 별장으로 사람들을 초대할 여유까지 있다니 정말 놀랍군요. 아, 여러 말 하지 않기로 하지요! 기쁜 마음으로 초대를 받아들여 청하신 대로 7월 10일 뵙겠습니다."

글의 초점을 읽는 이에게 두었을 뿐 아니라 그를 칭찬도 하고 있다. 읽는 이의 시선을 '붙들었음'은 물론이다.

"재능 있는 사람을 알아보는 눈이 좋은 와인을 고르는 눈만큼이나 날카로운 줄 미처 몰랐습니다. 금요일 클럽에서 당신의 교육생인 마크 월스턴을 만나 매우 즐거운 시간을 보냈습니다. 당신의 환대에 대한 고마움을 표하고, 마크가 다음 월요일 우리 회사 인사 부장과 면담 약속이 되어 있다는 것을 알려 드리려고 펜을 들었습니다."

읽는 이의 안목을 인정할 뿐만 아니라 그 이후의 일에 대해서도 알리고 있다. 읽는 이가 끝까지 읽어나갈 것임은 물론이다.

"지난 달 애틀랜타에서 열린 업계 산업 박람회에 불참하셔서 모두들 얼마나 아쉬워했는지 모릅니다. 몇몇 고객이 귀사의 서비스에 관심을 보였습니다. 그래서 제가 아래에 그 분들의 성함과 전화 번호를 기재하였습니다.”

이 편지를 받아 보는 사람은 다른 사람들이 자신을 기억하고 불참을 아쉬워했다는 사실에 기분이 좋아지고 새로운 사업 기회가 생겼다는 데 고마워할 것이다.

편지를 끝까지 읽음은 물론이고 편지에 적힌 사람들에게 지체 없이 전화를 할 것이다.

☆약어 사용법

아칸소 주로 보내는 편지에 AZ라는 약어를 썼다면 문제다. 분명 아리조나 주에 사는 누군가에게 편지가 배달되거나 우체국 직원의 손에서 갈 곳을 찾지 못할 수도 있기 때문이다.

이 경우는 약어를 잘못 써서 생기는 극단적인 경우이지만 이 밖에도 자칫 잘못 쓸 수 있는 약어가 많다.

이런 실수를 하면 보내는 메시지가 제대로 효과를 발휘하지 못한다.

- 사람의 이름 뒤에 따라오는 학위 이름은 종종 약어로 쓴다 (Ph.D., M.D., M.A.처럼). 한 개 이상의 학위 소지자라면 중요한 순서대로 쓰되 가장 중요한 학위를 맨 뒤로 보낸다.
- 목사(Reverend)를 Rev.로 쓸 경우라면 성뿐만 아니라 이름까지 전부 쓰도록 한다. Rev. James T. Paulson과 같이 쓰고 Rev. Paulson으로 쓰지 않는다. Rev. J. T. Paulson도 허용된다.
- Martin Q. Crane Jr.에게 편지를 쓴다면 Crane이라는 성과 Jr.라는 말 사이에 쉼표를 찍지 않도록 한다. 예를 들어 Martin Q. Crane, Jr.는 흔히 쓰이는 것이 사실이지만 분명 틀린 표현이다.

어떻게 매번 무엇이 옳은 표현인지 알 수 있나?

전문가에게 물어 보자.

윌리엄 스트렁크 Jr.와 E. B. 화이트가 공동으로 쓴 <문체의 요소(The Ele ments of Style)>와 마가렛 셸처의 <문법의 요소(The Elements of Grammar)>, 기타 간단한 문법책을 구해 읽도록 한다. 글을 쓸 일이 있을 때마다 옆에 두고 참고한다. 바른 약어, 구두법, 문체를 쓸 수 있어 읽기에도 좋고 올바른 형식으로 편지를 쓴다는 목표도 달성할 수 있을 것이다.

바른 문법으로 글을 쓰려면 평생 걸리겠다고? 바로 맞혔다!

☆ 편지를 보낼 때 점검할 10가지

1. 필요한 편지인가? 목표에 가장 적합한 수단이 아니라면 편지를 보내지 않도록 하자. 머리말은 읽는 이의 '시선을 붙들어야' 한다.

2. 메시지가 이해하기에 쉽고 간단한가? 많은 전문 작가들은 '짧을수록 더 낫다'라는 말을 즐겨한다. 1쪽을 넘는 내용이라면 너무 길다.

3. 보내는 이의 이름 철자를 틀리게 쓰지 않았는지 바른 직함을 썼는지 확인한다. 사업상의 직함이나 특별한 직함(Esq., C.P.A. 등)을 써 주어야 할 때는 틀리게 쓰지 않도록 주의한다. 변호사인 스티븐 H. 쉬난도에게 보내는 편지 겉봉에는 Mr. Steven H. Shenando Esq.가 아니라 Steven H. Shenando Esq.라고 써야 옳다. 잘 모를 때는 쉬난도 변호사의 사무실로 전화를 해 비서에게 정확한 형태를 묻도록 한다.

한동안 소식이 뜸했다면 그 동안 직함이 바뀌었을 수도 있으므로 먼저 문의하도록 한다.

4. '여백'이 충분한가? 여백이 충분치 않아 편지가 어지럽게 보이

면 받는 사람이 아예 읽지 않거나 대충 읽어 보게 된다.

5. 편지지나 봉투가 보내는 메시지와 어울리는가? 전하려는 내용이 진지한 것이라면 편지지나 봉투가 장난스러워서는 안 된다. 줄무늬나 물방울무늬, 요란한 색상은 절대 쓰지 않아야 한다. 메시지의 진지함에 어울리지 않는 편지지나 봉투 모양, 그림 등을 선택하지 않도록 한다.

6. 서명을 직접 했는가? '품질 제일주의 팀' '자문위원회' 등의 단체 이름만으로는 별 영향력이 없다. 편지에 대한 책임을 지고 자신의 이름으로 서명을 하도록 한다. 그래야 받는 사람도 답장을 누구 앞으로 할지 알 수 있을 것이다.

7. 단지 서명할 공간이 없다고 해서 두 번째 장으로 넘어가지 않도록 한다. 내용을 손질해 1쪽으로 줄이던가 아예 내용을 좀더 보태어 마지막 장에 "안녕히 계십시오."와 서명만 덩그러니 쓰지 않도록 한다.

8. 구두법과 문법을 점검한다. 쉼표가 너무 많거나 적지 않은가? 질문 뒤에는 물음표를 썼는가? 문단이 바뀌는 것과 내용이 바뀌는 것이 일치하는가? 최근 발간된 문법책을 참고로 한다.

9. 사실과 숫자를 점검해 정확성을 기한다.

10. 기타 다른 자료를 같이 보낸다고 썼으면 잊지 않고 함께 보내도록 한다.

제13장
전화

직접 전화를 받았을 때나 자동 응답기의 메시지를 들을 때 상대의 태도가 몰상식하다면 소리라도 지르고 싶은 심정일 것이다. 반대로 매너도 좋고 용건만 정확히 말하는 사람과는 통화가 즐겁다.

아주 어렸을 적부터 전화 통화에 익숙해 있다 해도 지금 다시 한번 자신의 전화 태도가 어떤지 점검하고 시간이 지나 문제가 될 만한 나쁜 버릇은 고치도록 하자. 여러분 자신이 불쾌한 통화 상대가 될 가능성은 언제나 있기 마련이니까.

☆전화 받기의 기본

누가 사무실 찾아오면 먼저 반가이 맞아주고 안으로 들어오라고 한 후 의자를 권하는 것이 순서다. 전화를 한 사람에게도 거의 똑같은 대우를 해주어야 한다. 여러분의 이름이나 회사의 이름을 똑똑히 말해주어야 전화를 건 사람이 제대로 걸었음을 알 수 있다.

사무실로 안으로 손님을 맞이하는 것과 마찬가지로 상대의 말에 귀를 기울이도록 한다. 여러분이 도와 줄 수 있거나 도움이 될 만한 사람과 연결시켜 줄 수 있음을 알려 상대를 안심시킨다. 전화를 건 사람이 원하는 대상과 연결이 되었는지를 반드시 확인한 후에 수화기를 내려놓도록 한다.

사무실로 걸려오는 전화를 받는데도 아주 기초적인 사항들이 있다. 그런 사항들이 정말 기초적인 것은 사실이지만 오늘날처럼 복잡하게 돌아가는 업무 환경에서는 가끔 등한시되고는 한다. 자신의 비즈니스 에티켓을 제대로 보여 주고 싶다면 지금 사무실에서 전화를 받는 태도부터 먼저 점검하도록 한다. 전화를 한 사람이 어떤 대접을 받고 있는가?

혹시 다음과 같은 말은 아닌가?

통화를 원하는 상대의 내선 번호를 아시면 눌러 주십시오. 주문을 하시거나 회계 정보가 필요하시면 9번을 누르신 후 별표를 눌러 주십시오. 22자리의 계좌 번호가 필요합니다. 브라운 사와의 합병으로 생산되는 신상품 정보를 원하시면 (800)931-4321로 전화하십시오. 이용 안내를 다시 듣고 싶으시면 8번을 누르신 후 우물 정(井)자 버튼을 눌러 주십시오. 전자식 전화를 사용하지 않으시면 이용 안내가 다섯 번 반복될 때까지 기다려 주십시오. 교환원이 도와드릴 것입니다. 여러분의 전화는 우리 회사에 매우 중요합니다. 현재 통화량이 많사오니 차례가 되어 연결될 때까지 끊지 마시기 바랍니다. 좋은 하루 되십시오.

혹시 여러분이나 다른 사람들과 통화를 하려는 사람들이 이런 인사말을 듣고 있지는 않은가? 또는 수화기를 든 교환원이 "잠시만 기다려 주⋯⋯"까지만 말을 하고 급하게 통화 대기 상태로 돌리지는 않는가? 제대로 묻지도 않고, 전화를 건 사람이 기다리는지 마는지도 깜깜 무소식이다. 겨우 통화 대기 상태가 끝나 상대와 연결이 되나 했더니 원하던 사람은 안 나오고 음성 사서함이 나왔다. 메시지를 남기거나 7번을 누른 후 B를 눌러 안내원을 청한다. 모든 이용 안내를 차근차근 따라서 했지만 또 다시 안내원의 음성 사서함으로 연결되어 원하는 사항을 메시지로 남기라고 한다.

이렇게 되면 비명을 지를 만하지 않을까? 누구라도 필시 그럴 것이다. 이는 아무리 좋게 보려 해도 예의에 어긋난 대우이며 자신과 통화를 원하는 고객이 이런 대접을 받기를 원하는 이는 아무도 없을 것이다.

그러나 여러분이 직접 우리 회사의 전화는 어떤가 때때로 살피지 않으면 위와 비슷한 상황이 벌어질 수 있다. 전화 받기의 기본 사항을 고수하면 전화를 건 사람도 고생하지 않을 것이고 비명은 공포 영화를 볼 때만 지를 것이다.

☆말 많은 사람과의 통화를 끝내는 법

"비서가 지금 중요한 전화가 와 있다고 하는군요." "죄송하지만 금방 회의에 들어가야 합니다." 이런 말들은 지난 수년간 비즈니스 에티켓 전문가들이 공손하게 전화를 끊는 방법으로 추천해 온 방법들이다. 이런 말을 할 때의 문제는 상대방이 이런 방법에 대해 이미 알고 있다면 여러분의 의도를 즉각 간파할 것이란 점이다.

결과적으로 여러분이 말 많은 사람과의 통화를 끝내는 요령 있는 방법이라 여겼던 것이 상대에게는 모욕이 되는 것이다. "저 작자가 감히 내 전화를 끊으려고 해? 배짱도 좋군!"

따라서 이제는 말 많은 사람과의 통화를 끊는 데도 새로운 방법을 시도할 때다.

다음을 참고해 보자.

- 요점을 정확히 말하도록 유도한다. "제가 어떻게 도와드렸으면 좋을까요?"
- 간단히 말할 수 있도록 한다. "좀 짧게 말씀하시겠습니까. 받아 적어야 하거든요."
- 조치를 취하기 위한 정확한 시한을 정한다. "이 일을 언제까

지 끝냈으면 하시는지 정확한 날짜나 시간을 말씀해 주시겠습니까?

간단히 말해 상대가 '누가, 무엇을, 왜, 언제, 어디서'라는 사항을 밝히도록 유도한다. 그런 다음 판단을 내린다. 여러분이 무슨 일을 언제까지 해줄 수 있다고 말해 준다. 이렇게 하면 효과적으로 대화를 마무리할 수 있다. 다음은 무리 없이 통화를 끝내는 말들이다.

"말씀하신 것에 대해 생각해 보고 금요일에 전화를 드리겠습니다."

"관리 부장께서 도움을 주실 수 있을 것 같습니다만 먼저 알아보고 오늘 내로 부장님이나 제가 다시 전화를 드리도록 하겠습니다."

"지금 바로 정보 책자를 우송하겠습니다. 받아서 살펴보시고 제 비서에게 언제 전화로 논의할 수 있을지 약속을 해주십시오. 그때 이 문제에 대해 집중적으로 논의하도록 하지요."

"지금은 길게 얘기할 수가 없군요. 내일 아침 8시 30분 경에 전화 드리면 되겠습니까?"

"제가 도와드릴 수 없군요. 이 문제에 대해 더 이상 시간을 보내 봐야 도움이 안 될 것 같습니다."

상대가 무례할 때

엉뚱한 신분을 대는 사람(샘 브라운의 처남이라고 하는데, 샘에게는 처남이 없다)은 필시 중요한 정보(회사의 경비 시스템이 몇 년이나 된 것인지와 같은)를 빼내려는 것이다. 또는 인격이 의심스러운 태도(욕을 하는 것과 같은)로 전화를 하는 사람도 있다. 이런 경우라면 예의 차릴 것 없이 그냥 끊어 버리도록 한다. 좋은 매너가 아니라 좋은 판단력이 필요한 경우이기 때문이다. 미련 없이 끊어 버리자.

☆다른 사람의 메시지를 받아 줄 때

다른 사람이 여러분 대신 메시지를 받아 주었다면 누가 언제 전화했는지 알고 싶을 것이다. 왜, 어디서, 무엇에 대해서인지까지 알 수 있다면 더욱 좋다. 여러분이 다른 사람의 메시지를 받아 줄 때도 이런 사항을 챙기도록 한다. 다음의 사항을 확실히 챙기는 것이 좋은 비즈니스 에티켓이라 할 수 있다.

정확할 것. 상대의 이름을 제대로 받아 적고 정확한 철자를 적는다. 상대의 전화 번호를 적어놓고 가능하다면 통화 가능한 시간도 적어두도록 한다. 빨리 전해 줄 것. 받아둔 메시지는 가능한 한 빨리 전해 주도록 한다. 책상에 남겨놓은 메시지를 알아서 찾아보겠지 하고 넘어가지 말고 반드시 전화가 왔었다고 알려 주도록 한다.

전화를 한 사람도 안심시킨다. 당사자가 자리에 돌아오는 즉시 메시지를 전해 주겠다고 말하는 것이다. 정보를 알려 줄 때도 전문가적인 태도를 유지하도록 한다. 동료가 세미나에 참석 중이라 오후 늦게 들어올 것이라고 말해 줄 수는 있다. 그러나 세미나의 주제나 열리는 위치, 기타 세부 사항을 일러주는 것은 도를 넘는 일이다. 이런 말을 해서 이득이 될 것도 없고 필요 이상의 말을 하면 동료를 곤란한 지경에 빠뜨릴 위험도 있기 때문이다. 4가지 B를 실천하도록 하자. 정중할 것(Be polite.), 친절할 것(Be Friendly.), 전문가다울 것(Be professional.), 신중할 것(Be cautious.).

여기에 한 가지 B를 더할 수 있다.

신속히 대응할 것(Be responsive.). 다시 전화를 해주겠다고 했으면 반드시 약속을 지켜야 한다. 뉴저지 주에 사는 삽화가이자

만화가인 톰 커어는 다음의 말로써 편지나 전화를 받고도 응답하지 않는 것은 무례한 일임을 다시 한 번 일깨워 주고 있다.

"우리 부부는 그렇게 응답이 없는 사람들 때문에 아주 골머리를 썩고 있습니다. 이런 일이 오늘날 모든 업계에서 유행병처럼 번져 있다니까요."

☆호출기나 휴대폰이 방해가 될 때

언제 어디서라도 통신을 가능케 하는 휴대폰 등의 통신 기기는 편리한 점이 아주 많다. 그런 기기를 한두 개쯤 갖고 있는 사람이라면 즉석에서 편리한 점 두세 가지는 술술 말할 수 있을 것이다. 이는 겉으로 보이는 장점이다. 그러나 이 편리한 이동 통신 기기도 나쁜 점은 있다.

휴대폰이나 호출기는 다음과 같은 불편을 초래한다.

- 대화를 방해한다.
- 주변 사람의 귀에도 통화 내용이 들려 방해를 준다.
- 언제 전화가 걸려올지 몰라 눈앞의 문제에 집중할 수가 없다. 이동 통신 기기의 편리함에 도리어 속박당하는 격이다.
- 때와 장소를 가리지 않고 소음을 낸다. 새로운 컴퓨터 소프트웨어 사용법을 교육받는 도중에 호출기나 전화벨 소리가 울리면 모두에게 폐를 끼치게 된다.

이동 통신 기기의 영향을 생각지 않고 아무데서나 사용해 남들에게 피해를 주지 않도록 한다. 상황에 따라 수신이 되지 않도록 조치를 취한다. 수요일에 중요한 세미나에 참석한다면 사무실에 있는 누군가가 몇 시간 정도는 일을 대신 봐줄 수 있다. 그러면 점심 시간이나 쉬는 시간에 사무실로 전화를 해 메시지를 확인한다. 급할 경우엔 세미나 주최측 직원이 다가와 알려 줄 수도 있다. 달리 말하자면 신 기술을 응용한 전자 통신 기기가 방해가 될 경우에는 구식 통신 방법을 쓰라는 것이다. 예의를 지키면서 동시에 남을 배려하는 일이기 때문이다. 또한 갑작스럽게 당황하는 일도 없을 것이며 엉망이 될 수도 있는 하루를 조용하고 깔끔하게 마무리 지을 수 있을 것이다.

제14장
외국어, 기타 에티켓 및 관련 정보

"부탁합니다."와 "감사합니다." 이런 말을 불어, 스페인어, 일어, 이태리어, 포르투갈어로 각각 어떻게 말할까?

외국에서 비즈니스를 할 때 그 나라의 언어를 잘 알면 좋은 태도를 보이는 데 도움이 되지 않을까?

이 질문에 대해 바른 대답을 얻기 위해서 한 번 위치를 바꾸어 생각해 보자.

다른 나라에서 온 비즈니스맨이 영어를 아주 잘 한다고 해서 미국 실정에 맞는 완벽한 비즈니스 에티켓을 보인다고 할 수 있을까? 그렇지는 않을 것이다.

☆ 외국어 배우고 말하기

외국인들과 비즈니스를 할 때 품위 있게 행동하기 위해서는 단순한 말이나 표현 이상의 것을 알고 있어야만 한다. 그렇지만 필요한 외국어의 기본적인 표현이라도 알아두면 순조로운 출발을 할 수 있다. 그 나라의 언어를 배우려고 노력한다는 사실만으로도 비즈니스 상대는 여러분을 높게 평가한다. 영어로 일을 처리한다 해도 그 지역의 언어를 좀 알아두면 행동에도 자신감이 생기고 비즈니스도 순조롭게 진행시킬 수 있다.

일반적으로 쓰는 말을 수록한 특정 외국어의 어휘 목록이나 표현 책은 쉽게 구할 수 있다. 그러나 책 속의 모든 내용을 암기하기란 절대 쉽지 않다. 따라서 여러분은 필요에 따라 선택적으로 학습해야만 한다. 자신의 일정을 고려하여 먼저 필요할 만한 표현을 자기 나랏말로 생각해본다. 예를 들어 "영어를 하는 호텔 직원이 저를 도와 줄 수 있을까요? 호텔 식당에서 손님을 접대하려고 하는데요."라는 말은 어떻게 할까?

전화를 쓰려면 어떤 표현을 알아야 할까? 영어를 못하는 비즈니스 상대의 아내에게("만나서 반갑습니다. 집이 정말 아름답군요." 와 같은) 기분 좋은 말을 해주려면 어떻게 표현하나?

표현 목록을 작성했으면 필요한 단어와 문장을 찾아보고 표현을 외우도록 한다.

캔디스 뱅크로프트 맥키니스와 아더 A. 나텔라, Jr.가 쓴 <멕시코에서의 비즈니스, 경영인의 태도, 의례, 에티켓(Business in Mexico, Managerial Behavior, Protocol, and Etiquette, Binghampton, NY: Haworth, 1994)>라는 제목의 용어 해설집에는 기초적인 비즈니스 용어가 수록되어 있다. 다음은 책에 수록된 영어 표현에 해당하는 스페인어의 일부이다.

- 정시에 구매하다(to buy on time)……comprar a plazos.
- 익명 동업자(silent partner)……comanditario.
- 보장하다(to guarantee)……garantizar.
그 외 일반적인 어휘도 수록한다.
- ancianos……존경받는 마을 원로.
- barrio……도시, 마을 등의 이웃으로 대개 교회와 광장이 있음.

이런 구체적인 정보가 매우 유용할 것임은 오래 생각하지 않아도 알 수 있다. 더불어 여러분이 목적에 맞게 학습의 범위를 좁혀 우선 순위를 정한다면 나중에 기가 질리는 일은 없을 것이다.

여러분의 말을 듣는 사람의 반응도 미리 고려하여 여러분의 질문이나 언급한 말에 대한 답변이 어떻게 나올지 핵심 단어를 익혀 두도록 한다. 예를 들면 "만나서 반갑습니다." "도와드릴 수 없군요." "도와드릴 만한 사람을 부르도록 하겠습니다." 등의 표현을 찾아보도록 하자.

외국어를 좀 할 줄 아는 사람과 여행하거나, 비즈니스 상대가 영어를 하거나, 영어를 할 사람이 있을 만한 호텔이나 기타 장소에 갈 것이라면 위와 같은 정도만 독학으로 익혀두어도 괜찮을 것이다. 그러나 마찬가지로 강조하고 싶은 것은 상대방의 언어를 배워 쓰려고 노력하면 두 사람의 관계에도 호의적인 분위기를 조성할 수 있고 <성공하는 사람들의 비즈니스 예절>의 기본 원칙에도 부합한다는 점이다.

자주 해외 출장을 가거나 일정 기간을 외국에 거주해야 한다면 얘기가 달라진다. 필요한 언어를 교습하는 정규 수업에 등록하거나 개인 교습을 받거나 듣기 자료와 읽기 자료를 포함하는 독학 프로그램을 구입하여 학습해야 할 것이다. 아니면 세 가지 모두를 다 동원하는 방법도 있다.

통역사를 대동할 때

서로의 언어를 아예 모르거나 간신히 의미만 짐작하는 사람끼리 비즈니스를 할 때는 통역사를 대동해야 할 것이다.

경험 많은 통역사라면 함께 떠나기 전에 나름대로 준비할 시간을 갖는다. 수행 할 사람과 상대의 관계에 대해 이해하고 만남의 목적이 무엇인가도 파악해야 하기 때문이다.

1973년부터 미국과 일본을 무대로 활동하고 있는 전문 통역사 이즈미 스즈끼는 의사 소통에는 약간의 왜곡이 있어야 함을 강조한다.

"왜곡이란 풍자, 표현의 선택, 어조, 속도, 말의 높낮이, 휴지(休止) 등의 방법으로 의사 소통에 양념을 치는 것을 말한다. 소위 직역(literal interpretations)이라는 것도 사전이나 스케줄에 의해 주어지는 약간의 왜곡이 불가피하다. 예를 들어 미국인의 농담이나 일본인의 침묵은 서로에게 명백한 분노 또는 공격적 의미로 받아들여진다. 이럴 때 왜곡을 하지 않고 그냥 통역을 해버리면 결과는 불을 보듯 뻔하다. 고객의 입장에서는 상대방의 위치나 그들의 개인적 관계에 대한 귀중한 정보를 얻을 수도 있다. 그러므로 통역사들은 고객에게 어떤 왜곡을 가하기를 원하는지를 물어 최고의 서비스를 하려고 한다."

－전미 번역가 협회(ATA) 회보 1995년 3월호에 실린 '통역사의 점검표' 중에서

외국인과 비즈니스를 할 때 제대로 된 비즈니스 에티켓을 보이려면 상당한 준비를 해야 한다. 이 장은 여러분에게 한 번쯤 생각하고 지나가야 할 사항들과 참고가 될 만한 자료를 추천하고자 한 것이다. 읽는 동안 여러분이 지금껏 알고 있던 것의 범위를 좁혀나가 일의 목적에 맞는 구체적 정보를 얻을 수 있을 것이다.

간단히 말해 모든 비즈니스 관계에 적용할 수 있는 형식과 목적, 목적과 형식에 똑같이 초점을 맞출 것이다. 차이점이라면 살아오는 동안 얻은 경험에만 전적으로 의지할 수는 없다는 것이다. 예

를 들어 여러분과 비슷한 생활 방식의 사람들이 쓰는 보디 랭귀지는 충분히 읽고 해석할 수 있다. 그러나 여러분과 다른 생활 방식으로 사는 사람들의 보디 랭귀지는 읽고 해석할 줄 모른다. 따라서 외국 비즈니스맨들을 상대하는 것이 훨씬 힘든 일로 여겨질 수도 있다. 어느 저명한 비즈니스 세미나 강사가 비즈니스 목표 달성에 대해 말을 할 때 즐겨 쓰는 구절이 있다. "출장에 활력을 불어넣어라." 그는 특별히 '활력'이라는 말에 힘을 주어 말하며 목표 달성을 위해 각자의 에너지를 쏟아 부으면 모두 최고가 될 수 있다고 강조한다. 그러므로 여러분이 해야 할 일에 초점을 맞출 때는 출장에 활력을 불어넣는 것에도 마찬가지로 역점을 두어야 한다.

자신의 업무 스타일을 먼저 파악한다

자신을 먼저 파악하는 것이 외국에서 온 비즈니스맨과 더욱 만족스러운 관계를 갖는 데 도움이 될까? 여러분이 정확한 시간 관념을 중시하는 사람들이라고 치자. 그렇다면 시간에 대해 여러분과 다른 관념을 갖고 있는 외국의 비즈니스맨은 여러분을 성급하고, 불안하며, 저돌적이라 생각지 않을까?

이렇게 '우리와 그들'을 비교하는 방식은 일의 기반을 튼튼히 다지는 데 도움이 되며 일을 순조롭게 진행시킬 수 있도록 한다. 상대와의 차이점을 모르는 채 일을 하려 들면 노도 없이 배를 저어 물을 거슬러 오르는 것처럼 힘이 든다.

1963년에 설립된, 콜로라도 주 보울더의 프루덴셜 해외 파견 근무자 지원 서비스(Prudential Relocation Intercultural Services, PRIS)는 비즈니스맨을 위한 다양한 서비스를 제공한다. 90개 이상의 국가에 대한 문화 학습과 언어 학습 프로그램을 제공하며 <포

천>지가 선정하는 500대 기업 중 다수가 이 회사의 도움을 받고 있다.

PRIS의 해외 서비스 부문 부사장인 개리 M. 웨더스판은 <모빌리티>지 1995년 7월호에 '당신의 문화적 정체성은?'이라는 글을 기고한 바 있다. 웨더스판은 다른 문화권에서 온 이들과의 비즈니스를 성공적으로 해내려면 먼저 '너 자신을 아는 것'이 중요하다고 한다.

그는 직설적인 의사 소통 방식에 대하여 다음과 같이 썼다.

"빙빙 돌리지 말고 얘기해." "뭔지 제대로 얘기해!" 미국은 단순하고 직설적인 구두(口頭), 문자(文字) 의사 소통을 중요시한다. 직설적으로 얘기하는 않으면 뭔가 숨기고 있거나 자신감이 없는 사람이라는 의혹을 받는다. 그러나 다른 나라에서는 미국인의 직설적인 의사 소통 방식은 무뚝뚝함을 지나 무례함으로까지 보일 수 있다.

미국인들이 신봉하는 평등주의에 대해서는 다음과 같이 썼다.

"상사의 이름을 부르고, 쉽게 권위에 도전하며, 동등한 대우를 바라는 미국인의 경향은 권위의 무게를 별로 인식하지 못한다는 점을 드러낸다. 권위를 매우 중시하는 문화권에서는 종종 이런 평등주의가 윗사람에 대한 존경과 경의를 보이지 않는 것이라 해석된다."

이제 외국 사람을 상대할 때는 다음과 같은 요건이 필요함을 알았을 것이다.

- 어느 정도의 외국어 숙달.
- 의사 소통의 왜곡에 대한 인식과 조절.
- 비즈니스에 대한 자신과 상대의 스타일을 파악하는 것.

그 밖의 것

월풀사(Whirlpool Corporation)의 한 임원은 "월풀을 비롯한 오늘날 글로벌 회사들은 직원들에게 단순히 좋은 매너와 에티켓을 함양하는 것 이상을 성취하도록 고무해야 한다."고 말했다.

월풀의 '훌륭한 파트너쉽 프로그램(전사원을 대상으로 한 훈련 프로그램)'을 책임지고 있는 바바라 웰크는 외국인과의 비즈니스를 준비할 때 단순히 좋은 비즈니스 에티켓에 초점을 두기보다는 '글로벌한 사고력'이 왜 중요한가에 대해 다음과 같은 말로 설명했다.

- 변화를 일으키고 주도하는 것은 쉬운 일이 아니다. 변화란 지금까지의 방식을 완전히 새로 점검해야 함을 의미하기 때문이다. 지금의 방식이 자신에게는 맞는 것이지만 다른 사람에게까지 적용될 수 없다는 것을 인정해야 한다. 이전의 고정 관념을 버리고 새로운 것에 귀를 기울여야 한다.
- 미국에서 생겨난 것이 아니라고 해서 꼭 나쁜 것이라 생각해서는 안 된다. '우리 것만 최고'라 생각하는 경향을 주의해서 피하지 않으면 일이 방해를 받는다. 우리 것이 아니라고 해서 이해할 수 없고 따를 수 없다는 의미는 아니다.

웰크는 장기적 이점을 이해할 때 단기적으로 큰 진전을 이루기가 더 수월하다고 한다. 예를 들어 여러분 회사의 건전한 재정 상태가 해외 사업의 성패에 달려 있다면 여러분의 일도 그러한 셈이다. 따라서 '글로벌한 사고'로 직접적인 이익을 볼 수 있는 사람도 여러분인 것이다.

외국인과 직접 대면해야 할 경우를 위해 다음의 도움말을 읽어

두도록 하자.

- 말할 때는 또박또박 천천히 말하고 상대의 눈을 쳐다보도록 한다. 회의 탁자에 앉아 옆 사람에게 말하느라 고개를 돌리면 다른 사람들은 여러분의 얼굴을 볼 수가 없어 제대로 이해하기가 어려울 것이다(영어를 어느 정도 하는 사람들도 말을 해석하고 의미를 소화하는 데 시간이 걸린다는 것을 기억하도록 한다).

- 비유나 은유의 소재를 고를 때 주의한다. 예를 들어 야구가 그다지 인기 없는 나라에서 온 사람에게는 야구에 관한 비유는 전혀 이해되지 않는다. '말의 이미지'가 문자 그대로 해석될 수 있도록 주의한다.

- 일정을 세울 때 현실적 조건을 고려해 시간을 배정하도록 한다. 예를 들어 회의 중 내용을 세 번씩 설명해야 한다면 거기에 드는 시간을 고려해 일정을 짜는 것이다. 누군가 서류를 읽어야 한다면 이것을 읽고 해석하는 데도 시간이 걸릴 것이므로 그 시간까지 포함하도록 한다.

☆ 외국인과의 비즈니스

한두 시간만에 그 많은 일을 다 처리할 것이라고 생각하고 회의에 임한다면 나중에 필시 실망할 것이다. 실망감은 겉으로 드러나기 마련이므로 통역할 필요도 없이 누구나 알 수 있다. 따라서 조심스럽게 계획을 짠다면 더욱 성공적으로 회의를 마칠 수 있을 것이다.

물론 외국 출장을 한 번도 안 갈 수도 있다. 그렇다고 해도 전자 통신 시스템의 발달, 회사나 물품 공급 업자의 소유권이 외국인에게 넘어가는 경우 등으로 인해 우리와 다른 기대 수준과 다른 규칙을 적용해 일을 하는 사람들과의 교류가 불가피하다. 만일 그들이 우리 땅에서 일하고 있으니만큼 우리의 기준을 따라야 한다고 생각한다면 여러분은 이 책의 목적을 망각하는 셈이다. 여러분의 노하우를 강화하도록 노력하면 비즈니스의 의사 소통을 더욱 우호적이고 생산적이며 유익하게 만들 수 있다.

테리 모리슨, 웨인 A. 코너웨이, 조지 A. 모든이 함께 쓴 <60개 국에서의 비즈니스-입맞춤, 절, 악수(How to Do Business in Sixty Countries—Kiss, Bow or Shake Hands, Boston: Bob Adams, 1994)>는 각종 정보를 이해하기 쉽게 수록하였으며 다음의 질문에 대한 대답을 제시하고 있다.

- 어느 나라에서 온 사람인가? 주변에 산맥, 대양, 사막이 있는가?
- 주변국은 어떤 나라들인가? 국경을 쉽게 넘을 수 있나? 이웃 나라들과 우호적인 관계인가?
- 기후는 어떠한가? 우리 나라의 기후와 비슷한가?
- 지배적인 종교나 언어는?
- 그 나라 사람들이 즐기는 음식이나 옷의 스타일은?
- 사람들이 자전거를 타고 출근하는가? 아니면 자가용이나 대중 교통을 이용하는가?
- 주로 아파트에 거주하는가, 단독 주택에 거주하는가?
- 가정을 중시하는 편인가? 연장자를 존경하는가? 아이들을 아끼는가?
- 인기 있는 오락은 무엇인가? 보트 타기, 수영, 영화, 야구?
- 사무실이나 공장, 전문직에 근무하는 여성이 많은가? 간부직 여성의 비율은?
- 업무 시간은 얼마나 되나? 집에 가서 점심을 먹나?

- 비즈니스맨들끼리 어떻게 인사하나?
- 비즈니스맨들이 시간을 엄수하는가?
- 말에 신용이 있는가?
- 비즈니스의 의사 결정이 빠른 편인가?

이외 기타 질문들에 대한 대답을 얻으면 여러분이 만나게 될 사람들을 제대로 예상할 수 있다. 서로의 공통점을 강조하면 더욱 좋은 분위기를 만들 수 있다. 여러분의 비즈니스 에티켓을 적절하게 활용할 수도 있다. 예를 들어 상대가 시간을 잘 지키지 않는다 해도 그 나라 사람들의 시간 관념이 느긋하다는 것을 알고 있으면 무시당한 듯한 기분은 느끼지 않을 것이다. 상대와 어느 정도의 개인적 공간을 유지할 것인가도 잘 알고 있어야 한다. 모든 준비를 갖추어 놓으면 자신 있게 일을 추진할 수 있을 것이다.

얼마나 열심히 배워야 할까?

외국인과의 비즈니스가 잦은 편이라면 이 장의 뒤편에 실린 정보를 읽고 서로의 유사성과 더불어 차이점도 찾을 수 있을 것이다.

"모든 지식과(지식의 씨앗인) 경이로움은 그 자체로 기쁨의 각인이다."

-프란시스 베이컨(<학습의 발달> 중에서, 1605)

일단 목표 시장을 정하고 나면 그 곳의 문화를 숙지하는 데 온 힘을 기울이도록 한다.

<레스코의 인포파워 II(Lesko's Info-Power II, Kensington, MD:

Information USA, 1994)>는 '해외 영업:국제 무역'이라는 주제 하에 20쪽에 달하는 정보를 수록하고 있다. 이 책을 찾아보면 원하는 주제에 대해 자세한 정보를 얻을 수 있을 것이다. 예를 들어 해외에서의 마땅한 사무 공간을 찾고 싶다면 '해외의 저렴한 사무실 및 회의 장소'라는 소제목을 찾아보면 된다.

도움이 될 자료들

출장간 곳의 비즈니스 에티켓에 따라 호스트가 아닌 여러분이 회의 장소, 음식 주문, 기타 사소한 일들(우편, 통역 등)을 준비해야 한다면 가까운 대사관을 찾는 것이 도움이 될 것이다. 레스코의 전화 번호부를 참고하면 미 상무부 현장 사무소의 이름, 주소, 전화 번호 등을 알아볼 수 있을 것이다.

또한 워싱턴에 있는 미 정부 출판과[전화 (202)783-3238]에 문의하면 적은 비용으로 책을 구할 수 있다. 이 소책자에는 특정 국가의 인구, 경제, 역사, 정부에 대한 정보가 담겨 있다. 레스코는 국무부의 공무국[전화 (202)647-2518]에 문의하면 '외국에 대한 기본 정보 노트'를 무료로 구할 수 있다고 한다.

국무부가 발간하는 책자는 무역 정보 도서관이라고도 불리는 전 미 무역 정보 은행(National Trade Data Bank, NTDB)을 통해서도 구할 수 있다. NTDB는 가까운 정부 간행물 보관 도서관에 가면 찾을 수 있다. 자세한 정보는 전화 (800) 872-8723으로 문의한다. NTDB는 대개 도서관의 정부 간행물실에 가면 찾을 수 있고 도서관 사서에게 도움을 청해도 된다.

다음은 유타 주 프로보에 있는 브리검 영 대학의 케네디 센터 출판부[전화 (800)528-6279]가 발행한 '컬처그램(Culturegram)'으로서

출판부 승인 하에 실은 것이다. 4쪽에 걸쳐 간단한 정보를 제공하는 각국의 컬처그램은 A부터 Z로 시작하는 국가(알제리아에서 짐바브웨까지)를 망라하고 있다. 새로운 내용은 계속 추가해서 발간한다. 각국의 컬처그램은 3달러에 판매된다. 대량으로 주문하면 할인 혜택이 있다. 케네디 센터에서는 다른 문화적 차이를 주제로 한 '인포그램(Infogram)'도 발간하고 있다.

컬처그램 '97 일본(지도) 배경

영토와 기후

일본은 혼슈, 홋카이도, 시코쿠, 큐슈의 네 개 큰 섬으로 구성된다. 면적은 145,882 평방 마일(377,835 평방 킬로미터)이며 몬타나 주보다 약간 작다. 일본에는 4계절이 있다. 홋카이도와 북부 혼슈 지역의 겨울은 몹시 춥다. 남쪽은 열대성 기후가 많이 나타난다. 전반적 기후는 온난하고 여름에는 덥고 습도가 높으며 겨울은 따뜻한 편이다. 대개 네 섬의 서쪽이 태평양을 접한 동쪽보다 춥다. 9월에 태풍이 잦다. 일본에는 휴화산이 많고 활화산이 몇 개 있다. 약한 지진이 꽤 잦은 편이며 몇 년에 한 번 성도 대규모의 지진으로 막대한 피해가 난다. 5천 명 이상이 사망한 1995년 1월 고베 시 지진은 14만 명이 사망한 1923년 도쿄 지진 이후 최악의 지진 중 하나였다.

역사

일본은 그 국기로 상징되듯 역사적으로 '떠오르는 태양의 나라'라고 알려져 있다. 2,000년 전(신화에는 기원전 600년 짐무왕이 처음)부터 시작하여 현재도 왕실이 존재한다. 그러나 12세기에서 19

세기까지는 쇼군이라는 봉건 영주가 정치적 세력을 쥐고 있었다. 17세기에 쇼군들은 모든 외국인을 유럽 군대의 첩자라는 혐의로 추방하였다. 그로부터 1853년 미 해군의 매튜 페리가 발을 내딛기까지 일본은 서구와의 접촉이 없었다. 1860년대 쇼군의 권위가 실추되고 왕이 다시 권력을 잡았다. 현재 아키히토왕은 1989년 즉위했다. 그의 부왕인 히로히토는 1926년에서 1989년까지 왕위에 있었다. 히로히토왕의 연호를 쇼와라고 하는데 '밝은 평화'라는 뜻이다. 사망한 히로히토왕을 격식을 갖추어 일컬을 때는 '쇼와왕'이라고 한다. 아키히토왕의 연호는 '우주적 평화를 이룬다'는 뜻의 헤이세이라고 한다.

일본은 중일 전쟁(1895)과 러일 전쟁(1905)을 승리로 이끌며 지역 패권을 장악하였다. 제1차 대전에 참전하여 세계 무대에서의 영향력을 강화하였고 베르사이유 조약으로 영토를 넓혔다. 전후 일본은 급변하는 동시에 엄청난 번영을 누렸다. 곧이어 아시아 전역에서 상당한 영향력을 행사하기 시작했고 그에 이어 만주와 중국 본토를 침공하였다. 1941년 12월 7일 일본은 진주만의 미 해군 기지를 공습하여 승리를 거두었다. 일본은 막강한 군사력으로 동남 아시아의 대부분을 신속히 그 세력권으로 영입하였다. 그러나 1943년 전세가 역전되었다. 1945년 여름 미국은 히로시마와 나가사키에 원자 폭탄을 투척하였고 일본은 항복하였다. 1945년에서 1952년까지 미군이 주도하는 연합군이 주둔했다. 1947년 일본은 미국의 감독 아래 신 헌법을 채택하였고 그에 따라 앞으로 참전하지 않을 것과 국민의 기본적 인권을 인정하며 일본이 민주주의 국가임을 천명하였다. 그 이후로 미국과 일본은 몇 차례의 긴장이 있었으나 정치적, 군사적으로 가까운 관계를 유지했다.

전후 일본은 경제 발전에 초점을 두었고 빠른 변화와 현대화를 거쳤다. 2차 대전 이후 거의 자유 민주당(자민당)이 정권을 장악하였으나 1980년대와 1990년대 초반의 스캔들 때문에 고위층 인사의 사임이 잇따랐고 당이 분열되어 현재 자민당의 세력은 과거에 비해 약한 편이다. 1993년 다수당의 위치를 잃고 도미이치 무라야마 총리가 주도하는 숙적 사회당과 연립 정권을 구성했다. 새로 임명된 류타로 하시모토 자민당 총재는 1996년 1월 무라야마 총리가 사임하면서 자민당을 제1당으로 복귀시켰다. 연립 정권 구성원으로서의 자민당은 하시모토 총리가 1997년 총선까지 재임할 것이므로 조기 총선을 할 필요가 없었다.

사람들(인구)

일본의 인구는 현재 1억 2천 5백 5십만이며 연간 0.3퍼센트씩 증가하고 있다. 미국의 절반 정도에 해당하는 수가 미국 영토의 5퍼센트에 해당하는 면적에 살고 있다. 일본은 세계에서 인구 밀도가 가장 높은 나라 중 하나로 꼽힌다. 인구의 80퍼센트 가량이 도회지에 거주하며 45퍼센트는 도쿄, 오사카, 나고야의 3대 도시에 몰려 산다. 도쿄는 세계에서 인구 밀도가 가장 높은 도시다. 99퍼센트가 일본인이고 소수의 한국인(68만 정도)과 중국인이 거주한다. 원주민인 아이누족은 대부분 홋카이도에 산다. 모든 외국인은 매년 경찰청에 등록해야 하며 완전한 시민권을 취득할 수 없다.

일본의 인간 개발 지수(0.937)는 173개국 중 3위에 해당한다. 이는 일본의 높은 경제적 수준과 사회 조직을 반영하기는 하지만 고물가와 직장에서의 과중한 스트레스, 주택 부족과 비탄력적인 사회 제도를 고려하지 않은 것이다. 여성을 감안한 지수(0.896)는 130개국 중 8위를 기록한다. 이는 일본 여성의 열악한 사회적 지위와 제한된 경제력을 반영하는 것이며 이 때문에 일본 여성은 남성만큼 자유로이 개인의 목표를 추구하지 못하는 실정이다.

언어

공용어는 일본어이다. 일본 구어(口語)와 중국 구어는 밀접한 관련이 없으나 문어(文語)인 간지는 고대부터 사용되어온 중국의 한자와 관련이 있다. 일본어의 두 음성 기호(히라가나와 가타가나)는 한자의 단순화된 형태이다. 세 번째 음성 기호(로마자)는 로마 글자를 써서 표기한다. 영어가 중학교 과정에 포함되며 비즈니스 언어로도 종종 쓰인다. 또한 일본인은 비구두(nonverbal) 언어 또는 비언어적 의사 소통 방식을 대단히 중시한다. 예를 들어 정중한 절 한 번으로도 많은 의미를 전달한다. 사실 상대가 굳이 말하지 않아도 그의 느낌을 짐작해야 할 경우가 종종 있다. 서구인들은 이를 모호하거나 불완전한 태도라고 오인하기도 한다. 일본인들은 남의 감정을 헤아리지 못하는 사람은 무신경하다고 여긴다.

종교

전통적으로 대부분의 일본인은 불교와 신토의 융합 형태를 신봉한다. 신토는 정확한 창시자나 경전이 없으며 고대 신화에 뿌리를 두고 있다. 신토는 인간과 자연, 인간과 많은 신들의 관계를 강조한다. 모든 일왕(日王)은 태양신 아마테라스의 자손으로 간주된다. 신토는 일본의 사회적 가치를 정하는 데 역사적으로 매우 중요했다. 그 예가 사무라이의 행동 강령(부시도)이며 명예, 용기, 예의, 겸양을 강조했다.

조상 숭배, 의례적 순결, 자연미에 대한 존중이라는 신토의 교의는 일본 문화에 그대로 투영된다. 많은 이들이 신토식 결혼, 불교식 장례를 치르는 등 신토와 불교의 의례를 다 지키고 있으며 대부분 집에 조그만 신사 하나씩은 두고 있다. 그러나 이는 대부분 종교적 신념이기보다는 사회의 전통에 대한 존중에서 비롯된다. 인구의 1퍼센트 정도가 기독교인이다.

일반적 태도

일본 사회는 집단 지향적이다. 집단(회사, 클럽 등)과 상급자에 대한 충성은 필수이며 개인의 감정에 우선한다. 비즈니스에서도 충성과 헌신 협력은 적극성보다 더 큰 가치를 지닌다. 전통적으로 기업은 '샐러리맨(남성 전일제 직장인)'에게 평생 직장을 보장하며 샐러리맨은 장시간 회사 업무를 본다. 이런 전통이 1990년대 초반 경제 불황으로 한풀 꺾이기는 했으나 지금도 사회의 기둥 역할을 하고 있다. 집단에 대한 충성은 연령과 상관없이 지켜진다. 심지어 소년 야구단의 선수도 자신의 이익보다는 팀의 이익을 먼저 생각할 정도다.

예의는 매우 중요하다. 직접적으로 "아니다."라고 말하는 경우는 거의 없으며 대신 "생각해 보겠다."와 같은 말이 "아니다."를 대신한다. 또한 예의상 "그렇다."라는 대답은 빨리 하지만 이는 상대의 요청을 듣고 있다거나 이해했다는 의미에 국한될 수도 있다. 일본인들은 은혜를 입거나 선물을 받으면 반드시 답례해야 한다고 믿는다. 또한 연령과 전통을 존중한다. 체면을 잃거나 남들 앞에서 창피를 당하는 것은 매우 바람직하지 못한 일이다. 곤란을 극복하는 힘인 가맘(인내)은 높이 평가를 받지만 때로는 사회적 개혁을 부정하는 구실이 되기도 했다.

그러나 많은 전통이 아직도 강하게 남아 있음에도 불구하고 일본의 젊은 세대는 일본 사회의 경제적 안정, 가족 관계, 정치, 남녀의 역할 등에 대해 새로운 시각을 갖기 시작했다.

외모

일본인의 특징이라 할 전체적 조화는 외모에서도 예외가 아니다. 다수와 비슷하거나 어울리는 행동을 하는 것이 일반적 법칙이다. 비즈니스맨은 공공 장소에서 양복을 입고 넥타이를 맨다. 경우에 따라 예복을 입어야 한다. 그러나 젊은 세대에 있어 조화는 다른 의미를 지닌다. 이들은 최신 패션(미국과 유럽의)과 색상을 유행에 따라 입는다. 기모노 또는 와푸쿠라고 하는 전통 의상은 긴 소매가 달린 긴 옷으로 특별한 허리띠(오비)를 두른다. 옷감 디자인은 단순하거나 고급스러운 것을 모두 쓴다. 기모노는 사회적 행사나 특별한 날에 입는다.

관습과 예의

인사

일본인들 사이의 전통적 인사법은 절이다. 존경이나 겸손을 보이려면 상대보다 더 깊숙이 허리를 숙인다. 서구인들과 만날 때는 악수를 한다. 서구인들이 절을 하면 어떤 사람은 좋게 평가하지만 서로 잘 아는 사이가 아니라면 대부분 싫어한다. 그러므로 일본을 방문하는 외국인이라면 악수가 가장 적당할 것이다. 일본인들은 격식을 중시하기 때문에 소개할 때 직함을 중시한다. 이름을 부를 때는 성(姓)에 상(san)을 붙여 부른다. 오구시 씨는 일본어로는 오구시 상이라고 부른다. 가족과 친구 사이에서만 성을 빼고 이름을 부른다. 비즈니스맨끼리 만나면 인사를 하면서 명함을 교환(두 손으로 주고받음)한다.

인사말도 관계에 따라 달라진다. 상사에게는 "오하이오 고자이마스(아침 인사)."라고 인사하지만 고객에게는 "이라샤이마쓰(어서

오십시오)."라고 한다. 비즈니스맨들이 처음 만나면 "하지메나시데
(반갑습니다)."라고 한다. "곤니치와(안녕)."가 표준 인사말이다.
"오하요(격이 없는 아침 인사)." "야호(어이!)." "겐끼(어떠니?)?"는
젊은이들 사이에 허물없이 쓰는 인사말이다.

제스처

공공 장소에서의 하품은 무례한 짓이다. 앉을 때는 허리를 곧게
펴고 바닥에 앉는다. 무릎이나 발목을 엇갈릴 수는 있지만 발목이
무릎 위에 놓여서는 안 된다. 손짓을 할 때는 손바닥을 아래로 향
하고 손가락을 모두 펴서 흔든다. 가리킬 때도 손바닥을 펴서 가
리키는 것이 정중하다. 손바닥을 앞으로 향한 채 한 손을 좌우로
흔들면 "안 된다."라는 의미다. 자신을 가리킬 때는 집게손가락으
로 코를 가리킨다. 웃음이 반드시 기쁨이나 재미있음을 의미하지
는 않으며 당황함의 표현일 수도 있다. 이를 쑤실 때는 한 손으로
가린다. 남들 앞에서 껌을 씹는 것은 무례한 행동으로 간주된다.
때때로 소녀들끼리 손을 잡고 다닌다.

방문

남의 집에 갈 때는 미리 알리고 간다. 도회지에서는 이웃끼리
허물없이 왕래하는 일이 드물다. 집에 들어갈 때는 신발을 벗는다.
문과 거실 사이에 보통 겐칸이라고 하는 조그만 복도가 있어 여기
서 신발을 벗고, 벗은 신발은 문을 향해서 놓아두거나 신발장 또는
겐칸의 선반에 둔다. 코트는 겐칸에 들어서기 전에 벗는다. 실내
에서 슬리퍼를 신기도 하지만 다다미라고 하는, 짚으로 짠 매트가
깔린 방에서는 신지 않는다. 일본인은 전통적으로 소박함과 겸양
을 강조한다. 손님이 오면 방의 가장 편한 자리를 권한다. 식사

대접을 응낙하기 전에 손님은 다소 주저하는 모습을 보인다. 가벼운 다과는 서슴지 않고 받는다. 일본인들은 칭찬을 들으면 겸손한 모습을 보이느라 부정적으로 대답한다. 손님은 집안 살림에 대해 지나치게 칭찬을 늘어놓지 않는다. 집주인이 몸둘 바를 몰라하기 때문이다.

손님은 대개 선물(주로 과일이나 케이크)을 들고 찾아간다. 선물은 두손으로 주고받으며 가벼운 절을 하기도 한다. 어떤 사람들, 특히 노인들은 받은 즉시 선물을 풀어 보는 것이 무례한 행동이라 여긴다. 비즈니스를 할 때도 선물 주기는 특히 중요하다. 선물은 주는 사람의 받는 사람에 대한 관계와 존경을 표현하기 때문이다. 한 집에 들어온 선물은 친지간에 나누기 때문에 음식이나 술이 가장 흔한 선물이다. 선물은 연말에 가장 많이 주고받는다. 이때는 적당한 가격의 선물(선물의 품목보다는 가격이 더 중요하다)을 받을 만한 사람(친지, 친구, 관리, 사업 상대)에게 전하여 다음 해의 기반을 다진다.

식생활

젊은이들은 공공 장소를 걸어다니면서 먹는 일도 많지만 어른들은 버릇없는 일이라 생각한다. 따라서 거리에서 파는 음식은 파는 장소에서 먹어야 한다. 식사할 때는 전통적으로 상 위로 몸을 굽히지 않고 그릇을 가슴 높이로 받치고 먹는다. 대부분 하시라고 하는 젓가락으로 먹지만 양식을 먹을 때는 양식기를 사용한다. 젊은이들 사이에는 미국식 패스트 푸드가 인기 있다. 주된 식사는 저녁 늦게 먹는다. 늦게까지 일하는 직장인이 많아서 회사 구내 식당에서 먹거나 집에 오는 길에 먹기 때문이다.

생활 모습

가족

가족은 일본 사회의 기초로서 명예 의식, 의무감, 책임감으로 강력히 결속된다. 개인의 행동은 가족의 명예와 직결된다. 애정, 함께 시간 보내기, 부부간의 조화는 다른 문화권에 비해 덜 중시된다. 아버지는 집안의 가장이며 어머니는 집안일과 자녀 양육을 책임진다. 전통적으로 여성이 직업을 가지면 안 좋다고 생각했으나 현재는 직장을 갖고 있는 여성도 많다. 이혼과 독신율은 다른 나라에 비해 적다. 주로 혼자 살면 경제적 부담이 크며 사회적으로 부정적인 낙인이 찍히기 때문이다. 자녀 수는 세 명 이하이다. 도회지인들은 주로 고층 아파트나 소규모 주택에 거주한다. 규모가 큰 주택은 인구 밀도가 적은 지역에 있다.

이성 교제와 결혼

일본의 젊은이들은 미국 젊은이들과 비슷하다. 15세 경부터 이성 교제를 시작하며 춤이나 영화 보기, 쇼핑, 외식을 즐긴다. 서구의 음악과 패션을 선호한다. 평균 결혼 연령은 남자가 27세, 여자가 26세이다. 결혼식은 화려하고 비용이 많이 든다. 결혼식은 대개 호텔에서 한다. 신랑, 신부는 결혼식 예복으로 기모노를 입지만 사진을 찍을 때는 서양식 웨딩 드레스와 양복을 입고 저녁 피로연에는 또 다른 옷으로 갈아입는다. 하객은 선물을 준비하며 때로는 현금으로도 준다. 떠날 때는 신랑, 신부가 준비한 선물을 받는다.

주식

일본인의 주식은 대개 쌀과 신선한 채소, 해산물, 과일, 육류 약간 등이다. 매끼 쌀밥과 차를 마신다. 젊은이들 사이에서는 양식이 점차 인기를 얻고 있다. 인기 있는 음식으로 미소국(된장국), 라만, 우동, 소바 등으로 불리는 국수 종류, 카레 라이스, 생선회인 사시미, 두부, 돼지고기가 있다. 스시는 조리하지 않은 생선과 밥에 초를 더한 것이다. 때로는 오이 같은 채소가 생선 대신 음식에 들어가기도 한다. 이때는 노리마끼라고 부른다. 스시는 값이 비싸고 특별한 날에 먹는 음식이다.

오락

일본에서는 야구, 축구, 배구, 테니스, 스키, 조깅이 인기 있다. 그 외 스모(보는 스포츠로서 인기가 높음), 유도, 검도, 가라데 등의 전통 스포츠도 인기 있다. 1870년대에 미국인에 의해 도입된 야구는 일본 전역에서 높은 인기를 누리고 있다. 각 연령층에 많은 팀이 있어 경쟁이 치열하다. 매년 열리는 전 일본 고교 야구 대회는 전 국민이 시청할 정도다. 골프는 비용이 많이 들기는 하지만 성인 남성들 사이에 인기가 있다. 여가 시간에는 TV, 영화, 소풍 등을 즐긴다. 노인들은 분라쿠라고 하는 인형극이나 매우 세련된 드라마인 노와 가부키를 즐긴다. 또한 일본인들은 음악회나 연극도 종종 관람한다.

휴일

새해 휴가는 12월 30일경부터 시작해 1월 3일까지이다. 이 기간 회사나 관공서는 문을 닫고 사람들은 신사나 친지를 방문한다. 다른 주요 휴일로는 그 해 20세가 되는 젊은이를 성인으로 인정하는 성년의 날(1월 15일), 국가 수립일(2월 11일), 춘분(3월), 자연의 아름다움을 기리는 미도리 노 히(신록의 날, 4월 29일), 헌법 제정일(5월 3일), 어린이날(5월 5일), 사람들이 휴가를 얻어 고향에 돌아가 모닥불로 조상의 영혼을 반기는 모닥불 축제(8월 15일), 경로의 날(9월 15일), 추분(9월), 스포츠의 날(10월 10일), 문화의 날(11월 3일), 노동 추수 감사절(11월 23일), 아키히토왕 탄생일(12월 23일) 등이 있다.

상업

업무 시간은 대개 8시에서 5시, 9시에서 6시까지이다. 소규모 상점과 도심지의 대규모 쇼핑 센터는 늦게까지 문을 열고 점심에도 영업을 계속한다. 비즈니스 거래를 할 때도 격식을 요한다. 의사 결정을 하고 계약을 맺는 데도 상당한 시간이 요구된다. 일본인들은 실제 거래의 세부 사항보다도 자신들이 거래하는 사람이나 회사에 더욱 관심을 갖는 수도 있다. 밤늦게까지 근무하는 사람이 많으며 연장 근무는 필수로 여겨진다.

사회

정부

일본은 입헌 군주국이다. 왕은 국가의 수장이나 통치권은 없다. 수상이 정부의 대표이다. 수상과 그의 내각이 행정부를 구성한다. 입법권은 의회(Diet)에 있으며 의회는 511명의 중의원으로 구성된 하원과 252명의 참의원으로 구성된 상원으로 나뉜다. 일본에는 47개 도가 있으며 각 도는 도민 투표로 선출한 지사가 행정을 담당한다. 투표할 수 있는 연령은 20세이다. 자민당 이외의 주요 정당으로는 일본 사회 민주당, 민주 사회당, 신진당 등이 있다.

경제

일본은 세계 선진국 중 가장 생산성이 높다. 인플레이션과 실업률은 3퍼센트 미만이며 국내 총생산(GDP) 성장률은 2퍼센트를 넘는다. 1인당 실질 GDP는 2만 5백 20달러이다. 일본에는 천연 자원이 부족하기 때문에 산업용 원자재를 대부분 수입에 의존하고 있다. 또한 국토의 60퍼센트 이상이 산이며 경작이 가능한 토지는 13퍼센트뿐이라 쌀을 비롯한 기타 곡물 공급의 거의 절반을 수입하고 있다. 주요 작물은 쌀, 설탕, 채소, 차, 다양한 과일이다. 일본은 선진 어업국으로서 세계 어획고의 15퍼센트를 차지한다.

경제의 기본은 제조업이다. 수출품의 95퍼센트가 제조업 품목으로서 자동차, 전자 제품, TV, 기타 제품 등이다. 주요 산업은 기계, 금속, 엔지니어링, 전자, 섬유, 화학이다. 미국은 일본의 최대 교역국이나 무역 불균형과 시장 개방에 대한 갈등은 양국의 갈등 요인이 되어 왔다. 엔화(¥)는 세계 최강의 통화 중 하나로 꼽힌다.

교통 및 통신

도심지에서는 효율적인 첨단 대중 운송 체계인 전철과 버스가 주요 교통 수단이다. 신칸센이라고 하는 '총알' 열차가 주요 도시를 잇는 신속한 교통 수단이다. 지하철도 있다. 많은 이들이 자가용을 갖고 있다. 일본에는 5개 국제 공항이 있다. 통신 시설도 대단히 현대적이며 첨단 수준을 자랑한다. 신문과 잡지를 보는 사람은 6천 5백만 명 이상이다.

교육

일본은 식자율이 매우 높으며(99퍼센트) 독서 인구도 많다. 6세에서 15세까지 무료 의무 교육을 받는다. 이후에는 수업비를 내야 한다. 교과 과정은 수학과 과학에 중점을 둔다. 학생들은 월요일부터 토요일까지 학교에 가며 한 달에 한 번 토요일에도 쉰다. 많은 학생들이 어려운 입학 시험(심지어는 유치원생도)을 통과해 사립 학교를 다닌다. 학부모는 이런 시험 준비를 위해 자녀를 입시 학교(주쿠)에 보낸다. 대학 입학 시험은 매우 어렵고 학생들 사이의 경쟁도 치열하다. 대학 입시를 위해 수년을 공부하고 몇 달씩 벼락 공부를 한다. 유명한 학교에 입학하는 것이 개인의 능력보다 더 중요하다. 대개 최고 대학을 졸업하면 보수가 많은 직장이 보장된다. 이러한 대학은 고등학교, 중학교, 초등학교와도 연결이 되어 있어 초등학교부터 제대로 들어가야 미래의 성공이 보장된다고 할 수 있다.

보건

일본의 보건 수준은 세계 최고라고 할 수 있다. 영아 사망률은 1천 명당 겨우 4명 정도이다. 평균 수명은 77세에서 82세이다. 대부분 기업이 직원들에게 보험 혜택을 줄 의무가 있으나 정부도 일부 사회 복지 프로그램을 통해 이를 지원한다. 의료 시설도 우수하다. 도쿄에서는 공해 문제가 심각하다.

여행자를 위한 정보

미국 관광객은 유효 여권이 있어야 하나 90일 이하 체류는 비자가 필요 없다. 예방 접종도 필요 없다. 자세한 여행 정보를 구하려면 일본 관광 사무소(1 Rockefeller Plaza, Suite 1250, New York, NY 10020, 전화 (212)757-5640)로 문의한다. 또한 일본 대사관(2520 Massachusetts Avenue NW, Washington DC 20008)에도 문의할 수 있다.

각국 대사관에 문의해도 필요한 정보를 얻을 수 있다. 주미 덴마크 대사관 93200 Whitehaven St., N.W., Washington, D.C. 20008-3683, 전화 (200)234-4300)의 상무관인 마리안느 스토트럽 랄슨은 <'94 비즈니스 여행자 가이드, 코펜하겐>을 비롯한 각종 정보 책자를 제공한다.

책자의 내용 중 에티켓에 대한 부분을 보면 덴마크에서는 팁을 주는 일이 별로 없다고 한다. 그 외에도 유용한 정보가 포함되어 있다.

예를 들면 코펜하겐은 비즈니스 우먼이 활동하기에 상당히 편한 도시라고 한다. 이 책자에는 코펜하겐의 자세한 지도도 담겨 있다.

대사관 직원에게 어떤 자료를 얻을 수 있을지 문의하도록 한다. 일본 대사관에서 배포하는 <1994 일본인과의 협상 가이드>라는 27쪽 분량의 소책자에서는 협상과 관련한 주제(사전에 밝히지 않은 협상 의제나 소송하는 일 등) 외에도 매너와 형식에 대해서도 다루고 있다.

원하는 자료와 목적을 대사관 직원에 밝히면 귀중한 정보를 얻을 수 있을 것이다(일본 대사관내 일본 정보 및 문화원, Lafayette Center, 1155 21st Street, N.W., Washington, D.C. 20036).

<무역과 문화>는 월간지로서 문화적 통찰과 방법론을 혼합한 형태로 실용적인 목적의 행동 규칙을 제공한다. 견본을 원하거나 구독을 하려면 전화 (800)544 -5684로 문의한다.

아리조나주 글렌데일에 위치한 썬더버드 미 국제 경영 대학원에서는 '글로벌화-전략과 행동의 결합'이라는 주제로 세미나를 열기도 한다. 전화는 (602)978 -7925번이다.

대학원의 안내 책자에 따르면 대부분의 세미나 참석자는 5년 경력 이상의 기업 관리자이며 해외에서의 업무를 많이 하는 사람들이라 한다.

세미나의 목표는 '조직간 또는 조직 내 문화적 차이를 해소하는 능력을 배양하는 것'이라 한다.

유나이티드 밴 라인(United Van Lines), 베티 말론 해외 파견 근무자 지원 서비스(Bette Malone Relocation Service)도 기업의 해외 파견 근무자 지원에 도움을 주고 있다. 이 회사들의 타문화 훈련 프로그램은 해외 근무자의 개별적 요구에 맞게 운영된다. 학습장과 함께 다른 자료도 제공한다.

이틀 동안 계속되는 세미나는 일반 지식과 국가별 정보의 두 부분으로 나뉘며 비즈니스 에티켓 및 사교 에티켓도 교육 과정에 포함된다.

시간이 여의치 않은 해외 파견 근무자는 세미나 참석 대신 혼자 학습이 가능한 종합 자료만을 얻을 수도 있다.

미국으로 이주하는 외국인들은 미국 문화 훈련(The American Culture Training) 프로그램을 이용할 수 있다.

자세한 정보는 유나이티드 밴 라인 주식회사(주소-World Head-ters, One United Drive, Fenton, St. Louis, MO 63026, 전화-(800)325-3870)로 문의하거나 기타 해외 파견 근무자 지원 프로그램을 제공하는 회사에 연락하도록 한다.

일단 정보를 구하려고 하면 찾기가 어렵지만은 않을 것이다. 그러나 '타문화'라든가 비슷한 단어의 제목으로 눈길을 끌더라도 비즈니스 에티켓에 대한 정보가 누락된 경우도 많음을 염두에 두도록 한다.

출판물을 한 번 훑어보거나 자세한 사항을 알기 전에 무턱대고 구입하지 않도록 한다.

알아두면 좋은 것

레티샤 볼드리지 여사는 과거 재클린 케네디의 백악관 비서실장으로 있었으며, 데이빗 브루스 대사의 통신 담당 비서, 클레어 부쓰 루쓰 대사의 특별 보좌관을 역임했다. 볼드릿지 여사는 '사교 에티켓의 대가' '예의 범절의 선구자'라는 별칭을 갖고 있다.

1995년에는 <90년대의 새로운 매너 완전 가이드(Letitia Baldridge's Complete Guide to New Manners for the '90s)>를 발간했다. 다음 문제들은 책에서 다루는 내용의 일부이다.

- 친구가 AIDS에 걸렸을 때 어떤 말이나 행동으로 도움을 줄 수 있을까?
- 사람들 앞에서 모유를 먹이는 것이 괜찮은가?
- 동성애 상대자를 어떻게 소개할까?

그보다 앞선 1993년 10월에 출간된 <경영인이 갖추어야 할 매너 완전 가이드(Letitia Baldridge's New Complete Guide to Executive Manners)>는 가까운 도서관이나 서점에서 구할 수 있다(이 책의 서문을 읽지 않은 분은 지금이라도 읽어 보기 바란다. 볼드릿지 여사는 작가를 위해 흔쾌히 서문을 써 주었다).

볼드릿지 여사는 집필 활동으로도 바쁘지만 기업에서 특별히 요청할 때마다 가끔씩 에티켓에 대한 세미나를 연다. 볼드릿지 여사를 초빙해 기업 세미나를 열고 싶은 분은 전화 (202)328-1626번으로 문의하도록 한다.

에티켓은 누구나 알아야 하는 것

1993년 10월 7일 금요일자 <마이애미 헤럴드(The Miami Herald)>지는 머릿기사로 '매너를 잊어버린 베이비 붐 세대가 지금 자녀들을 에티켓 학교에 보낸다'라는 글을 실었다.

이 기사에서는 워싱턴 DC 소재 워싱턴 프로토콜 스쿨과 이 학교의 교장인 도로테아 존슨에 대해 언급하고 있다. 존슨 교장은 사업 에티켓, 국제적 에티켓, 타문화에 대한 인식 등에 대한 세미나와 브리핑 서비스를 제공하는 회사를 따로 운영하고 있다. 매년 7월 플로리다 주 팜비치에서 열리는 에티켓 캠프에서 존슨 교장은 기업 간부뿐만 아니라 어린이와 청소년들도 교육하고 있다.

1995년 1월 16일자 워싱턴 포스트지는 머릿기사 '제대로 알아야 할 것, 에티켓과 의전에 대한 새로운 시각'에서 존슨 교장과 워싱턴 프로토콜 스쿨을 언급하고 있다. 기사는 존슨 교장과 그의 학교가 '제대로 알아야겠다'라는 인식 하에 자신의 일에서 성공하고자 훈련과 지도를 받으려는 정부 관리, 대사, 기업 총수, 유명 인사들의 주요 교육 시설이라고 밝히고 있다.

어떤 서비스를 제공하는지 문의하실 분은 워싱턴 프로토콜 스쿨(주소-International Headquarters, 1401 Chain Bridge Road, Suite 202, McLean, Virginia 22101, 전화-(703)821-5613)로 연락하도록 한다.

터놓고 말하기

로저 A. 액스텔은 파커펜 사의 전세계 마케팅 부서의 부사장을 역임한 인물이다. 그는 지난 30년을 해외에 거주하고 여러 지역을 여행했다. 또한 국제 비즈니스와 태도에 대한 유명한 연사이기도 하다.

다음은 존 와일리&선즈에서 발간한 그의 주요 저서이다.

- <세계를 다닐 때 해야 할 것과 해서는 안 될 것-국제적 에티켓 가이드 제3판(Do's and Taboos Round the World: A Guide to international Behavior)>.
- <국제 무역의 해야 할 것과 해서는 안 될 것-비즈니스 입문서(Do's and Taboos of International Trade:A Small Business Primer)>.
- <외국 방문객 접대시 해야 할 것과 해서는 안 될 것(Do's and Taboos of Hosting International Visitors)>.

다이어리 기록하기

"나는 여행할 때면 꼭 다이어리를 갖고 다닌다. 기차를 탈 때는 늘 뭔가 감각적인 읽을거리가 필요하기 때문이다."
                              -오스카 와일드(<진지함의 중요성> 1막 중에서)

외국으로 출장을 떠날 때면 이동할 때 많은 시간을 소모하므로 다이어리를 적는 게 좋다. 여러분도 오스카 와일드의 극중 인물처럼 모든 일을 잘 기록해 둔다면 나중에 아주 흥미로운 읽을거리가 생길 것이다. 그렇지 않다 해도 최소한 여러분이 관찰한 사실을 기록하면 나중에 필요에 따라 참고 자료로 삼을 수 있을 것이다.

다이어리에는 여러분의 외국인 일행을 접대할 때의 일도 기록하도록 한다.

다음은 효과적으로 다이어리를 기록하는 법이다.

- 상대의 기호(예:크리스토퍼는 채식주의자)와 싫어하는 것(예: 조지는 음악이 시끄럽게 나오는 장소를 싫어한다)을 기록하도록 하고 다음에 시간을 함께 보낼 때 이를 참고하도록 한다.
- 잘 생각이 안 날 경우 다이어리를 보면 여러분의 비즈니스 상대나, 수행원, 자녀들에게 전에 어떤 선물을 했는가를 알 수 있다. 따라서 다음에는 다른 선물을 준비하거나 마음에 들어하는 선물을 다시 할 수도 있다. 선물을 받는 사람은 이를 잊지 않을 것이며 상대를 배려하는 여러분의 노력도 좋은 평가를 받을 것이다.
- 자신이 묵었던 호텔이나 레스토랑, 기타 장소에 대한 나름대로의 평가를 기록한다. 다음에 갈 일이 있을 때 이를 참고로 정하도록 한다. 관리인이나 통역사, 그 외 일을 아주 잘했던 사람들의 이름을 기록한다. 다음에 상대의 이름을 잊지 않고 불러 주면 고맙게 여길 것이다. 더불어 필요한 정보를 다 갖고 있으면 다음에 또 그 사람의 서비스를 받기가 수월할 것이다.
- 적어 놓은 것을 다시 읽어 보면 처음에는 보지 못했던 사실을 알아내거나 아주 유용한 정보를 발견할 수 있다. 이는 종종 인터뷰 내용을 녹음했다가 다시 들어 보는 기자들에게 많이 일어나는 일이다. 같은 정보를 두 번 들으면 때로는 아주 새로운 시각으로 사실을 접할 수 있게 된다. 다이어리를 기록하면 나중에 내용을 확인하고 그에 따라 지식을 쌓아갈 수도 있게 된다. 예를 들어 상대방의 협상 팀에서 협의에 잘 나서지 않는 사람이 매번 회의에 참석한다면 팀의 주도권이 사실 그 사람에게 있을지도 모를 일이다. 여러분은 이 사람과 더 자주 눈을 마주치고 대화를 하고 초대나 선물을 함으로써 가까워질 것이다. 여러분의 비즈니스 성공을 위해서는 그에게 좋은 인상을 주어야 할 것이기 때문이다.

☆ 문제로 알아보는 각국의 비즈니스 관습

다음에 수록한 정보는 비교적 정확한 자료에 바탕을 두었다. 본 저자도 다음의 국가를 모두 다니며 비즈니스를 해보지 않았기 때문에 관습이나 관행에 대한 내용의 정확성을 완전히 보장할 수는 없다.

다만 여러분이 다른 나라와 문화권에서 온 사람들과 비즈니스를 할 때 어떤 행동이 최선인가를 결정하는 데 있어 다음 내용을 '개연성 있는' 정보로서 활용하기를 바랄 뿐이다. 각 민족마다 성향이 다르므로 문제의 주제를 달리 하였다. 출발점에서는 일반화가 좋은 방법이지만 여러분이 자신의 램프로 길을 밝힐 수 있을 때까지는 모든 행동에 신중을 기하기를 바란다.

자, 여러분은 얼마나 알고 있는가? 문제에 따르는 세 가지 보기에서 힌트를 얻도록 하자.

(1)요르단에서의 비즈니스는

ㄱ. 즉시 진행된다.

ㄴ. 검게 볶아 단 맛이 강한 베두인 커피를 다 마시고 나서 시작된다.

ㄷ. 사무실에서만 하며 가정집에서는 절대 하지 않는다.

정답:요르단의 비즈니스맨들은 출장을 가면 일 주일 정도를 체류한다. 미국인들은 똑같은 목표를 달성하는 데 2, 3일이면 충분하다. 이는 무엇을 말하는가? 요르단인과 아랍 국가인들은 곧바로 사업 애기부터 하지 않는다! 아랍인들은 처음 온 사람을 비롯해 모든 사람에게 후한 대접을 하는 것으로 알려져 있으므로 위의 보기 중 정답은 없다.

(2)일본에서는 어떻게 해야 '우리'라는 집단에 들어 갈 수 있을까?

ㄱ. 외부인(소토)이 아닌 '우리(일본어로는 우치)'의 일원이 되려
면 권력이 있어야 한다.

ㄴ. 타고나야만 한다.

ㄷ. 좋은 관계를 만들어 '우리'의 일원이 되는 데는 오랜 시간이
걸린다.

정답:ㄷ.　일본의 비즈니스맨은 내부인을 선호하는 경향이 있으
며 많은 외국 비즈니스맨들은 자신들이 일본인이 아니기 때문
에 절대 '소토'의 범주를 벗어나지 못하리라 생각한다.　완벽한
비즈니스 에티켓을 보인다면 점차 가까워지겠지만 그래도 시
간은 오래 걸린다.　그러나 이런 일은 일본에만 있는 일이 아
니다.　미국 내에서 사업을 할 때도 이런 일은 자주 일어난다.

(3)호주로 출장을 갈 때는 정장을 챙겨야 하나?

ㄱ. 사업 일정에 따라 알맞은 짐을 꾸린다.　잘난 척하는 태도는
금물이다.　호주인들은 솔직하고 직선적이기 때문이다.

ㄴ. 옷을 잘 입는 것보다는 시간 엄수가 더 중요하다.

ㄷ. 실수를 한다 해도 호주 인들은 유머 감각이 풍부한 사람들이
라 그냥 넘길 것이다.

정답:모두 정답이다.　호주 인들은 시간 엄수를 대단히 중시한다.
또한 따뜻하고 친절한 사람들이라 누가 실수(옷을 제대로 못
갖추어 입는 것과 같은)를 해도 놀리는 듯 웃으며 지나칠 것이
다.　미국에 대해서도 잘 알고 있으므로 여러분이 호주에 대해
많이 알고 있다는 인상을 주면 좋아할 것이다.

(4)모잠비크에서는 비즈니스 상대를 만날 때

ㄱ. 성(姓)을 뺀 이름을 밝히고 절을 한다.

ㄴ. 지역 분쟁에 관심을 보인다.

ㄷ. 문화에 대해 절대 언급하지 않는다.

정답:답이 없다.   모잠비크 인들은 성을 뺀 이름을 쓰는 일이 거의 없고 사업 상대와는 지역 분쟁이나 정치에 대해 얘기하지 않는다.   역사와 문화에 대한 얘기는 무척 즐기는 편이다.

(5)러시아인 비즈니스 상대가 뺨에 입을 맞추면 그는 나의 행동에 기분이 상한 것이다.

ㄱ. 그렇지 않다.   껴안는 것이나 뺨에 입을 맞추는 것은 친근함을 표현하는 흔한 방법이다.

ㄴ. 그렇다.   대부분의 러시아인들이 영어를 못하기 때문에 뺨에 하는 입맞춤은 분명한 경고이다.

ㄷ. 음반이나 책을 선물하면 받는 이가 뺨에 입을 맞추어 준다.

정답:ㄱ과 ㄷ.   또한 러시아인들도 영어를 좀 한다.

(6)노르웨이 비즈니스 상대가 나를 성을 뺀 이름만으로 부르면

ㄱ. 그가 미국의 관습에 대해 잘 알고 있기 때문이다.

ㄴ. 내 성(姓)을 발음하기가 어려워서이다.

ㄷ. 노르웨이 인들은 미국인들보다 더 격식 없이 생활한다.

정답:ㄱ.   노르웨이 인들은 대개 성(姓)으로만 부르고 이름은 잘 부르지 않는다.   그런데도 이름을 불렀다면 여러분을 편하게 해주려는 배려에서이다.   대체로 노르웨이 인들은 미국인들보다 격식을 더 차리는 편이다.

(7)벨기에 비즈니스 상대가 손가락을 딱하고 튀기면

ㄱ. 내 얘기에 집중하고 있는 것이다.

ㄴ. 내가 늦게 도착했다.

ㄷ. 누군가 노크도 하지 않고 문을 열었다.

정답:ㄷ.   대화 중에 손가락을 튀기는 것은 무례한 행동이므로 상대가 여러분에게 이유 없이 무례한 행동을 할 리는 없다.   시간 엄수를 중시하므로 늦는 일이 없도록 한다.   프라이버시

도 중요하기 때문에 허락 없이 문을 여는 사람에게 손가락을 튀겨 경고를 한 것이다.

(8)홍콩에서 비즈니스 상대의 저녁 초대를 받았다면

ㄱ. 거절하면 청한 사람의 체면을 구기는 것이므로 받아들일 수 없다면 다른 날짜와 시간을 정하도록 한다.

ㄴ. 중국인 호스트는 내가 초대에 응할 것이라는 기대는 하지 않고 예의상 청한 것이다.

ㄷ. 그는 사업에 대한 애기는 하지 않을 것이다.

정답:ㄱ.중국인들은 종종 식사를 겸해 사업을 의논하기도 한다.

(9)뉴질랜드의 비즈니스맨들은 직함(최고 간부 또는 중간 간부 등)을 거론하지 않는다. 그러므로

ㄱ. 누구에게 결정권이 있는지 알기가 어렵다.

ㄴ. 저녁에 초대할 때 아는 사람 모두를 청하도록 한다. 저녁을 먹으면서 사업 논의를 하는 것이 관행이기 때문이다.

ㄷ. 처음 만날 때 누가 선물을 주는지 눈여겨본다. 그 사람이 주도권을 쥔 것이 분명하기 때문이다.

정답:ㄱ. 뉴질랜드의 비즈니스맨들은 여럿이 모일 때 누구에게 주도권이 있는가를 밝히지 않으려 한다. 직함에 대해 꼭 물어 봐야 한다면 사람들이 많지 않은 자리에서 슬쩍 물어 보도록 한다. 사업 논의는 저녁 식사가 아니라 점심 식사를 겸해서 하며 처음 만날 때 선물은 주고받지 않는다.

(10)중국식 연회에 초대받았다면

ㄱ. 쌀밥은 나오지 않을 것이다.

ㄴ. 주인에게 칭찬을 하면 많이 준비하지 못해 오히려 미안하다고 말할 것이다.

ㄷ. 내가 식사를 하는지 아무도 신경 쓰지 않는다.

정답:ㄴ. 중국의 연회 음식은 평상시와는 달라서 쌀밥이 주요리가 아니다. 쌀밥은 연회 마지막에 나오며, 여러분이 쌀밥을 너무 많이 먹으면 주인이 자신이 준비한 고기나 다른 음식이 충분하지 못했다고 여길 것이다. 음식에 대해 칭찬을 아끼지 않도록 한다. 음식에 대한 칭찬은 예의이기 때문이다.

11)한국에서 비즈니스를 할 때는

ㄱ. 짙은 색의 양복을 입는다.

ㄴ. 건물의 종류에 상관없이 들어갈 때 신을 벗는다.

ㄷ. 넥타이를 매지 않는다.

정답:ㄱ. 짙은 양복, 흰 셔츠, 넥타이가 비즈니스맨의 정장이다. 비즈니스 우먼도 보수적인 옷차림을 해야 하며 식당이나 가정집에서는 바닥에 앉는 수도 있으므로 폭이 너무 좁은 치마는 피하도록 한다. 절이나 가정집을 방문할 때는 신을 벗는다.

(12)일본의 비즈니스맨들은 명함을

ㄱ. 잘 건네지 않는다.

ㄴ. 만나면 언제나 준다.

ㄷ. 주고 내 명함을 받으려 한다.

정답:ㄴ, ㄷ. 앞으로 같이 사업을 할 상대에게는 늘 명함을 건네며 명함 뒷면에는 종종 외국어(주로 영어)로 인쇄되어 있다. 명함을 받고 여러분의 명함을 주지 않으면 무례한 것으로 간주된다. 여러분이 명함을 건넬 때면 글씨가 적힌 면이 위로 향하고 있는지, 받는 사람이 즉시 읽을 수 있도록 방향을 잡았는지 확인하도록 한다.

(13)스위스 비즈니스맨들은 예의를 중시하며,

ㄱ. 자신들이 사는 지방에서 사업을 하는 것이 예의라 생각한다.

ㄴ. 술을 마실 때는 늘 건배를 한다.

ㄷ. 내가 원하는 것은 무엇이든 화제로 삼을 것이다.

정답:답이 없다. 스위스는 공식 언어가 3개(스위스-독어, 이태리어, 불어)로서 영어도 널리 쓰이며 비즈니스맨들의 활동 범위에는 제한이 없다. 예의를 매우 중시하므로 ㄷ의 보기는 특히 부적절하다. 스위스의 비즈니스맨들은 약속을 하면 늘 정시에 나타나며 상대도 시간을 지켜 주기를 기대한다. 중립국임과 높은 생활 수준을 자랑으로 여기고 예의상 절대 돈 자랑을 하지 않는다.

(14)이탈리아에서의 업무 시간은 8시까지이다.

ㄱ. 또한 일주일에 6일을 일한다.

ㄴ. 그러나 쉬는 국경일이 많으며 이때는 시내 상점들이 모두 문을 닫는다.

ㄷ. 또한 비즈니스맨들은 이전에 소개받지 않은 상대와 만나 사업을 논의하려 하지 않는다.

정답:ㄱ, ㄴ. 대부분의 회사는 휴가철인 8월에 문을 닫으며 국경일도 많아 이때도 문을 닫는다. 점심 시간이 3시간인 회사도 많지만 토요일도 근무를 하며 주중에는 저녁까지 일을 한다. 이탈리아의 비즈니스맨들은 모르는 사람과 직접 상대하기를 꺼리며 제삼자가 소개해 주는 것을 선호한다.

(15)홍콩에서 잊지 않아야 할 것은

ㄱ. 인사를 할 때 허리를 숙여 절한다.

ㄴ. 잘 아는 사람하고만 악수한다.

ㄷ. 인사할 때와 헤어질 때 모두 악수한다.

정답:ㄷ. 홍콩 사람들은 외향적이지 않지만 동료와 만날 때와 헤어질 때 모두 악수하는 것이 예의라고 생각한다.

(16)아이슬랜드의 레스토랑에서 현지인과 식사하게 되면 팁을 줄 때

ㄱ. 조금만 준다.

ㄴ. 식사비에 20퍼센트 팁이 자동 가산된다.

ㄷ. 팁을 주지 않는다.

정답:ㄷ. 아이슬랜드에서는 팁을 주는 것이 예의가 아니므로 돈
   은 지갑에 그냥 넣어둘 것!

(17)호주의 비즈니스맨들은 친절하고 격의가 없지만 약속에는 절대 늦지 않는다. 시간을 엄수하지 않는 것은 절대 용서할 수 없는 일이다.

ㄱ. 시간 엄수는 대단히 중요하다.

ㄴ. 호주 사람들이 시간에 대해 아주 '깐깐할' 것이라 지레 짐작
   하지 않는다. 15분 정도의 여유는 여전히 '정각'이다.

ㄷ. 호주 사람들의 친근하고 편안한 태도에 마음이 놓이겠지만
   그래도 좋은 매너는 매우 중요하다.

정답:ㄴ을 잊어버리자. ㄱ에 초점을 맞추도록 한다. ㄷ의 보기가
   틀리다고 할 사람이 있을까? 절대 없다.

(18)푸에르토리코에서는

ㄱ. 선물 주기가 관행이며 받는 이는 일단 정중하게 사양한 후
   받는다.

ㄴ. 선물 주는 것은 별로 중요하지 않지만 일단 받으면 즉시 풀
   어 보도록 한다.

ㄷ. 사업상의 회의에 참석할 때는 반드시 선물을 준비한다.

정답:ㄴ. 선물을 주는 것이 흔하기는 하지만 반드시 지켜야 할
   필요는 없다. 선물을 받으면 즉시 풀어 보고 감사의 말을 전
   한다. 반드시 스페인어로 하자. 상대가 영어를 잘 한다 해도

자신의 나랏말로 하는 감사의 말을 더 기쁘게 받아들일 것이다.

(19)멕시코에서 식사를 할 때는

ㄱ. 식탁에 팔꿈치를 올려놓거나 기지개를 켜지 않는다.

ㄴ. 식사 예절을 철저히 지키도록 한다. 멕시코의 비즈니스맨들은 좋은 매너와 귀한 품성을 동일시하며 귀한 품성을 높이 평가하기 때문이다.

ㄷ. 멕시코의 날씨가 덥기 때문에 식사 중 재킷이나 넥타이를 벗어도 좋다고 생각하지 않는다. 절대 용납되지 않는 행동이다.

정답:모두 다이다.

(20)미국인들은 대개 서로 만날 때 미소를 짓는다. 인사법은 어떨까?

ㄱ. 일부 지역에서는 눈을 마주치는 것이 너무 지나치다고 생각해 존경을 표시하기 위해 일부러 시선을 피하기도 한다.

ㄴ. 누군가를 만나 비싼 선물을 줄 때는 미리 신중히 생각한다. 선물의 액수가 25달러를 넘으면 세법(稅法)상 받는 이에게 부담이 돌아가기 때문이다.

ㄷ. 명함을 줄 때 상대가 자신의 명함을 내밀지 않는다고 해서 불쾌해 하지 않도록 한다.

정답:모두 다이다. 이런 것은 하나씩 따져 보면 사소한 문제이지만 다른 사항들과 함께 알아두면 같은 미국인들끼리 비즈니스를 할 때 자신감을 높여 줄 수 있다. 지금까지의 문제는 약간의 노하우가 얼마나 도움이 되는지를 여러분에게 일깨우기 위한 것이었다. 그러나 이런 조그만 지식이 쌓이다 보면 성공의 사다리를 오르는 여러분의 다리에 힘이 더해질 것이다.

모두들 힘을 내서 사다리를 오르시기를!